老科学家学术成长资料采集工程丛书

中国科学院院士传记丛书

仰望星空

陆埮传

掌静 史晨 刘鹏 周精玉◎著

1932 年
出生于江苏常熟

1957 年
毕业于北京大学

1981 年
任南京大学教授

1996 年
获国家教委科技进步奖一等奖

2003 年
当选为中国科学院院士

2014 年
逝世于南京

老科学家学术成长资料采集工程

中国科学院院士传记丛书

仰望星空

陆埮传

掌静 史晨 刘鹏 周精玉 ◎ 著

湖南科学技术出版社

中国科学技术出版社

图书在版编目（CIP）数据

仰望星空：陆埮传 / 掌静等著. — 长沙：湖南科学技术出版社，2021.10

（老科学家学术成长资料采集工程丛书. 中国科学院院士传记丛书）

ISBN 978-7-5710-1176-5

Ⅰ.①仰…　Ⅱ.①掌…　Ⅲ.①陆埮—传记　Ⅳ.① K825.46

中国版本图书馆 CIP 数据核字（2021）第 168084 号

YANGWANG XINGKONG LUTAN ZHUAN

仰望星空：陆埮传
————————————

著　　者：掌　静　史　晨　刘　鹏　周精玉
责任编辑：刘羽洁
出　　版：湖南科学技术出版社　中国科学技术出版社
发　　行：湖南科学技术出版社
社　　址：长沙市芙蓉中路一段 416 号泊富国际金融中心
网　　址：http://www.hnstp.com
湖南科学技术出版社天猫旗舰店网址：
　　　　　http://hnkjcbs.tmall.com
邮购联系：本社直销科 0731-84375808
印　　刷：湖南凌宇纸品有限公司
　　　　　（印装质量问题请直接与本厂联系）
厂　　址：长沙市长沙县黄花镇黄垅新村工业园财富大道 16 号
邮　　编：410137
版　　次：2021 年 10 月第 1 版
印　　次：2021 年 10 月第 1 次印刷
开　　本：787mm×1092mm　1/16
印　　张：19.25
字　　数：268 千字
彩　　插：2
书　　号：ISBN 978-7-5710-1176-5
定　　价：89.00 元

老科学家学术成长资料采集工程
领导小组专家委员会

主　任：韩启德

委　员：（以姓氏拼音为序）

　　　　陈佳洱　　方　新　　傅志寰　　李静海　　刘　旭
　　　　齐　让　　王礼恒　　徐延豪　　赵沁平

老科学家学术成长资料采集工程
丛书组织机构

特邀顾问（以姓氏拼音为序）

　　樊洪业　　方　新　　谢克昌

编 委 会

主　编：老科学家学术成长资料采集工程领导小组办公室

编　委：（以姓氏拼音为序）

　　　　定宜庄　　董庆九　　郭　哲　　胡化凯　　胡宗刚
　　　　刘晓堪　　吕瑞花　　潘晓山　　秦德继　　阮　草
　　　　申金升　　王扬宗　　熊卫民　　姚　力　　张大庆
　　　　张　剑　　张　藜　　周德进

编委会办公室

主　任：孟令耘　　杨志宏　　石　磊

副主任：许　慧　　胡艳红

成　员：（以姓氏拼音为序）

　　　　高文静　　韩　颖　　李　梅　　林澧波　　刘如溪
　　　　罗兴波　　马　丽　　王传超　　余　君　　张佳静

老科学家学术成长资料采集工程简介

　　老科学家学术成长资料采集工程（以下简称"采集工程"）是根据国务院领导同志的指示精神，由国家科教领导小组于 2010 年正式启动，中国科协牵头，联合中组部、教育部、科技部、工信部、财政部、文化部、国资委、解放军总政治部、中国科学院、中国工程院、国家自然科学基金委员会等 11 部委共同实施的一项抢救性工程，旨在通过实物采集、口述访谈、录音录像等方法，把反映老科学家学术成长历程的关键事件、重要节点、师承关系等各方面的资料保存下来，为深入研究科技人才成长规律，宣传优秀科技人物提供第一手资料和原始素材。

　　采集工程是一项开创性工作。为确保采集工作规范科学，启动之初即成立了由中国科协主要领导任组长、12 个部委分管领导任成员的领导小组，负责采集工程的宏观指导和重要政策措施制定，同时成立领导小组专家委员会负责采集原则确定、采集名单审定和学术咨询，委托科学史学者承担学术指导与组织工作，建立专门的馆藏基地确保采集资料的永久性收藏和提供使用，并研究制定了《采集工作流程》《采集工作规范》等一系列基础文件，作为采集人员的工作指南。截至 2021 年 8 月，采集工程已启动 592 位科学家的学术成长资料采集项目，获得实物原件资料 132922 件、数字化资料 318092 件、视频资料 443783 分钟、音频资料 527093 分钟，具有重要的史料价值。

采集工程的成果目前主要有三种体现形式，一是建设"中国科学家博物馆网络版"，提供学术研究和弘扬科学精神、宣传科学家之用；二是编辑制作科学家专题资料片系列，以视频形式播出；三是研究撰写客观反映老科学家学术成长经历的研究报告，以学术传记的形式，与中国科学院、中国工程院联合出版。随着采集工程的不断拓展和深入，将有更多形式的采集成果问世，为社会公众了解老科学家的感人事迹，探索科技人才成长规律，研究中国科技事业的发展历程提供客观翔实的史料支撑。

总序一

中国科学技术协会主席　韩启德

　　老科学家是共和国建设的重要参与者，也是新中国科技发展历史的亲历者和见证者，他们的学术成长历程生动反映了近现代中国科技事业与科技教育的进展，本身就是新中国科技发展历史的重要组成部分。针对近年来老科学家相继辞世、学术成长资料大量散失的突出问题，中国科协于2009年向国务院提出抢救老科学家学术成长资料的建议，受到国务院领导同志的高度重视和充分肯定，并明确责成中国科协牵头，联合相关部门共同组织实施。根据国务院批复的《老科学家学术成长资料采集工程实施方案》，中国科协联合中组部、教育部、科技部、工业和信息化部、财政部、文化部、国资委、解放军总政治部、中国科学院、中国工程院、国家自然科学基金委员会等11部委共同组成领导小组，从2010年开始组织实施老科学家学术成长资料采集工程。

　　老科学家学术成长资料采集是一项系统工程，通过文献与口述资料的搜集和整理、录音录像、实物采集等形式，把反映老科学家求学历程、师承关系、科研活动、学术成就等学术成长中关键节点和重要事件的口述资料、实物资料和音像资料完整系统地保存下来，对于充实新中国科技发展的历史文献，理清我国科技界学术传承脉络，探索我国科技发展规律和科技人才成长规律，弘扬我国科技工作者求真务实、无私奉献的精神，在全社会营造爱科学、学科学、用科学的良好氛围，是一件很有意义的事情。采集工程把重点放在年龄在 80 岁以上、学术成长经历丰富的两院院士，以及虽然不是两院院士、但在我国科技事业发展中作出突出贡献的老科技工作者，充分体现了党和国家对老科学家的关心和爱护。

自 2010 年启动实施以来，采集工程以对历史负责、对国家负责、对科技事业负责的精神，开展了一系列工作，获得大量反映老科学家学术成长历程的文字资料、实物资料和音视频资料，其中有一些资料具有很高的史料价值和学术价值，弥足珍贵。

以传记丛书的形式把采集工程的成果展现给社会公众，是采集工程的目标之一，也是社会各界的共同期待。在我看来，这些传记丛书大都是在充分挖掘档案和书信等各种文献资料、与口述访谈相互印证校核、严密考证的基础之上形成的，内中还有许多很有价值的照片、手稿影印件等珍贵图片，基本做到了图文并茂，语言生动，既体现了历史的鲜活，又立体化地刻画了人物，较好地实现了真实性、专业性、可读性的有机统一。通过这套传记丛书，学者能够获得更加丰富扎实的文献依据，公众能够更加系统深入地了解老一辈科学家的成就、贡献、经历和品格，青少年可以更真实地了解科学家、了解科技活动，进而充分激发对科学家职业的浓厚兴趣。

借此机会，向所有接受采集的老科学家及其亲属朋友，向参与采集工程的工作人员和单位，表示衷心感谢。真诚希望这套丛书能够得到学术界的认可和读者的喜爱，希望采集工程能够得到更广泛的关注和支持。我期待并相信，随着时间的流逝，采集工程的成果将以更加丰富多样的形式呈现给社会公众，采集工程的意义也将越来越彰显于天下。

是为序。

总序二

中国科学院院长　白春礼

　　由国家科教领导小组直接启动，中国科学技术协会和中国科学院等 12 个部门和单位共同组织实施的老科学家学术成长资料采集工程，是国务院交办的一项重要任务，也是中国科技界的一件大事。值此采集工程传记丛书出版之际，我向采集工程的顺利实施表示热烈祝贺，向参与采集工程的老科学家和工作人员表示衷心感谢！

　　按照国务院批准实施的《老科学家学术成长资料采集工程实施方案》，开展这一工作的主要目的就是要通过录音录像、实物采集等多种方式，把反映老科学家学术成长历史的重要资料保存下来，丰富新中国科技发展的历史资料，推动形成新中国的学术传统，激发科技工作者的创新热情和创造活力，在全社会营造爱科学、学科学、用科学的良好氛围。通过实施采集工程，系统搜集、整理反映这些老科学家学术成长历程的关键事件、重要节点、学术传承关系等的各类文献、实物和音视频资料，并结合不同时期的社会发展和国际相关学科领域的发展背景加以梳理和研究，不仅有利于深入了解新中国科学发展的进程特别是老科学家所在学科的发展脉络，而且有利于发现老科学家成长成才中的关键人物、关键事件、关键因素，探索和把握高层次人才培养规律和创新人才成长规律，更有利于理清我国科技界学术传承脉络，深入了解我国科学传统的形成过程，在全社会范围内宣传弘扬老科学家的科学思想、卓越贡献和高尚品质，推动社会主义科学文化和创新文化建设。从这个意义上说，采集工程不仅是一项文化工程，更是一项严肃认真的学术建设工作。

中国科学院是科技事业的国家队，也是凝聚和团结广大院士的大家庭。早在1955年，中国科学院选举产生了第一批学部委员，1993年国务院决定中国科学院学部委员改称中国科学院院士。半个多世纪以来，从学部委员到院士，经历了一个艰难的制度化进程，在我国科学事业发展史上书写了浓墨重彩的一笔。在目前已接受采集的老科学家中，有很大一部分即是上个世纪80、90年代当选的中国科学院学部委员、院士，其中既有学科领域的奠基人和开拓者，也有作出过重大科学成就的著名科学家，更有毕生在专门学科领域默默耕耘的一流学者。作为声誉卓著的学术带头人，他们以发展科技、服务国家、造福人民为己任，求真务实、开拓创新，为我国经济建设、社会发展、科技进步和国家安全作出了重要贡献；作为杰出的科学教育家，他们着力培养、大力提携青年人才，在弘扬科学精神、倡树科学理念方面书写了可歌可泣的光辉篇章。他们的学术成就和成长经历既是新中国科技发展的一个缩影，也是国家和社会的宝贵财富。通过采集工程为老科学家树碑立传，不仅对老科学家们的成就和贡献是一份肯定和安慰，也使我们多年的夙愿得偿！

鲁迅说过，"跨过那站着的前人"。过去的辉煌历史是老一辈科学家铸就的，新的历史篇章需要我们来谱写。衷心希望广大科技工作者能够通过"采集工程"的这套老科学家传记丛书和院士丛书等类似著作，深入具体地了解和学习老一辈科学家学术成长历程中的感人事迹和优秀品质；继承和弘扬老一辈科学家求真务实、勇于创新的科学精神，不畏艰险、勇攀高峰的探索精神，团结协作、淡泊名利的团队精神，报效祖国、服务社会的奉献精神，在推动科技发展和创新型国家建设的广阔道路上取得更辉煌的成绩。

总序三

中国工程院院长　周　济

由中国科协联合相关部门共同组织实施的老科学家学术成长资料采集工程，是一项经国务院批准开展的弘扬老一辈科技专家崇高精神、加强科学道德建设的重要工作，也是我国科技界的共同责任。中国工程院作为采集工程领导小组的成员单位，能够直接参与此项工作，深感责任重大、意义非凡。

在新的历史时期，科学技术作为第一生产力，已经日益成为经济社会发展的主要驱动力。科技工作者作为先进生产力的开拓者和先进文化的传播者，在推动科学技术进步和科技事业发展方面发挥着关键的决定的作用。

新中国成立以来，特别是改革开放 30 多年来，我们国家的工程科技取得了伟大的历史性成就，为祖国的现代化事业作出了巨大的历史性贡献。两弹一星、三峡工程、高速铁路、载人航天、杂交水稻、载人深潜、超级计算机……一项项重大工程为社会主义事业的蓬勃发展和祖国富强书写了浓墨重彩的篇章。

这些伟大的重大工程成就，凝聚和倾注了以钱学森、朱光亚、周光召、侯祥麟、袁隆平等为代表的一代又一代科技专家们的心血和智慧。他们克服重重困难，攻克无数技术难关，潜心开展科技研究，致力推动创新发展，为实现我国工程科技水平大幅提升和国家综合实力显著增强作出了杰出贡献。他们热爱祖国，忠于人民，自觉把个人事业融入到国家建设大局之中，为实现国家富强而不断奋斗；他们求真务实，勇于创新，用科技为中华民族的伟大复兴铸就了辉煌；他们治学严谨，鞠躬尽瘁，具有崇高的科学精神和科学道德，是我们后代学习的楷模。科学家们的一生是一本珍贵的教科书，他们坚定的理想信念和淡泊名利的崇高品格是中华民族自强不息精神的宝贵财富，永远值得后人铭记和敬仰。

通过实施采集工程，把反映老科学家学术成长经历的重要文字资料、实物资料和音像资料保存下来，把他们卓越的技术成就和可贵的精神品质记录下来，并编辑出版他们的学术传记，对于进一步宣传他们为我国科技发展和民族进步作出的不朽功勋，引导青年科技工作者学习继承他们的可贵精神和优秀品质，不断攀登世界科技高峰，推动在全社会弘扬科学精神，营造爱科学、讲科学、学科学、用科学的良好氛围，无疑有着十分重要的意义。

中国工程院是我国工程科技界的最高荣誉性、咨询性学术机构，集中了一大批成就卓著、德高望重的老科技专家。以各种形式把他们的学术成长经历留存下来，为后人提供启迪，为社会提供借鉴，为共和国的科技发展留下一份珍贵资料。这是我们的愿望和责任，也是科技界和全社会的共同期待。

周济

陆　埮

陆埄与罗辽复、杨国琛
（摄于图书馆）

2012年陆埄夫妇与其培养的博士在"天体物理与相关物理前沿研讨会"合影

序

关于陆埮老师的《仰望星空：陆埮传》，邀我作序，于我是荣幸，更是一份纪念。

陆老师是当代著名天文学家，国内伽马射线暴理论研究领域奠基人，中国科学院院士。八十余载的人生丰富又饱满：童年病弱，战争不断，苦不堪言；青年奋进，努力学习，磨炼意志；壮年坎坷，埋头工作，鼓起勇气；老年充实，著作等身，成就丰硕。他德才兼备、真诚善良，有着非凡的人格魅力；他实事求是、思维敏捷，具有求真的创新精神。他取得的成就令人瞩目，他独到的育人之道令同行敬佩，他的一生，是为科学奋斗的一生。

陆老师脚踏实地，从 20 世纪 50 年代开始利用业余时间进行粒子物理的科学研究，成果卓著并影响和激励了众多青年投身科研事业。在难以具备科研机会和条件的情形下，陆老师在认真教书的同时凭借坚强意志利用业余时间做科研，每晚工作到深夜，首个项目 Mössbauer 效应便发表在国内该领域的权威杂志上。同时，陆老师本职的教学工作也未落下，坚持查阅大量国内外文献资料，钻研更新教学内容，赢得了师生一致好评。在重重困难面前，近 20 年（1960—1978 年）利用业余时间与罗辽复、杨国琛通信合作进行粒子物理领域的科学研究，更是一段佳话。特别是陆老师与罗辽复老师的通信在"文化大革命"十年也未中断，往来信件总计 3000 余封，由此合作发表的论文近 50 篇，《中国科学》《物理学报》《科学通报》等当时中国权威期刊上经常可以看到他们的文章。这一事迹被《光明日报》专栏报道后，全国各地反响热烈，激励了如赵刚、赵永恒（陆老师后来的学生）等众多学生投身科研队伍。

陆老师仰望星空，1978 年开始踏上正式科研的道路，转变科研方向，带领团队在国际伽马射线暴理论研究领域闯出一片天地。随着粒子物理的"宴会"结束，调入南京大学天文系担任副教授的陆老师毅然将科研方向从"地上"搬到了"天上"，开始专攻天体物理，特别是高能天体物理，全力以赴致力于中子星、致密星等方面的工作，探索宇宙奥秘的起源过程与系统演化，特别注重伽马射线暴的研究，并在奇异星、代参数和伽马射线暴等研究方向取得重大突破，尤其伽马射线暴研究更是走在国际相关研究领域的前列。陆老师很早便开始关注伽马射线暴的研究动态，在国际伽马射线暴研究陷入低谷和停滞时凭借深邃的洞察力和高度的敏感性始终坚守阵地，带领学生建立南京伽马暴研究小组，通过研究"后标准效应"取得了不少原创性成果，他和弟子戴子高原创的星风模型取代了国际上原先的标准模型成为主流模型，他和弟子黄永锋等纠正了前人理论的错误，提出了伽马暴余辉动力学演化的统一模型，他带领的团队还进一步详细研究了伽马暴的多种环境效应、喷流机制、辐射能谱、能源机制以及 X 射线闪等性质和规律，在国际天体物理界取得显著影响力。

老当益壮，耄耋之年的陆老师仍奋斗在科研和教育的岗位上，坚持为国家的科普工作发光发热，培养和输送了一批又一批天文人才。2003 年，72 岁的陆老师调入中国科学院紫金山天文台任研究员，科研方向再一次转向了宇宙学，带领学生开始做"最大的宇宙学"研究，探索宇宙的起源与演化以及暗物质与暗能量。不仅自己探索科研道路，勇攀学术高峰，陆老师还培养了一支能打硬仗的科研队伍。无论是早年在哈军工和长春防化学院教给学生"实瓶子"，后来调入南京大学带研究生讲求"四快一慢""初战必胜"，还是进入紫金山天文台授人以渔，陆老师对待学生都认真负责，甚至比对自己的孩子还要上心，学生们也不负所望成长为科研、教学和管理等部门的领军人才，堪称桃李满天下。陆老师不仅科研精深、成果卓著，被许多博士、教授私下称为祖师爷，他还是深受老百姓欢迎的科普工作者，很早开始撰写科普书籍，经常在开会、出差之余做科普报告。他的科普著作和报告既形象生动、通俗易懂，又深刻厚重、不失专业水准，深受大众的喜爱。

可以说，陆老师将自己的毕生精力奉献给了科学研究和教育事业，无论是业余科研还是专业科研，他始终是一位忠实的守望者，坚持不懈地奋战在科学研究的最前沿。他造就和培育了大批杰出人才，热心科普，为我国科教事业的发展做出了重大贡献，他的事迹值得我们每个人学习和借鉴。

常进　紫金山天文台台长

2020 年 8 月 31 日于南京

目 录

图片目录

导　言

"世界上有两件东西能够深深地震撼人们的心灵，一件是我们心中崇高的道德准则，另一件是我们头顶的灿烂星空"，德国哲学家、天文学家伊曼努尔·康德的这句话能够恰如其分地概括已故中国科学院院士、天文学界泰斗、我国伽马射线暴（简称伽马暴）理论研究领域奠基人陆埮留给人们的深刻印象。他德才兼备、真诚善良，有着非凡的人格魅力；他实事求是、思维敏捷，具有崇尚求真的创新精神。他取得的成就令人瞩目，他独到的育人之道令同行敬佩，赢得了同事和学生的尊重和爱戴。陆埮的一生，是为科学奋斗的一生。他将自己的毕生精力奉献给了天体物理研究和教育事业，丰富和发展了高能天体物理，特别是伽马射线暴和致密星物理理论，引领和推动了我国高能天体物理、伽马射线暴和致密星物理理论等学科的快速发展，造就和培育了大批杰出人才，为我国科教事业的发展作出了重大贡献。

传主经历与成就

早年学习

1932 年 2 月 23 日，陆埮出生于苏州常熟县南门外东市河边的陆家大院，父亲陆增祥，母亲谭娟，陆埮是家中长子。陆埮的父亲和两位叔叔均在学校任职，父辈的言传身教形成了良好的家庭文化氛围，对陆埮早年的学习与生活产生了积极的影响。

陆埮的小学生涯可谓多灾多难。由于身处抗战时期加上体弱多病，陆埮的小学辗转四所学校才完成，其中还直接跳过了不少年级。1946年，陆埮从常熟米业小学以全校第一名的好成绩毕业后，又以优异成绩考取常熟县立初级中学（1952年更名为现今的常熟市中学）。陆埮在常熟县立初级中学求学的三年（1946—1949年）正是新中国成立前的最后三年，动荡的时局、艰苦的学习条件并未影响陆埮的好成绩，每一年他的学习总成绩都是全年级第一名，尤其是"平面几何"的学习给陆埮带来了前所未有的震撼，激发了陆埮对数学乃至科学的强烈兴趣。1949年9月，陆埮考入苏州的东吴大学附属中学，在校期间几乎每门课程成绩都名列前茅，虽因身体病弱曾休学半年，但陆埮参加了毕业班学期末的所有课程考试，获得了全年级总成绩第一名，顺利毕业。高三年级的期末考试结束不久，陆埮直接参加了1952年的全国高等学校统一招生考试，以全苏南第一名的优异成绩被留学苏联的预备班——北京俄语专修学校二部录取。在北上的火车上，陆埮还遇到了与他志同道合的罗辽复，这一巧遇奠定了二人几乎一生的科研缘分。在留苏预备班上了两个月的课后，陆埮因体检不合格回家休学一年，未能到苏联留学。可塞翁失马，焉知非福，1953年4月底，国家高等教育部通知陆埮可以免考进入全国的任何一所高等学校，于是陆埮就被他的第一志愿北京大学物理系免试录取。

1953—1957年，在北大求学的四年，陆埮始终孜孜不倦。虽然当时全国大学普遍向苏联学习，学制已经改为5年，但被抽调至"546信箱"——物理研究室读核物理专业的学生，因国家迫切需要原子核物理方面的人才，他们大部分提前为4年毕业。1957年，从北京大学物理系原子核物理专业毕业后，陆埮直接被分配到中国科学院原子能研究所工作。当时，政治运动一个接着一个，社会的动荡不安也贯穿于陆埮25岁至45岁变动不定的工作经历中，这期间他曾先后任职于中国科学院原子能研究所、哈尔滨军事工程学院、长春防化学院和南京电讯仪器厂。尽管外部条件十分艰辛，但陆埮从被调到哈尔滨军事工程学院正式担任教学工作以来便勤勤恳恳，兢兢业业，教学本职上广受好评，多次被评为先进教学工作者，桃李满天下；即便是进入工厂做技术员，他也不忘发光发热，不仅认真工作，不断创新，被评为先进科技工作者，还创办杂志，介绍技术成果，分享经验教训。

业余科研

虽然学校的教学很受学生欢迎，工厂的技术工作也完成得相当出色，但陆埮还是对科学研究念念不忘，在北大读书期间，陆埮就产生了坚定信念——全身心地致力于科学研究。然而这份梦想和愿望在其前二十年的工作生涯中始终未能达成，于是只能在工作之余挤出时间和精力做些业余性质的科研，他从1958年开始就一直在积极为科研工作做准备。在与罗辽复、杨国琛两位北大校友的合作下，三人的业余科研以通信的方式进行。在学术研究环境恶劣、资源贫乏，没有任何资金来源、没有任何休息时间，且在"文化大革命"期间遭遇批判、身心备受煎熬的重重困难之下，业余通信科研竟然持续了近20年之久，特别是陆埮与罗辽复的通信合作在"文化大革命"十年也没有中断。从1960年到1978年，陆埮和罗辽复用通信的方式合作搞业余科研，先后往返信件达2800多封。如果再加上与杨国琛的通信合作，总计通信3000余封，由此发表的论文约50篇，在学术界传为佳话。他们的事迹被当代著名作家、诗人柯岩写成题为"奇异的书简"、长达十多页的报告文学，该文被中央人民广播电台播放，全国各地反响热烈，他们的故事很快传遍大江南北，陆埮等人在衣食无着的艰难环境中仍坚持通信搞业余科研的事迹，激励了一大批青年学生献身祖国的科技事业。

从学习到工作，陆埮始终坚持着个人爱好服从国家需要的准则。无论是政治运动密集的五六十年代，还是恢复高考、实行改革开放政策的新时期，陆埮把国家的需求当作自己的使命。1978年调入南京大学天文学系任副教授，1979年起任南京大学天体物理研究室主任，1981年起任南京大学教授，1984年起任博士生导师，2003年调入中国科学院紫金山天文台（简称紫台），当选中国科学院院士，至此陆埮已历经六个单位，而且始终都以国家的需要为先。

1978 年，对全中国来说是不平凡的一年，对陆埮来说也同样意义重大。这一年，他开始作为代表参加全国人民代表大会；他在全国科学大会被授予"全国先进科技工作者"称号，因"基本粒子理论研究"获全国科学大会重大科技成果奖；他因"脉冲星的统计研究"获江苏省科学大会重大科技成果奖；他开始在南京大学天文学系担任副教授，踏上正式科研的道路，并且成功完成了科研方向的转向。当他在进行业余科研时关注的粒子物理的盛宴结束之后，原本学习和研究原子核物理的陆埮将科研方向从"地上"搬到了"天上"，他开始专攻天体物理，特别是高能天体物理，全力以赴地致力于中子星、致密星等方面的工作，探索宇宙的起源过程与系统演化，特别注重研究伽马射线暴。陆埮不属于任何一个固定的研究领域，也不屈从于任何狭小的专业范围，从最小的基本粒子——夸克，到最大的太空——宇宙，都是他感兴趣的研究对象。

正式科研

进入南京大学天文学系之后，陆埮带领研究生主要做出了三项重大科研成果。首先在奇异星研究方面，他与学生一起首次研究奇异物质和奇异星的动力学行为，就得出了其具有极高的体粘滞性的重要结论；此后他在奇异星物理方面还做了一些探索工作，凭借作为第一完成人进行的"奇异星及其观测效应的研究"获得了 1996 年国家教委科技进步奖一等奖。第二，在脉冲星研究方面，陆埮与学生首次提出了一个具有普遍意义的新概念"代参数"，并通过脉冲星的周期和周期变率用一个简捷的方式表述出来。该参数有助于寻找新的伽马射线脉冲星，也有助于表述脉冲星的伽马射线能谱特征。这项成果得到了国际天文界的公认，并获中国教育部科技进步三等奖。第三，在伽马射线暴的研究方面，陆埮带领学生建立起南京伽马暴小组，他们的研究工作证实了原来建立的标准模型是不正确的，指出伽马暴应当起源于大质量恒星的塌缩，与距离平方成反比的介质正是由伽马暴前身的大质量恒星放出的星风形成的。这一发现引起了整个天体物理界的震动，陆埮原创的起源观点后来得到了 R. A. Chevalier 等人的进一步发展，星风模型成为主流模型，研究结果一次次地被国际上的重要论文引用。陆埮与学生共同进行的研究弄清楚了伽马暴的起源与演化，相比伽马暴火球在几天、至多几十天后就会大大减速而转入非相对论膨胀阶段，其余辉的可观测时间往往可以延续若干月甚至一年以上。陆埮带领学生在伽马暴余辉刚发现不久就研究了其星风环境和致密介质环境，有力地支持了伽马暴起源于大质量恒星塌缩的观点。他们提出了伽马暴余辉动力学演化的统一模型，可描述从早期极端相对论到晚期非相对论阶段的整个演化过程。他们还进一步详细研究了伽马暴的多种环境效应、喷流机制、辐射能谱、能源机制以及是 X 射线闪等的性质和规律。基于陆埮带领的南京伽马暴研究团队在国际上的影响力，两次国际伽马射线暴大会得以在南京成功举办。从奇异星到"代参数"，再到伽马暴的演化与起源，与茫茫宇宙打起交道的陆埮带领他的学生们艰辛而喜悦地采摘着一个又一个丰润的果实，终成我国天文学界的泰斗级人物。

在科研领域里，陆埮始终如同一位忠实的守望者，奋战在科学研究的最前沿，获得了诸多荣誉：1978 年，因"基本粒子理论研究"获得"重大科技成果奖"，并获全国科学大会授予的"全国先进科技工作者"称号；1980 年，"基本粒子理论和高能天体物理"研究获内蒙古自治区科技成果一等奖；1987 年，作为主要研究者之一进行的"超新星遗迹和中子星研究"获国家自然科学奖三等奖；1992 年起获国务院颁发的政府特殊津贴；1993 年被江苏省教委、省学位委评为优秀研究生教师；1996 年作为第一完成人进行的"奇异星及其观测效应的研究"获国家教委科技进步奖一等奖；1998 年完成"脉冲星辐射级联过程和代参数的研究"获教育部科技进步奖三等奖，因其在中国天文科学研究中显著的成绩荣获 1998/1999 年度中国天文学会张钰哲奖；2002 年获国家教育部科技奖一等奖；2003 年"伽马射线暴余辉和能源机制的研究"项目获国家自然科学奖二等奖；2001 年和 2004 年两次获"全国优秀博士学位论文指导教师奖"；2007 年参与完成的"物理改变世界"项目获国家科技进步奖二等奖；2008 年获"何梁何利基金科学与技术进步奖天文学奖"，同年被中国科学院研究生院授予"杰出贡献教师"称号；2012 年 2 月 23 日，为表彰陆埮对天文学研究作出的贡献，国际天文学联合会小行星命名委员会将中国国家天文台于 1998 年 2 月 23 日发现、国际永久编号为 91023 号的小行星正式命名为"陆埮星"。

热心科教

不仅自己探索科研道路，勇攀学术高峰，在培养研究生方面，陆埮也没有辜负前辈和人民的期望，三十多年的科研和教学生涯引领和推动了我国高能天体物理的快速发展，他如蚌育珠，甘做人梯，培养了一大批天文界科学研究、教学和管理部门等的领军人才，其中既有教育部长江学者，也有国家自然科学基金委杰出青年基金获得者，还有众多敢于挑大梁的国内外知名学者、教授，甚至创建了一个科研力量强大的南京伽马射线暴团队。陆埮的工作使我国的高能天体物理研究从无到有，由弱变强，享有盛名，誉满全球，在国际上占有重要的一席之地。

1980 年起，陆埮开始参加各式各样的国际学术会议。他深知只有抓住处于国际领先地位的科技前沿、做出具有前瞻性的科学研究成果，才能在国际上立于不败之地。既有的学术成就使陆埮在国际学术界享有盛誉，1980 年起就应邀赴美国、欧洲各国和日本的著名高等学校和研究机构交流访问，多次应诺贝尔奖提名委员会邀请，提名诺贝尔物理学奖候选人。

2003 年 7 月，因工作需要，陆埮从工作过 25 年的南京大学天文学系调入中国科学院紫金山天文台任研究员，从事天体物理教学和科研，主要工作仍然是研究伽马射线暴理论。同年 11 月，陆埮当选为中国科学院数学物理学部院士。2004 年他开始做"最大的宇宙学"的研究，研究宇宙的起源与演变、暗物质与暗能量，科研方向再一次转向了宇宙学。陆埮兴趣广泛，从来不怕改行，只要认定某个领域有潜力，他就会不断变换研究方向和重点。调入紫金山天文台不久，已经在伽马射线暴方向取得巨大成就的陆埮就前瞻性地指出宇宙学是个有意义的研究方向，于是牵头倡议南京大学物理学院和中国科学院紫金山天文台联合建立一个"粒子—核—宇宙学"联合研究中心，花费了大量精力为我国的宇宙学事业又培养了一大批优秀的青年人才。陆埮先后组建的伽马暴和宇宙学两个团队，为我国的天文事业走上国际竞争的舞台作出了突出贡献。

陆埮——这颗中国天文学界的"奇异星"，不仅科研精深、成果卓著，被许多博士、教授私下称为祖师爷，是我国天文学界的泰斗级专家，还是深受老百姓欢迎的科普工作者，经常在开会、出差之余受邀作科普报告。

他的科普著作和报告既形象生动、通俗易懂，又深刻厚重、不失专业水准，总能让人及时了解到天体物理等相关领域的最新科研进展，满足人们对宇宙起源、演变和发展的好奇心，激发人们学习科学知识的激情，深受大众的喜爱。2014年9月10日，陆埮在应约赴家乡常熟作科普报告并指导常熟天文馆建设的路上不幸跌倒，昏迷不醒。妻子周精玉不得不帮其婉言谢绝了已经约定好的9月至12月底全国各地的12个报告，而在此之前的3月至8月，陆埮已经在全国各地作了6个科普报告。

采集工作开展情况

陆埮院士为人低调，极少接受采访与报道，他曾写过简单的自传文章，与众多的科普文、随笔等一起收录在《奇异的星星》一书中，其夫人周精玉也曾回忆记录过她与陆埮的过往，写成重要的参考性文字。由于陆埮院士已于2014年底病逝，其亲友、同事、学生写作过不少关于他的回忆性文章，紫金山天文台曾在陆埮院士逝世一周年之际将之汇编整理成《永恒的怀念》一书，成为一本专门纪念陆埮院士的回忆性文集。因此，目前已有的与陆埮相关的回忆性文字主要包括：

中国科学院紫金山天文台编. 永恒的怀念——陆埮院士纪念文集. 北京：中国科学技术出版社，2015.

代安娜，张飞燕. 老当益壮宁移白首之心——记中国科学院院士、紫金山天文台研究员陆埮. 院士天地，2012（02）：18-21.

王进萍. 一张寄给陆埮先生的新年卡. 物理，2015，44（01）：30-35.

章彤. 陆埮：遍走"奇异星"的世界. 江苏科技报，2009-06-22.

罗静. 陆埮：守望寰宇探奥秘. 神州学人，2004（05）：33-35.

鲁人. 陆埮和他的研究生. 南京大学学报，2004-04-10.

……

总体看来，除去对陆埮院士的回忆性文字被整理成书，其余对他的介绍和报道均以篇幅有限的文章的形式呈现，主要关注先生的某一侧面，目前还没有一部能够全面完整地介绍陆埮生平的传记性作品。因而本书——《仰望星空：陆埮传》的写作是一个大胆的尝试，旨在为大家全方位、多角度地还原一位真实可触、有血有肉的陆埮院士。2016 年 5 月，紫金山天文台受江苏省科协委托，承担陆埮院士学术成长资料采集工作。由于传主早在 2014 年底永远地离我们而去，与传主本人交流讨论以获取第一手资料已无可能，因而本传记的资料采集工作就显得格外重要和艰辛。2016年 7 月，在征得陆埮夫人周精玉女士的同意后，紫金山天文台指定项目负责人掌静与中国科协签订《老科学家学术成长资料采集工程项目任务书》，台里领导给予采集工作大力支持，很快成立了由台相关人员组成的采集小组。

2016 年 7 月 9 日，"科学大数据前沿国际研讨会"在内蒙古科技大学召开，陆埮的两位挚友——已八十高龄的罗辽复、杨国琛参会。两位老师与陆埮青壮年期的科研活动密切相关，采集小组得到消息后，立即与两位老师说明原委、约好时间、奔赴包头，正式开启采集工作，并在包头完成了第一次的人物音频访谈。接下来的一年，采集小组以陆埮学术成长过程为主线，重点采集反映陆埮求学经历、科研工作历程、主要学术成就等方面，内容包括口述资料、实物资料和音像资料等。

陆埮的科研工作经历丰富。自北大毕业后，他曾先后任职于中国科学院原子能研究所、哈尔滨军事工程学院、长春防化学院、南京电讯仪器厂、南京大学和紫金山天文台。为了保证尽量还原陆埮科研经历的完整性，采集工程前期反复与陆埮夫人周精玉沟通，针对每个科研单位确认一至两位与陆埮特别亲近的工作人员作为访谈对象，先后访谈了罗辽复、杨国琛、王锡仁、冯地清、张盛武、沈骊天、林德宏、孙伟民、赵刚、赵永恒、苟利军、宋黎明、戴子高、黄永锋、王祥玉、韦大明、吴雪峰、祁石、余波、周精玉等 20 人，形成音频资料 19 份、视频资料 14 份，完成访谈整理稿约 14 万字。

采集小组经过近一年的搜集整理，重点走访了陆埮家、紫金山天文台档案室、北京大学档案馆、常熟档案馆等，形成了一系列与陆埮学术成长相关的最原始的资料，采集到包括档案、传记、证书、信件、手稿、著作、报道、照片、工作用品等珍贵的实物资料 2513 件，为进一步深入挖掘陆埮的学术成长经历奠定了坚实的基础。

文章结构

在大量详实资料积累的基础之上，本传记的写作得以顺利进行，除去导言和结语共八章，基本追随传主陆埮的生平，按照时间先后顺序写作。第一章介绍陆埮的早年求学生涯，陆埮在频繁的休学养病与断断续续的上课学习中度过了小学、初中和高中，尽管体弱多病，陆埮的成绩始终名列前茅；第二章陆埮负笈北大，尽管因身体原因未能留学苏联，却因祸得福进入第一志愿的北京大学物理系，四年求学孜孜不倦，毕业后分配到中国科学院原子能研究所开始工作；第三章开始执教，陆埮因为偶然的原因调入哈军工，学生变老师，书生成军人，开始正式的教学生涯和业余的科研活动；第四章"文化大革命"岁月来临，陆埮的业余科研惨遭批判，陆埮本人成为资产阶级反动学术权威，受尽迫害但不忘科研，在学生和同事的支持下终获平反；第五章陆埮复员电讯仪器厂，创办刊物，引入阿伦方差和计算机技术，工作科研两手抓；第六章陆埮迎来科学的春天，不仅业余科研获奖受到肯定，而且被调入南京大学，开始正式的科研道路；第七章主要介绍陆埮的科研成果——伽马射线暴研究，调入紫金山天文台后转向研究宇宙学，培养人才如蚌育珠，学术交流影响遍及全世界，因多方成就获得命名小行星资格；第八章主要介绍陆埮对科普的热爱，他不仅是一位受人爱戴和敬仰的科学家，也是一位平易近人、和蔼可亲的科普工作者，致力于将科学知识普及大众，科普报告开遍全国。

第一章
早年求学

出 生 常 熟

常熟地处江南水乡，十里虞山蜿蜒入城，万亩尚湖伸展山前，这里水土洁净，空气清新，"土壤膏沃，岁无水旱之灾"，素有"江南福地"的美誉，是苏州市下辖的县级市。富饶而又宜人的自然环境，滋养了浓郁的文化气息。常熟人文荟萃，文化遗产众多，作为国家历史文化名城，历来崇教重文，俊才辈出。新中国成立以来这里产生了数十位两院院士，其中就有中国科学院院士、著名天体物理学家陆埮。

1932 年 2 月 23 日，陆埮出生于苏州常熟县南门外东市河边的陆家大院，此时父亲陆增祥是江苏医学院职员，母亲是家庭主妇。古代的常熟城有城墙包围，陆埮的家就在对着围墙的河岸上，虽不在常熟古城墙内，但属于常熟市城区。东市河是常熟护城河的一段，河水深沉，清澈见底，清晨泛舟河上，水气氤氲，晨雾缥缈，河岸两边的住家们洗衣洗菜都在这条东市河，是典型的江南水乡。面对如此美景，小陆埮经常会唱着"我家门前东市河，遥远虞山有陡坡。山林繁茂欲滴翠，河水清澈鱼虾多"以及"微风吹面爽悠悠，难念经书家家有。水面黄叶轻轻飘，水下鱼儿慢慢游"

等儿歌。河上一座东高木桥，陆埮儿时经常走过这座桥，进到城门中与小伙伴们玩耍，作为"孩子王"的他常带领着七八个小孩子一起嬉戏。陆埮出生的陆家大院坐北朝南，房屋主要是三进五开的砖木结构，这里承载了陆埮的曾祖父、祖父和父亲等好几代人的出生、成长的人生经历，也成为陆埮童年的乐园。

在去苏州上高中之前，陆埮基本都在常熟生活，常熟的一草一木、一沙一石他都很熟悉。陆埮从小就喜欢沉浸在自然之中，善于观察周围的一切，对遍布灿烂星光的夜空尤为感兴趣。陆埮后来回忆说，他有时还能观察到流星倏地划过天空。这些天空现象给陆埮带来的震撼是非常强烈的。这说明陆埮小时候就具备了古往今来那些伟大科学家们所具有的最为基本的科学素养——对自然的深深的好奇心。不管从人类的宏观历史来看，还是从某些科学家的个人经历来看，这种好奇心都是科学的最直接的起源。小时候的陆埮经常仰望着星空，心中产生一个又一个的问题：为什么天空会有星光？为何流星会划破夜空？很多人小时候脑海中也可能会闪过这些疑问，但与普通人的不同之处在于，陆埮执着于这些问题，为了寻求答案，他开始沉迷于科学课程的学习和科学书籍的阅读之中。正是这种善于观察、敏于思考、勤于学习的良好习惯，让陆埮受益终身。

在陆埮后来的回忆中，充满着对故乡的深深的眷恋之情。家国多难，情却愈深。小学和中学期间，因为学校都在近郊区，离主城区较远，陆埮经常走小路抄近道去上学。不管是酷热的盛夏，还是寒冷的严冬，陆埮都准时到校上课，从不迟到，更不无故缺课。有时遇上风雨交加的恶劣天气，布鞋很容易弄湿，陆埮就在教室里打着赤脚，等到放学鞋子晒干后再穿着回家。几乎每年，学校都会组织师生步行去虞山游玩，春天踏青，观赏山花青草绿树，呼吸新鲜空气；秋日远足，欣赏漫山红叶，品尝各种鲜果。每次出游都会花上一整天时间，大家都带好干粮，在虞山上尽情地玩耍。出游结束后，语文老师会出一个关于游览虞山的作文题，让每个学生充分发挥自己的写作水平，尽可能地写出生动活泼的好文章。对于虞山上的名胜古迹，陆埮如数家珍，怎样上虞山既节省时间，又不费体力等，陆埮都胸有成竹、了如指掌。世上名山千座万座，可唯独虞山给陆埮留下了最深刻的印象，巍巍虞山见证了陆埮一生最宝贵的童年时光。

十里青山半入城，万亩碧波涌西门。与虞山相映的，是位于常熟城西的尚湖，因传商末姜太公在此隐居垂钓而得名，碧波荡漾的尚湖为古城常熟平添了千种风情。而在虞山的东边脚下，则是一座保留了常熟质朴与纯粹的兴福寺。此地古木参天，空气清新，是一个偏安一隅的天然公园，陆埮小时候经常在此处玩耍。常熟城内，十里虞山，万亩尚湖，再加上一座兴福寺，山、水、城、园、林、寺融为一体，见证和记录着童年陆埮的身影。

家 庭 背 景

陆埮的父亲叫陆增祥，母亲叫谭娟，陆埮是家中长子，下面共六个弟弟妹妹，其中一个名"桦"的女孩在六岁多出麻疹夭折，其余按照年龄长幼排列分别为妹妹陆苠、弟弟陆进、弟弟陆荣、妹妹陆吟和弟弟陆寅。

图 1-1 陆埮父亲陆增祥、母亲谭娟（图片由陆埮夫人周精玉提供）

陆埮从小就深受良好的家庭氛围的熏陶。陆埮的父亲陆增祥，曾在逃难上海时担任小学教员，在苏州东吴大学注册处任过注册员，院系调整后前往位于江苏镇江的江苏医学院做职员，后来在南京医学院教务处做职员直到退休。陆埮作为家中的长子，被父亲寄予了无限希望。二叔陆增祜，曾先后在苏州铁路管理局职工子弟学校任英文教员，在东吴大学附中教英语；三叔陆增礽则同时在东吴大学的大学部物理系和附中高中部教物理，先后担任东吴大学、江苏师范学院物理系副教授。陆埮的名字便是由叔叔取的，埮读作 tán，地势平坦而宽阔的意思。良好的家庭文化氛围以及父亲和两位叔叔的言传身教，对陆埮的学习生涯、学习态度都产生了不小的影响。

陆埮的祖父母是地主，父亲陆增祥在做注册员工作之前也曾亲手收过两三年的租米，陆埮的母亲谭娟也是地主家庭出身，因而童年时期的陆埮家庭生活还算富裕。陆埮的祖母非常疼爱陆埮，真是含在嘴里怕化了。后来因为战争的缘故，小陆埮跟随家人白天黑夜到处躲藏，受尽惊骇，疲惫不堪，又因为体弱多病，深夜做梦小便很急时，居然就在祖母的花缎子被面上小便，全家人都要抱他下地，祖母却说："千万不要惊动他，让他撒尿，没有关系，等他尿清爽了我就洗被子。"[1] 真是穷困也要养骄子啊！

尽管陆埮在常熟度过了七年快乐的童年生涯，但陆埮的家庭同样无法逃脱那样一个动荡年代所带来的灾难。1931 年 9 月 18 日，日军发动九一八事变，占领中国东北，中国人民自此陷入了长达十四年水深火热的抗战生活。1937 年 7 月 7 日，日军在北平附近挑起卢沟桥事变，中日战争全面爆发。1937 年 11 月 19 日，常熟沦陷。战争愈演愈烈，迅速蔓延至全国，各地纷纷告急，一时间风声鹤唳，人人自危。1939 年初，陆埮全家人逃难，陆埮父母请了一位中年男子将陆埮和大妹陆芭分别放在两个竹篾织成的箩筐内挑到码头，然后换乘轮船到上海。逃难途中，陆埮遭遇了非常惊险的一幕，可谓是大难不死。当船行至半途时，日军一颗流弹正好打中陆埮睡觉的小床，幸运的是，陆埮恰好起床离开，也因此逃过一劫。到了上海法租界之后，陆埮的祖母、父母、叔叔、婶婶以及众多弟妹一大家人住在一起，住房条件十分简陋。相比常熟老家的无忧无虑，奔波在逃难路上的陆埮第一次感受到了生活的艰辛。

---

[1] 此处根据陆埮夫人周精玉回忆。

小学生涯多灾多难

　　由于身处抗战时期加上体弱多病，陆埮的小学学业辗转四所学校才完成，其中还直接跳过了不少年级。逃难上海之前，七岁的陆埮因为体弱多病未曾上过小学，陆埮的父亲便在家中教陆埮算数和认字，带着陆埮读了《国语》《古文观止》和一些唐诗。到达上海的第二年即 1940 年的 2 月，八岁的陆埮被父亲送进上海普育小学读书，小学一年级及二年级上学期都没有读，直接跳级插班读二年级下学期。然而由于身体向来病弱，从 2 月开始进学校读书上课，到 6 月一个学期还未读完陆埮就生病了。当时陆埮和父母及两个弟弟妹妹共五人住在一间约九平方米的阁楼里，环境差，通风也不好，几乎全家人都感染上了一种严重的传染病——"猩红热"。随后陆埮一大家子在一家英国人办的、位于上海的传染病隔离医院住院治疗，所幸最终都平安渡过难关。因病休学不久，上海公共租界^①和法租界就都被日军占领，再加上家中经济状况不佳，全家人又再次迁回了常熟老家，住在东市河东高木桥附近，小陆埮也跟着全家人离开上海回到常熟老家继续养病。然而祸不单行，日寇飞机开始对常熟实施狂轰滥炸，不久便占领了常熟。常熟失守后，全家人又连忙逃到乡下避难。听警报、躲飞机，硝烟弥漫，人心惶惶，逃难路上的所见所闻深深刺痛了陆埮幼小的心灵，他暗暗下定决心：一定要努力学习，掌握本领，为国家强盛贡献自己的一份力量。

　　屋漏偏逢连夜雨。全家人逃难到乡下老家后，家中又遭受突然袭击，汉奸与日本人勾结，用武力将全家上下近二十口人关在一间屋内，接着这伙强盗将陆家的财产抢劫一空。覆巢之下安有完卵，国破山河凌乱，陆家也损失惨重，原本富裕的家在战乱中陷入贫困。后来，陆埮父亲与两位叔叔分家，自此陆埮一家更是困难重重，再加上父亲陆增祥身体不好，陆家的境况更是雪上加霜。全家拥有的不动产也仅是两间砖制的房子，其他如

---

　　① 原来是英、美占领区，即如今上海南京路一带。

后堂、天井等均归陆埌的两位叔叔所有。靠近厨房的天井里有一口水井，一大家子吃用的水都从这里取；那时还没有电灯，日常照明只能把吃的菜油倒些在小碟子里，放上灯草点燃；取暖就是在一个铜制的罐中点上木炭再放些草木灰。总的来说，陆埌家的经济状况不是很理想。

在家休养近两年后，1942 年 9 月，陆埌插班到位于常熟的义庄弄小学，在这里读三年级上学期。然而，陆埌仅在该小学学习约两个月就又回家养病。经过 1942 年 11 月到 1943 年 8 月半年多的休养，陆埌在 1943 年的 9 月转学插班到大田岸小学，在这里读春季班三年级下学期和四年级上学期，当时三年级就已经开设英语课，连续两个学期在同一所学校学习对于陆埌来说已经算是非常长的时间了。1944 年 9 月，陆埌再次转学并跳级（没有读四年级下学期）到常熟米业小学读五、六年级。因为在当时，常熟仍被日本侵略者占领，所有小学生都被迫学习日文课，陆埌也不例外。到了五年级的暑假，正在街上的陆埌听到了日本侵略者投降的消息，一口气奔回家，第一件事就是把日文课本撕得粉碎，小小年纪的陆埌此时便已怀揣着抗日爱国的热情。1945 年，抗战胜利了。

陆埌的小学生涯就是在上学与养病中度过的，副伤寒、猩红热、喉结核等病在当时都是非常厉害的大型传染病，小陆埌每一次都能被治愈真是福大命大，可以说是非常幸运了。就在常熟解放后不久，陆埌再次与死神擦肩而过。那时，上海还未解放，蒋介石重兵守上海，经常下令让飞机扫射上海周边地带。在一次扫射中，一颗子弹正好落在陆埌房间窗台的花盆里，陆埌再次躲过一劫。但他的邻居就没有那么走运了，一个六岁的小女孩被子弹击中当场毙命，邻居悲痛欲绝，一家人哀痛的哭声在陆埌的心里留下了深刻的印象。尽管因为抗战逃难和身体病弱等原因，陆埌饱经战乱和离散，儿时的生活极不安定，多次转学休学，连蹦带跳、断断续续地读了四所小学，但所有的这些均未影响他对学习的热爱和优异成绩的取得，几次大病痊愈更是磨炼出了他坚忍的意志，他格外珍惜来之不易的读书机会，很少被外界的事物干扰分心。例如，在陆埌常熟老家的河对面，紧靠城墙的位置有一家"缸坛行"，也就是一家陶器厂，生产各式各样的陶器，生意兴隆，顾客络绎不绝，但陆埌从不去那里玩耍，平时只要一有空他就在家里看书学习，学累了才"隔岸观陶"休息一下。有时他更是废寝忘食，常常学习到深夜，饥肠辘辘地进入梦乡。少年时期的陆埮就表现出了数学方面的杰出才能，读小学时就如饥似渴地阅读与数学有关的课外读物，计算各种有趣的数学问题，如鸡兔同笼、地图颜色问题等，这为他之后的学习方向奠定了一定的基础。

　　1946 年 7 月，陆埮在米业小学以整个年级（两个班）第一名的优异成绩毕业。毕业时陆埮得到了很多老师的奖励，笔记本、钢笔、书籍和各色文房四宝等奖品摆满了一桌子，另外他还获得了学校奖励的一个专门刻有字的"银盾"。老师们的称赞和赏识令小小年纪的陆埮非常开心，他于是更加卖力地学习，以求百尺竿头，更进一步。后来，义庄弄小学、大田岸小学、米业小学合并成一所规模很大的全新的义庄小学，2012 年 9 月 14 日，已是中国科学院院士的陆埮回访母校，被聘为该小学的名誉校长，还为义庄小学题写了校名。

初中受教受益一生

　　1946 年，陆埮从米业小学以全校第一名的好成绩毕业后，又以优异成绩考取常熟县立初级中学（1952 年更名为现今的常熟市中学）。那时，抗日战争已经胜利，渴望获得安定生活的人们却并没有得偿所愿，紧接着抗日战争的就是四年解放战争。陆埮就读初中期间正值内战，物价飞涨，民不聊生，百姓生活仍旧极不安定。那时，陆埮的父亲每月拿到工资走在回家的路上，总是一看到需要的东西就立马买下，因为若等到回家之后再折回去购买，价格就会上涨，工资也就贬值了。再比如，初二时，陆埮作为练习曾写过一篇"双斧劈群狼"的稿件，这是一篇讲故事性质的小文章，投寄给了一家名为《小朋友》的杂志后被选中发表，获得了金圆券① 约三元的稿费报酬，值大米两至三斗（约相当于如今三十斤大米）。那时，原

---

① 解放战争后期中华民国政府为支撑其崩溃局面而发行的一种本位货币。

来流通的"法币"刚刚以三百万元兑换成金圆券一元，物价飞涨程度令人咋舌。动荡的时局，飞涨的物价，极其不安定的生活，这些不利因素都构成了陆埈中学读书的大背景。

　　中学是人们走出童年、迈向成熟的必经之路。1946 年至 1949 年，陆埈第一次较为完整地读完一个学校，常熟县立初级中学三年的初中生活给陆埈留下了很深的印象，在他的求学生涯中也写下了浓墨重彩的一笔，是陆埈生命中不可多得的珍贵回忆之一。常熟县立初级中学建于 1924 年，是常熟最早的公办中学，新中国成立前即为苏南名校，解放初定为苏南新民主主义教育方针试点学校，校长陈旭轮（1945—1957 年在任）"三进怀仁堂，四见毛主席"的故事成为美谈。①

图 1-2　中学时代的陆埈，摄于 20 世纪 40 年代（图片由陆埈夫人周精玉提供）

　　日本人占领常熟期间，学校一度停办，后经各方努力，学校先借石梅小学教室复校，后又迁回原址。抗战胜利后，根据江苏省教育厅的规定，学校修订了规章制度，添聘了一批教学经验丰富的教师，如瞿果行、金易占、郑士杓、曹仲道、张甘泉、沈复、孙鸣玉等。在课程设置上，取消日语与读经，恢复了公民课程与英语。1948 年教育局拨款建立了常熟县第一个理化实验室，购置仪器和理化实验药品，使学生可以分组进行实验。同时，充实图书期刊，以便利师生课外阅读和参考。陈旭轮校长在任职期间，经常深入群众，和教师、学生接触，在改进教学方法、提高教学质量上，有比较显著的成绩。陆埈就是在这样一种背景下进入常熟县立初级中学读书的。

　　陆埈在常熟县立初级中学求学的三年正是新中国成立前的最后三年，

---

　　① http://www.csszx.com/templete/news_52.html 常熟市中学简介，2017 年 8 月 15 日，有删改。

动荡的时局、艰苦的学习条件并未影响陆埃的好成绩。陆埃在这里学习了数学、平面几何、物理、化学、生物、语文、英文、政治、历史、地理，总共10门课程，每一年他的学习总成绩都是全年级第一名。当时一个年级共有四个班，每个班有40多个学生。其中，甲班、乙班全是男生；丙班是男女生混合；丁班全是女生。陆埃在甲班。全校共有500多个学生，30多位老师，时任常熟县立初级中学校长陈旭轮兼任初三年级的公民教员。每周一早上的8点钟，陈校长都会开始全校训话，时间为一小时。他每次在大会上都会讲同一首诗，"男儿立志出乡关，学不成名誓不还。埋骨何须桑梓地，人生无处不青山"和一副对联"岂能尽如人意，但求无愧我心"。后来，陆埃回忆说，因时日已久，陈校长其他的话可能记不住了，但这首诗和这副对联却一直牢记于心。[1] 正是陈校长的这些教诲使得小小年纪的陆埃认识到，在外求学就要以四海为家，做所有的事都要尽心尽力，对得起自己的良心。这首诗和这副对联对陆埃的一生都起了很大的促进作用，并成为他的座右铭，在人生成长的道路上，它们给了陆埃太深的印象、太多的启迪。2004年，陆埃还应邀参加了这位影响自己一生的陈旭轮校长的塑像揭幕典礼。

刚入初中，陆埃就延续着从小喜爱读书、兴趣广泛的好习惯，对各个方面的知识都怀有浓厚兴趣。陆埃读书越多，产生的疑问也越多。例如，为什么书中那些有名的科学家几乎都是外国人，像哥白尼、牛顿、伽利略、爱因斯坦，等等，为什么没有中国人？难道中国人真的比不上外国人？对此，陆埃百思不得其解，但却总暗暗相信着将来总有一天中国人会同那些外国科学家一样做出具有伟大意义的科学研究成果，只是现在时机尚未成熟。带着这样的想法，陆埃如饥似渴地学习着校内老师教的各类知识，尤其对数学王国的旖旎风光格外感兴趣，纯粹的数字和图形总隐藏着丰富的细节特征，一题多解的解题方法更是令他耳目一新。为了解出一个难题，陆埃常常废寝忘食，实在搞不懂了才去请教老师。努力学习的过程虽然辛苦，但成就感满满，陆埃每次的数学考试成绩都是满分或者接近满分。

---

[1]　此处根据陆埃夫人周精玉回忆。

　　1947 年，陆埮初中二年级时，钱孟豪先生开始讲授"平面几何"课程，这门课给陆埮带来了前所未有的震撼，更是激发了陆埮对数学乃至科学的强烈兴趣。钱孟豪老师是同济大学的高材生，几何学功力深厚，教学精细缜密，逻辑推理性强，极受学生欢迎。他把陆埮引进了奇妙的数学世界：所有平面几何的命题竟可以在很少几条公理的基础上，只用圆规和直尺，通过严格的逻辑推理就能得到证明，整个证明过程没有废话，言必有据。第一次接触到逻辑推理严密性的陆埮由此产生了对数学、进而对科学的强烈兴趣，他更加努力地学习，千方百计地学好数学和物理。学校里的课本知识总是满足不了他旺盛的求知欲，于是陆埮经常从街头巷尾的旧书摊和旧书店买来许多有关数学、几何学、物理学的参考书和习题集，认真阅读书中的知识讲解，仔细思考巧妙的解题方法，解出了一册又一册难题。有一次，他在《中学生》杂志上看到"9 点圆"的证明题，听老师讲那是一道难题，有多种证明方法，可他还是想试着找一种新的几何方法来证明，为此还潜心琢磨了好些天。也就是从这个时候开始，陆埮对科学产生了极大兴趣，初步抱定了学习科学的决心。

　　对于平面几何课程引发的浓厚兴趣，在接受《物理》杂志的系列访谈时，已是中国科学院院士的陆埮回忆起那段初中学习生涯，说道：

　　"兴趣主要是初中开始的，初中对我影响最大的是平面几何，平面几何这门课我觉得非常精彩，这门课每一条都是讲理的，从定理一步步推理的，这个是逻辑性非常强的，没有任何可以反驳的，每一步道理都是非常充分的，充分必要条件都是摆在那的。觉得这个世界上还有这种课。当时就对科学感兴趣，不仅仅是对数学，因为科学都是实实在在的，因为实实在在的科学实际上就两条，一条是逻辑，像数学这样的推理，还有一条就是实验，科学都要从事实出发，事实就是实验。可以推理的就是推理，推理是没有问题的，完全是理论的推理，但是有些东西光靠推理是不够的，如果前提有错误，那推出的结果就是有错误的，前提对，那推出来的就是对的，中间过程是不会错的，因为中间是逻辑。我为什么最重视物理？因为物理不仅仅是逻辑的问题，还要求那个前提，这个前提必须得从实验来，这是一个创造的东西，这是不好推出来的。然后就一直往后推，推了以后，因为前提不一定完全对，因为这是从观测、数据、实验来的，最后还得实验证明。所以搞科学一步一步都是很严格的，所以我就决心要学科学。"[1]

在陆埞看来，物理是跟生活接触最近的，是最能解决现实生活问题的基础学科，是科学的基础，其他的如天文、地质、工程等学科都是派生出来的，现在的技术也只是科学的应用。所以，陆埞最感兴趣的就是科学，而科学里最基础的就是物理，他对物理的兴趣就是这样来的。在钱孟豪这样的老师带领下，陆埞如鱼得水，如饥似渴地汲取着科学的养分。当然，除了本来就对数学、物理有着浓厚的兴趣，决心学习科学的另一个重要原因，就是陆埞儿时的逃难经历以及逃难路上的所见所闻。旧中国落后的面貌刺激着陆埞年幼的心灵，唯有科学才能救中国的信念很早便在陆埞的心中扎下了根，尽管陆埞自己很少回忆那段峥嵘岁月，但从与陆埞同为常熟县立初级中学 1949 届毕业生的祁子青（原名祁志青）所作的回忆母校的"常熟县中 1949 届的'毕业歌'"一文中，不难发现那个时代莘莘学子的拳拳报国之情：

"'……大好环境，青山当户，绿树荫浓处，美哉吾校……'这是1949 年前常熟县中'校歌'里的歌词。

县中，当时全称叫'常熟县立初级中学'，在县城内西仓前。那时'十里青山半入城'的城墙，从山上环挂下来，经过旱西门、水西门，继续南伸再沿塘河东折。锯齿形高耸的城垣，成为县中校舍和大操场的西面围墙和屏障。每当晚饭后自习前，我们寄宿生都要爬上斜坡，登高凭眺湖光山色，夕阳晚霞，口琴竹笛，行吟欢唱……

从 1946 年秋到 1949 年夏，我在此生活过。尤其是 1949 年上半年，

---

[1] 陆埞院士访谈录——王进萍，《物理》杂志创刊 40 周年纪录片系列访谈，2012 年 5 月 11 日。

在这宁静的'绿树荫浓处'，一场风雨，至今历历如昨。"①

看到这些叙述，我们仿佛看到了中学时期的陆埮同样也是在那样一份对新中国的渴望中度过了初中生涯。与那个时代的年轻人相似，身处战争年代的陆埮也胸怀报国热情，无奈身体病弱，于是他将这份情感转化为学习上的动力，孜孜不倦地汲取着知识的营养，希望能够以这样的方式在将来为国家尽自己的一份力。尽管极度热爱学习，陆埮也并没有死读书，而是各方面全面发展，他积极地为同学们服务，与师生们的关系十分融洽。初三时，陆埮担任班级的学习股长，带领同学搞过几期墙报宣传工作；毕业时他还担任了级友会第一届常务理事，制作了一期通讯录。

1994 年，从常熟县立初级中学毕业四十五年之后，陆埮第一次应邀出席初中七十周年的校庆活动。那时，陆埮已是南京大学天文学系教授、知名天体物理学家，无论是积极探索科研高峰还是三尺讲台教书育人，陆埮都可以说是衣锦还乡。从南京坐火车到常熟，出站时因为带着手提箱的缘故，陆埮便叫了一辆三轮板车乘坐到常熟中学。在当时，马车、黄包车已经完全消失，私人摩托车也极少，最主要的交通工具就是三轮板车。回到母校，陆埮与校友们热情拥抱，尽情畅谈，目睹着母校的种种旧貌换新颜，体味着母校七十载的悠久风韵，久别重逢后的喜悦之情溢于言表。四十五年前的少年儿童们转瞬已成为年过半百、迈入耳顺之年的诸位校友，他们之中有成为国家干部的，有投身科学事业的，还有教育家、医生、工程技术师……觥筹交错间有人拿出当时的毕业照，大家纷纷凑上来找寻往日的自己，追忆往昔，畅谈当下，大家齐聚一堂憧憬未来，诚挚地祝愿母校越办越好。

短短两天的校庆聚会很快结束了，陆埮也趁此机会回到魂牵梦萦、记录了自己出生成长的陆家大院。经历过长期战争的破坏，老屋的墙壁已呈现斑驳之色，累累伤痕记录着炮火的无情。而且早在 1950 年春天，因为战争将一切毁于一旦，百废待兴，所以原本住在陆家大院的所有成员聚集在一起商量讨论，一致同意将陆家大院的所有房屋全部交给常熟市人民政

---

① http://www.csszx.com/templete/news_6621.html 常熟市中学校友回忆录，2017 年 8 月 15 日，有改动。

府，无偿地奉献国家。此后，因为工作、学习和生活等诸多原因，陆家人相继离开了常熟，人去楼空，此时的陆家大院早已无人居住，只剩下守门人看管。陆埈抚摸着老屋的墙壁，望着周边的一草一木，寻觅着往日的光景，不禁感慨时光飞逝，尽管仍能凭借记忆画出整个陆家大院房屋布局的详细平面图，但现如今早已物是人非。而且就在陆埈此次拜访旧宅后不久，大约在 20 世纪 90 年代末，浩浩荡荡的施工队将整座陆家大院夷为平地，并在原址处建起了高楼大厦，老屋最终服务于经济发展，完成了它的使命。

图 1-3　1994 年陆埈参加常熟市中学成立 70 周年校庆（图片由陆埈夫人周精玉提供）

三年高中成绩优异

1949 年 9 月，陆埈又以极好的成绩考入苏州的东吴大学附属中学。不同于颠簸的小学生涯，受到初中校长陈旭轮"男儿立志出乡关"的鼓舞，陆埈就不在常熟上高中了，自己背着行李从常熟老家旁的东市河乘船，离乡背井来到了苏州。那个时候苏州刚刚解放，陆埈在苏州东吴大学读附中，在附中的三年也是难得的完整，除去高考之前因病休养的几个月，陆埈在这里一直顺利读到毕业。在校期间他学习了代数、立体几何、解析几何、三角、物理、化学、生物、英文、语文、历史、地理、政治，总共 12 门课程，几乎每门课程成绩都名列前茅。东吴附中的师资力量特别雄厚，教学质量非常高，因为那时几乎所有的高中课程，尤其是数学、物理、化学等都由东吴大学的教师兼任，这对陆埈的学习特别是理科兴趣的培养十分有利。

高中阶段陆埮以顽强拼搏的毅力努力学习。因为学习成绩优异，陆埮担任了班级的学习股长，负责分管全班的学习情况，他认真负责，一丝不苟。对于同学们学习上的任何问题，陆埮都仔仔细细地为他们讲解。在学习之余，他也曾做过学生工作，高三时任学生会学习部长。无论是学习还是工作，陆埮都赢得了老师的好评和同学的拥戴。由于身体和战争等多重因素的困扰，陆埮上学较晚而且多次转学，因而他的年龄一般都比同年级的同学大上两岁左右，再加上陆埮学习成绩卓著，乐于助人，因而班上年龄较小的同学都亲切地称呼他为"陆埮哥哥"。

在节假日，陆埮也曾和同学们一道游览苏州著名的园林和景点，其中最感兴趣的便是寒山寺与枫桥。相传唐代诗人张继长安落榜后来到苏州，在枫江边租了一条乌篷船，想借沿途美景来冲淡心中愁苦，然而夜不能寐，正当此时，远处传来杳杳钟声，于是张继写下了那首千古名诗《枫桥夜泊》，"月落乌啼霜满天，江枫渔火对愁眠。姑苏城外寒山寺，夜半钟声到客船"。对于这个故事，陆埮常常思索，因为这首诗，张继成就了寒山寺和枫桥，也是因为这首诗，张继成为人尽皆知的诗人。而当初高中科举的那些人，又有多少会被人们所记住呢？从张继的例子，陆埮看到只有学识才是一个人真正的实力。想到这一点，陆埮便暗暗地下定决心，不断努力学习，充实自己，提升自身各方面的实力。

从 1949 年 9 月到 1952 年 7 月，三年的时光不仅见证了陆埮的高中生涯，也见证了其母校东吴大学附属中学的兴衰。当时，陆埮所在的高中校址就在东吴大学校园内，大学部的存在，对于附中的教学很有好处。在读中学的同时，学生们无形中就会看到更高处的大学，这对学生们的学业与信心都有很大的帮助；并且大学的校训"养天地正气，法古今完人"，言简意赅，同样发人深省。因而在陆埮成长的关键三年，东吴大学对其学习习惯的养成、学习方法的形成、坚毅人格的塑造等都发挥了不可磨灭的作用。在当选中国科学院院士之后，陆埮还多次回访母校，他时刻关心着母校的发展。

不仅陆埮，他的家人也与东吴大学有着非常密切的关系。1946 年起，陆埮的父亲陆增祥开始在东吴大学注册处做职员工作，陆埮离开家到东吴大学附中读高中时与父亲住在一起。1950 年春天，陆埮全家因为父亲在东吴大学工作的缘故搬家，由常熟城迁到了苏州市，一家人就住在学校后门附近的忠信桥头。1952 年，由于

图 1-4 2008 年陆埮携妻子回访母校（高中校址位于今苏州大学内，左二为陆埮）

全国性的院系调整，东吴大学附中被合并到苏州中学，东吴大学改成江苏师范学院，陆埮的父亲也调整工作至江苏省镇江市的江苏医学院任职员。此外，在陆埮就读东吴附中时，二叔陆增祜正在东吴大学附中教英语，三叔陆增初则同时在大学部物理系和附中高中部教物理，之后还先后担任过东吴大学、江苏师范学院物理系副教授。无论是自己上学，还是家人的工作，陆埮都与东吴大学结下了奇妙的不解之缘。

东吴大学的附属学校有苏州的第一中学（在东吴大学校园内）、上海的第二中学（原上海中西书院院址）、湖州的第三中学（原浙江湖州海岛中学）、无锡的第四中学（在无锡兴办的实业学校）、松江圣经学校（为苏沪地区培养神职人员）、苏州吴语学校（在苏州妇孺医院办学，培训吴语）以及二十几所附属小学。此外还有东吴大学学生办的"惠寒小学"。陆埮当时就读的正是位于苏州东吴大学校园内的第一中学，学校全称为"私立东吴大学苏州附属中学校"，也是该学校被称为"东吴大学"的最后三年。

陆埮在附中就读期间，教室就在东吴大学校园内那栋环境优美、红砖砌成的小洋楼——孙堂之中。东吴大学从建校到抗战前的 30 余年时间里，几任校长都多方筹措资金，搞好校园基本建设。先后建成了风格各异的林堂（1901 年始建，1903 年落成，为纪念东吴大学创办人林乐知而命名，因该楼主楼之上建有一座方形钟楼且安有报时钟，又称"钟楼"）、孙堂（1911 年建成，为纪念校长孙乐文而命名）、葛堂（建于 1922 年至 1923 年

图1-5 2008年陆埈重访当时附中教室所在地东吴大学孙堂

间，为纪念第二任校长葛赉恩的父亲而命名）、子实堂（1930年落成使用，为纪念博习书院创办人曹子实而命名）、维格堂（建于1931年至1932年间，为纪念捐赠人李维格而命名）、司马德体育馆（建于1929年至1934年，为纪念美籍教师司马德而命名）、学生宿舍及教师宿舍。校园内绿树成荫，花草遍地，典雅美丽的东吴校园充满着勃勃生机，浓郁的书卷气令人流连忘返。孙堂共五层，陆埈的教室在第二层，整个年级八十多人，分成两个班，每个班四十多人，陆埈所在的第一班没有女同学，被大家戏称为"和尚班"。众多如陆埈一般的学子多年后学成归来，仍不忘多次回访美丽的母校。

1927年，东吴大学董事会决议将文理学院设在苏州，分文理两科。文学院曾设有中文系、历史系、经济系、政治系、社会系、教育系，理学院曾设有数学系、物理系、化学系、化工系、生物系、体育系，并附设医学预科、神学预科、化学研究所、生物研究所及生物材料处。学制为预科三年、大学四年，实行学分制。学校确定国文为学生必修课程，注重理科实验，并重视英文教学，教学质量在全国高校名列前茅。在这里，理科生实验课有着较完备的实验器材，文科生在阅览室也可接触到较为齐全的资料。这为陆埈三年的高中生涯营造了良好的学习氛围，他对物理科学的热爱以及对文学的兴趣与东吴大学的培养环境息息相关。东吴大学及其附中对陆埈的影响是全方位的，包括文学、英语和体育等各方面。

据陆埈后来回忆，东吴附中的师资力量相当强，前后教过他语文课的两位老师都是全国有名的小说家。一位叫程小青，侦探小说家，他翻译了诸如《福尔摩斯探案》等许多国外的侦探小说，特别是著有他自己的《霍桑探案》等三十多册系列小说。程老师始终认为侦探小说是一种化装了的通俗科学教科书，在1933年写的文章《从"视而不见"说到侦探小说》

中，他谈论道："侦探小说固然不贡献什么天文、物理、生物等的物质科学，但它却在潜移默化之中，暗示科学的方法。我以为在现今的时代，科学方法是我们一般人应付任何事理的工具……侦探小说中的侦探，自然是个个都有精密的观察力的。我们读得多了，若能耳濡目染，我们的观察力，自然也可以增进。"① 这一点对陆埮影响很大，促使他注重观察，灵活运用科学方法。另一位是范烟桥，著述颇多，内容广泛，涉及小说、小品、弹词、古诗、史论等，共计二十多部集子和百万字小说。正因为听了他们的课，陆埮在中学时期曾对文学作品产生过浓厚的兴趣，尤其喜欢朱自清的《荷塘月色》、陶渊明的《五柳先生传》和《归去来兮辞》以及唐诗宋词，甚至还对英文文学产生了兴趣。陆埮喜欢写诗，他虽然话不多，但只要一出口便能看出他的文学修养，这与他读书众多是分不开的。

东吴大学及其附中的体育教育也有着悠久的历史。1903 年，美籍教授司马德到东吴大学任教后，建立了田径队。不久，东吴大学又联合华东有关学校成立了华东体育联合会。1924 年，东吴大学创办了两年制体育专修科。1926 年，增设了四年制的体育本科。校内运动项目包括篮球（包括女子篮球）、足球、拳术、网球、排球、棒球等，东吴足球队曾获华东大学体育联赛冠军，毕业生程金冠曾参加 1936 年在柏林举行的第 11 届奥运会。在这种体育气氛与勃勃生机的带动下，陆埮也热爱起体育活动。但由于身体病弱，不能从事高强度的剧烈运动，陆埮喜欢上了散步、打乒乓球和划船，后来就读北京大学期间，经常在期末考试结束后与同学结伴划船游湖。

虽然教会大学是中国近代教育的特殊群体，是西方文化侵略的载体，其在中国的存在反映了近代中国社会半殖民地半封建的性质，但对于在中国存在半个世纪以上的这一特殊教育群体，必须加以认真研究，包括其正面的与负面的社会效应及历史经验，否则就不可能对中国近代教育史乃至整个中国近代史获致全面的理解。教会大学曾是中国新式高等教育的先驱，它的建立促使中国开始重视高等教育；教会大学还从根本上突破了中

---

① 程小青：从"视而不见"说到侦探小说 [J]. 范烟桥主编半月刊《珊瑚》，1933 年 1 月 1 日。

国传统教育的缺陷，在办学模式、教学内容、人才培养、适应社会等许多方面都为中国的高等教育提供了崭新的内容。作为教会大学的先驱，东吴大学的英语教学引人注目，其正面和负面的社会影响值得我们做更深入的研究，其多样的教学实践也不乏合理成分，在某种程度上对当今英语教学实践和改革仍具有一定的借鉴意义。东吴大学的英语教学贯穿始终，科学的教授方法、合理的课程设置以及雄厚的师资力量，这些都直接影响到了正在附中学习的陆埃。一方面英语教学呈现由易渐难、由基础到专业的特点，而在这之中科学教育占据重要地位，呈现由语言逐渐涉及人文社会和自然科学的趋势；另一方面，莎士比亚著作及近代英国文学（或 19 世纪英国文学）成为所有英文副课生的必修课。学校在英语教学中对科学与文学的重视，在陆埃的身上也非常明显地体现出来。

> "我当时在高中，到高三的时候我身体还是不好，但是高一高二，非常卖力读书。当时在书摊上看的书有两种，一种是文学书，文学书都是英文的外国文学，我英语基础就是那个时候一年多的时间看英文小说打下的，比如莎士比亚的故事，莎士比亚写的是戏剧。我还买了一些数学的书，还有物理的书。但是我不想搞文学，我还是想搞科学，所以我最后还是挑在了物理上。"①

陆埃的英语学习兴趣正是在东吴附中时期建立起来的。当时作为教会学校，其英语课程要求较高，很多理科课程也直接用英语讲授，并且陆埃的二叔陆增祜曾在东吴附中教授英语，学校与家庭的双重影响使得陆埃对英语格外重视，再加上本身对英文文学的兴趣，他非常努力地学习这门外语。那时，陆埃放学最爱去的就是旧书摊，不多的零用钱几乎全部用来购买旧书。除了数理科学类书籍以外，陆埃还买了不少英文书，比如玛丽·兰姆（Mary Lamb）和查尔斯·兰姆（Charles Lamb）姐弟二人写的《莎士比亚戏剧故事集》（*Tales from Shakespeare*），华盛顿·欧文（Washington Irving）写的

---

① 陆埃院士访谈录——王进萍，《物理》杂志创刊 40 周年纪录片系列访谈，2012 年 5 月 11 日。

《见闻录》（*The Sketch Book*）① 以及阿尔丰斯·都德（Alphonse Daudet）、居伊·德·莫泊桑（Guy de Maupassant）、欧·亨利（O. Henry）写的一些短篇小说集之类。万事开头难，陆埮在最开始阅读英文小说时，每读一页要查十到二十次的字典，就这样坚持了将近两年的时间。英语老师戎更生先生也给了了陆埮的英语学习很多帮助。当时，陆埮为了提高英语写作能力，经常额外训练自己，将读到的一些短篇小说改写成一到两页的短文，之后便交给戎老师订正，戎先生总是不辞辛苦地认真修改，时间一长便大大提高了陆埮的英语读写能力，对他的英语学习起到了很好的促进作用。在戎老师的鼓励下，陆埮还将自己写的英文作品邮寄到出版社，文章发表后便用得来的稿费购买更多的图书。经过刻苦的努力，陆埮在英语的听说读写各方面都打下了坚实的基础，为日后阅读英文文献、写作学术论文、走出国门进行学习和研究做好了必要的准备，英语成为陆埮科学研究工作的一大助力。

新中国成立后，陆埮也积极参加了在东吴大学及其附中所开展的各类政治活动。1949 年后，党和政府按照对私立学校"积极维持，逐步改造，重点帮助"的方针，对东吴大学进行改造。这年 9 月，陆埮进入东吴大学附属中学读高一。亲身经历过抗日战争和解放战争的陆埮渐渐意识到个人的命运是与整个国家的命运紧密联系在一起的，只有国家强大安稳，个人的理想和抱负才能实现，他深感国家的命运就是个人的命运，这种深刻的认识影响了陆埮一生。1950 年 10 月，朝鲜战争爆发，东吴大学建立了抗美援朝保家卫国工作委员会，推动和组织各项活动。东吴大学召开支援抗美援朝大会，学生举行支援抗美援朝游行并踊跃参军，1950 年 11 月，34名学生被批准参军参干。当时，正读高二的陆埮也积极响应，参加支援抗美援朝的活动。1951 年 12 月 9 日，在江苏省苏州市东吴大学附属中学，陆埮由同学任传泰同志介绍加入中国共产主义青年团（当时叫新民主主义青年团），他积极参加团组织生活，曾任小组长。1952 年 6 月转为正式团员，虽未入党，但陆埮曾与同学们一起在东吴附中团组织的领导下积极参与各

---

① 尤其对其中题为《瑞普·凡·温克尔》（*Rip Van Winkle*）的那篇短篇小说印象深刻。

项运动，生病期间也不忘参与宣传"三反""五反"运动[1]和思想改造。虽然家庭中有地主成分，但陆埂在思想上积极要求进步，这些与东吴附中的悉心培养是分不开的。

1951年3月，东吴大学在华东军政委员会教育部设立的登记处登记，与教会割断联系。1952年全国院系调整，东吴大学文理学院与苏南文化教育学院（新中国成立初由省立教育学院、国立社会教育学院和无锡国学专修学校合并组建而成）、江南大学数理系合并组建苏南师范学院，同年改名为江苏师范学院，在原东吴大学校址办学。东吴大学法学院大部分并入华东政法学院，法学院的会计学并入上海财经学院。1953年，东吴大学附中合并到苏州中学，此时陆埂已经顺利高中毕业，而陆埂的父亲也调整工作，开始在位于江苏省镇江市的江苏医学院任职员。

尽管对文学和英语的兴趣不减，但陆埂只将它们视为业余爱好，视为学习的工具，真正的兴趣点仍在科学方面，他的课外时间也大多花在数理课上。陆埂突出的数学才能在高中充分发挥出来，课本上的知识不等老师传授，自己就能学会，他对抽象概念的理解力、逻辑推理的能力和解决问题的技巧都非一般人可比。因为喜欢数学，陆埂利用课余时间把上海南洋模范中学[2]的三角习题集全部做了一遍，此外还做了不少"大代数"（高中代数）方面的习题，读了西尔斯和齐曼斯基（Sears and Zemansky）编的《大学物理》（*University Physics*）英文原本的部分内容。而且，因为住址与同班同学陈沐天[3]邻近，又都是数学爱好者，陆、陈二人还常常聚在一起谈论有关数学和物理方面的消息和故事。

东吴附中良好的教育为陆埂打下了深厚的知识基础，无论中文还是英文，无论数学还是物理，陆埂都信手拈来。这些都成为他后来进行科学研

---

[1] "三反""五反"运动是1951年底到1952年10月，中华人民共和国在党政机关工作人员中开展的"反贪污、反浪费、反官僚主义"和在私营工商业者中开展的"反行贿、反偷税漏税、反盗骗国家财产、反偷工减料、反盗窃国家经济情报"的运动的统称。

[2] 当时南洋模范中学是上海水平最高的中学，后来只在全国招三百多人的留苏预备班中，整个苏南地区只有陆埂一人被录取，而上海南洋模范中学就有二十名之多。

[3] 陈沐天，毕业于北京大学数学系，南京大学数学系教授，后支援汕头大学帮助筹建计算机系。

究的基础，从研究课题、研究方向的选择到理论、实验的积累再到学术论文的完成，一切都如行云流水般顺畅，可是台上一分钟，台下十年功，这些成就的取得都与中学的培养和自身的努力分不开。凡是教过陆埮的中学老师都对他有着共同而中肯的评价：这个学生异常聪慧而且勤奋，将来定有作为，会做出一番大事业。[①] 从初中到高中，陆埮学习自然科学的兴趣与日俱增，再加上三叔陆增祊的引导，能够精确地解释自然现象逐渐成为他这辈子最大的爱好。当时，陆增祊同时在东吴大学的大学部和高中部教物理，后来长期担任物理系副教授，叔侄两人关系不错，陆增祊经常与陆埮讨论物理问题，大学后两人仍保持书信联系。这些都对陆埮最终兴趣的选择——物理研究起到了非常重要的作用。

在学习氛围如此浓厚的东吴大学附中，陆埮长期坚持不懈、夜以继日、废寝忘食地努力学习，希望更多更好地掌握科学知识，充实自身的本领，将来为国争光、为民谋福。但是，身体是革命的本钱，因为睡眠休息时间较少，食物方面比较简单，营养不良，再加上本身身体条件较差，1952年，在高三上学期考试结束后的体格检查中，陆埮的左上肺尖被发现有浸润型肺结核，并且是开放性、正在活动期的。这真是晴天霹雳。学校领导和老师们开会讨论决定，鉴于陆埮大部分课程已提前读过，并且他在数学、物理学上都已崭露头角，学校同意陆埮每天不上课只参加政治运动（"三反""五反"运动），并允其参加毕业考试。陆埮听从了学校的安排。当时，陆埮的家已经从常熟迁到苏州，可以回家养病，因而不必每天都来校上课，只需要参加学校的考试。并且，每天下午陆埮都到学校参加政治活动，帮助学校开展"三反""五反"运动。尽管在家养病，陆埮也丝毫没有荒废学业，每天除了保证 8 小时的睡眠时间，其余的时间陆埮都在家自学，生活上每天吃两个干蒸鸡蛋保证必要的营养。就这样，在家养病半年之后，陆埮参加了东吴大学附属中学三年级毕业班学期末的所有课程考试，获得了全年级总成绩第一名的优异成绩，顺利毕业。

---

① 此处根据陆埮夫人周精玉回忆。

第二章
大学生涯

留苏不成去北大

高中三年级的期末考试结束不久，陆埈直接参加了 1952 年的全国高等学校统一招生考试，当时还是预先填报志愿而后知道高考分数，专业可以填三个，每个专业可填五所大学。尽管身体不好、经常生病的父亲希望陆埈学医，但出于对物理和自然科学的热爱与执着，陆埈第一次违背父亲的意愿弃医从理。陆埈的志愿填报如下：第一志愿报考北京大学和复旦大学的物理专业，第二志愿报考北京大学和复旦大学的数学专业，第三志愿报考南京大学的天文专业（当时天文专业只有南京大学招生）。

在当时，高考发榜都是以直接登在报纸上的形式进行，整个《人民日报》从头到尾全是名字。陆埈考完后自我感觉不错，发榜那天便买来了一份报纸，满怀信心地按照所填志愿的次序逐一查找，北大物理、复旦物理、北大数学、复旦数学、南大天文。奇怪的是，这些学校和专业都没有陆埈的名字，到底录取到哪里去了呢？难道自己落榜了，压根就没被录取？陆埈不相信，从头至尾仔细查找每个大学每个系，最终在报纸的末尾发现除了那些政审名单还有一个额外的名单，在一个不叫大学的学校——

北京俄语专修学校二部的录取名单中出现了自己的名字，第五名。陆埈很疑惑，自己为什么会被录取到这个学校？几天之后，在收到正式的录取通知单时，陆埈才知道原来是因为考得太好而被录取在留学苏联的预备班里，国家准备在他们学习一年俄语后送他们留学苏联。

因成绩优秀被招生委员会直接编进北京俄语专修学校二部的留苏预备班的，整个苏南地区只有陆埈一个人。具体的高考成绩出来时，陆埈才知道自己的成绩是全苏南第一名，数学满分，物理接近满分，其他各科也考得很好。暑假过后，陆埈便欢欢喜喜地准备去北京上学，这也是他"立志出乡关"的第二站。

不知为何，留苏预备班这个学期开学很迟，10月4日才开学。10月2日，陆埈独自一人乘火车从苏州奔赴北京，真正开始从依附家庭到独立远行求学。那时的火车很慢，从苏州到北京的车程要32小时，火车载满了南来北往的旅客，整个车厢座无虚席。说来也巧，在与别人的闲聊中，陆埈得知与他背靠背坐着的正是同去留苏预备班报到的罗辽复，而且更巧的是，二人大学报考的志愿也一模一样，就连填写的顺序都完全相同。由于有着相同的爱好，两人一见如故，引为知己。对此，罗辽复回忆道："10月初的一天，我只身登上从上海到北京的列车，在座位上一动不动地连坐三十多个小时，终于快到北京了。这时发现背后座位的那个青年和我要去的是同一个地方，于是我认识了陆埈，我们拿出发榜的《解放日报》相互证实，并且知道了那年我们报考的全部志愿完全相同。"[1] 这一巧遇奠定了二人几乎一生的科研缘分，而这位个子不高、戴着眼镜、精神焕发且很风趣的睿智男青年也成了陆埈一生的挚友。这是后话。

火车到达目的地之后，陆埈与罗辽复两人结伴前往位于北京石驸马大街（现更名为"新文化街"）的北京俄语专修学校二部报到注册。学校很小，宿舍很挤，一个房间住十到二十名学生。尽管住宿条件不是很好，但这里的伙食标准却很高，每月约有二十七元，每天早餐都有牛奶、鸡蛋、肉松、香肠之类，要知道当时北京大学的学生伙食标准每月只有十到十一

---

[1] 罗辽复：回忆陆埈。见：中国科学院紫金山天文台编，《永恒的怀念：陆埈院士纪念文集》。北京：中国科学技术出版社，2015年，第3页。

元。新生一个年级有十多个小班，每个小班有二十多个人，巧的是陆埃和罗辽复又正好被分在同一个小班。两人在预备班里一同上课，一同学习，一同用餐，一同休息，谈论未来，讲述理想，其乐无穷。

然而，上课两个月后，全校进行体格检查，陆埃因为体检不合格必须回家休学一年，结果未能到苏联留学。其实，陆埃的肺病已经好了，肺部体检有结核病灶也只是之前肺病留下的阴影。但是当时出国留苏要求很严，必须同时具备出类拔萃的成绩、无懈可击的德行、健康强壮的身体、清白无瑕的社会关系。尤其对留学生的身体健康情况要求非常严格，陆埃不得不休学一年，回家休养。几个月之后，顺利通过体检的罗辽复也因为亲戚中有海外关系（叔叔在新加坡）而不能留学苏联。

1952 年 12 月，体检不合格的陆埃回到位于苏州忠信桥 6 号的家中养病，这一休养就是将近一年的时间。休养期间，陆埃也丝毫没有放松学习，并且开始注意自己的身体状况，养病的同时积极锻炼，毕竟身体是革命的本钱。次年 4 月底，高等教育部通知陆埃可以免考进入全国的任何一所高等学校。于是，陆埃就被免试录取到自己的第一志愿北京大学物理系。休学一年却换来了录取到第一志愿，陆埃对此十分庆幸，因为那年留苏的大多都不是读物理，而是被分配到工科专业，特别是地质、探矿之类。因为国家亟需地质勘探人才，留苏学生的学校和专业都由国家决定，学生一般只能服从分配。塞翁失马，焉知非福！更幸运的是，这年 10 月陆埃来到北大物理系报到注册时，居然再次巧遇罗辽复，原来他虽读完了俄语班，但是因家中有海外关系不宜留苏，因而也转到了北京大学物理系，当时他在北京大学新生接待站迎接新生。"翌年我们都未能出国，由教育部直接按第一志愿送北京大学物理系学习。从此就开始了我们共

图 2-1　20 世纪 50 年代初北大读书期间与罗辽复合影（图片由陆埃夫人周精玉提供）

同的物理学追梦之旅。20世纪20年代科学界流传着一句话，'背着书包到Göttingen[1]去，因为那里才能学到真正的物理学'；50年代的中国，对物理学怀着好奇和兴趣的年轻人似乎心里也响着同一个声音，'背着书包到北大去'。我们一点也不后悔未能出国，因为留在北大可以学物理。"[2]他们两人虽然都没能留学苏联，但是都进入到第一志愿的北京大学物理系学习。我们国家虽然少了两位地质学家，但却多了两位物理学家。

因祸得福又回到物理专业的陆埈欣喜地汲取着各类知识，并与罗辽复成了好朋友。北京大学的课堂、餐厅、图书馆、未名湖、博雅塔……都留下了他们的身影和足迹。阳光明媚的春天，每当下课后，他们漫步在北京大学校园中，摩挲历史遗迹之沧桑，领略花姿树影之娇美，赞叹这座古老校园所焕发出来的勃勃生机。烈日高照的夏天，蔚蓝的天空万里无云，三伏乘朝爽，他们走近博雅塔，阅读外文书，清醒又惬意。天高云淡的秋季，二人在一汪碧水的未名湖畔漫步，秋风吹过，水面上泛起金鳞似的涟漪。严寒的冬日，大雪纷纷扬扬，白茫茫一片银色世界，二人每天下课之后便背着书包到图书馆做作业、看书学习。寒来暑往四个春夏秋冬，为了节省车费，陆埈一次都没有回过家，一直留在学校学习，复习功课。

图 2-2　陆埈在北大宿舍学习（摄于 1957 年，图片由陆埈夫人周精玉提供）

"自从1953年我们一起走进北京大学物理系已经61年多了。在北京大学学习的年代，我们都为了尽快改变祖国一穷二白的面貌、建设富强的新中国而勤奋学习。北京大学物理系有当时国内最优秀的物理

① 哥廷根，德国的学术之都。

② 罗辽复：回忆陆埈。见：中国科学院紫金山天文台编，《永恒的怀念：陆埈院士纪念文集》。北京：中国科学技术出版社，2015年，第3-4页。

学教师，招收了最优秀的青年学生，1953—1957年反右前大规模的疾风暴雨式社会变革告一段落，基本上也是一个全国上下团结一致建设新中国的局面，一群优秀青年一方面你追我赶谁也不甘落后，同时又互相帮助不让一个同学掉队，在这样的人才成长的富营养环境中，这批本来就优秀的年轻人受到了良好的教育和训练茁壮成长，陆埮同学是这批年轻人中的优秀一员。"[①]

陆埮从小就对大自然充满了好奇之心，对自然现象中蕴含的科学问题着迷，上中学时就立志于对物理世界的探求。尽管经历了留苏预备班的小插曲，陆埮最终还是免考录取到了第一志愿——北京大学物理系。1953年10月至1957年9月，陆埮在北京大学物理系求学了四年，虽然当时全国大学普遍向苏联学习，学制已经改为5年，但被抽调至"546信箱"读核物理专业的学生，因国家特殊的"工作需要"大部分提前为4年毕业，陆埮也是服从国家分配的学生之一。从陆埮入学到毕业分配的这一段时间，北京大学校长是我国著名的经济学家马寅初教授。在当时的历史条件下，北京大学是全中国当之无愧的最高学府，而北京大学物理系无疑是"王冠上最闪耀的明珠"。

专业分配，师生情深

对于陆埮来说，大学求学的四年是安定的，受到的教益是难忘的。正式入学后第一件事便是专业分配。那时，北大没有设地球物理系，气象专业是放在物理系的，而物理又不再细分专业，细分专门化（理论物理、半导体物理、光学物理、磁学物理、电子物理）要到三年级以后才进行。因此，陆埮首先面临的是分配到物理专业还是气象专业。幸运的

---

① 罗辽复：回忆陆埮。见：中国科学院紫金山天文台编，《永恒的怀念：陆埮院士纪念文集》。北京：中国科学技术出版社，2015年，第3–4页。

是，他被分配到心心念念的物理专业。本科一、二年级物理专业共一百多人，分成 6 个小班。所有课程都是大家一起听课，小班只是用来上习题课和实验课。

分配到了自己理想的专业，陆埮如鱼得水，贪婪地汲取着各类物理知识。除了自身的不懈努力，陆埮在物理系的学习还主要得益于黄昆、虞福春、王竹溪等物理领域非常著名的老师。在教学方面，北大物理的教学和系列教材享誉国内外。王竹溪、黄昆、虞福春、赵凯华、郭敦仁、曾谨言等名师名课在国内外影响深远。他们的工作奠定了北大物理，乃至全国物理教学的传统；至 1985 年，北大物理大部分的课程都有了自己教师编写并公开出版的教材，为国内许多院校所采用。历经十年"文化大革命"的浩劫，北大物理系实验课教师在全国恢复和重建物理实验教学方面也起了带头作用，作出了重要贡献。他们在很短的时间内不仅恢复了传统实验，而且建成了具有世界先进水平的教学实验室，并编写和出版了相应的教材。总的来说，在这些名师的教导下，陆埮在物理系的学习如沐春风。

三位老师印象深刻

陆埮对于负笈北京大学的四年光阴记忆犹新，薪火相传的严谨学风、德艺双馨的专家学者给他留下了深刻的印象。回忆北大老师时，陆埮总说有三位老师很特别，对他的学习和之后的教学工作产生了深远的影响，这三位老师分别是黄昆、虞福春和王竹溪。黄昆老师和虞福春老师教普通物理课程，王竹溪老师教陆埮热力学和统计物理学，后来还成为陆埮课外阅读的指导老师。三位恩师对陆埮走上科学研究道路产生了不可磨灭的影响。

普通物理是物理专业的第一门重头课，不像现在，那时候的普通物理要上两年半共五个学期。普通物理中的力学、热学和电磁学占三个学期，是由黄昆先生教的。光学占一个学期，是由虞福春先生教的。第五个学期是另外一个老师，北大物理系系主任褚圣麟老师教学。黄昆先生是一位著名的理论物理学家，特别是在固体物理和半导体物理的理论研究方

图 2-3　从左至右分别为黄昆、虞福春和王竹溪（图片源自网络）

面作出了重大贡献，比如多声子跃迁理论、X 射线漫散射理论、黄—里斯（Huang-Rhys）因子以及黄方程与极化激元等。他还与诺贝尔物理学奖获得者马克斯·波恩（Max Born）合作撰写了一部《晶格动力学》，早已成为这个领域的经典著作。虽是一位理论物理学家，黄昆先生的讲课风格却非常重视实验，根本不是简单的理论推导。他重视物理实在，突出物理图像，讲解内容深入浅出，深奥、抽象的物理问题经他一讲都变得很透彻，看似呆板、复杂的概念经他一讲都变得生动、清晰、明白。上力学课的时候老师不用积分，因为积分这个知识点此时还没有学过，因而力学讲得非常浅近，注重图像化，思路非常清晰。令陆埊印象非常深刻的是，这门课程的内容看起来和中学课差不多，但是实质是不一样的，随便提一个问题，是较难轻易答复的，这一点令陆埊感觉非常神奇。黄昆先生的讲解非常清晰，并不是用一整套的推导，而是借助实验来说明。陆埊曾说听他的课是一种享受。

　　虞福春先生是一位实验物理学家，特别是 1949—1951 年间在研究磁共振和测定原子核的自旋和磁矩方面作出了重大贡献。他与 W. G. Proctor 合作最先发现磁共振谱线与原子核所在的化学环境有关，被称为磁共振的化学位移效应，也称为"Proctor-虞效应"。这个效应的应用已经深深地影响了化学和生物化学领域，成为研究化学和生物化学结构的强有力武器。虞先生还系统测定了 20 多种稳定原子核的自旋和磁矩，强有力地支持了核壳层模型的提出人——玛丽亚·格佩特－梅耶（Maria Goeppert-Mayer）、约翰内斯·汉斯·丹尼尔·延森（Johannes Hans Daniel Jensen）、尤金·保罗·维格纳（Eugene Paul Wigner）[①]，在十余年后的 1963 年他们共同获得了诺贝尔物理学奖。虽然虞先生是一位实验物理学家，但他的讲课风格却非常重视理论，推导严谨，层次分明，条理清晰，逻辑性强，强调扎实的理论基础知识。比如，对普通物理光学中的菲涅尔（Fresnel）原理，他就原原本本做了详细推导，远远超出了普通物理教材内容。相比黄昆，虞福春的讲课习惯可以说是恰恰相反，对很多实验结果都要进行系统理论上的详细推导。但相同的是，两位老师都将实验研究与理论基础相结合。普通物理课程结束之后，虞先生还教了陆埈两个学期的课（核物理实验方法，β、γ 射线能谱学），其中核物理实验方法，完完全全是实验的课，秉承着实验工作需要以数学方法和物理理论作构架支撑的理念，虞先生也用理论进行了详细推导。这使陆埈深深体会到学物理，实验和理论都很重要。一个理论物理学家应当对物理实验有深刻的了解，而一个实验物理学家也应当对物理理论有良好的认识。

无论黄先生还是虞先生，这两位老师都是陆埈的榜样，听他们的课他都觉得津津有味。陆埈上课记笔记有个习惯，总是每页留出三分之一的空白，便于每堂课后用两三倍的时间进行复习，他仔细回味、仔细思索、仔细联想课上老师的讲解，并把理解、欣赏、体会等所思所得加注在笔记本的空白处，有时考虑到另外的解题思路或方法时也可以随时添加，这个习惯一直持续到陆埈之后的科研生活。无论对于科研，或者教学，两位先生对待理论和实验的重视都是发人深思的，这使得陆埈在自己的科研和教学工作中也时时参考借鉴。"我在北大读书的时候，深深得益于老师们的教诲。特别是黄昆和虞福春两位老师的课，不仅理论分析清楚、严密，而且概念讲得生动、明白。他们真正把物理讲活了、讲实了。我在自己的教学工作中也时时学着他们的做法。当时，有一种说法，说教学要给学生许多

---

① 玛丽亚·格佩特－梅耶（Maria Goeppert-Mayer）发展了解释原子核壳层结构的数学模型，与约翰内斯·汉斯·丹尼尔·延森（Johannes Hans Daniel Jensen）、尤金·保罗·维格纳（Eugene Paul Wigner）共同获得 1963 年的诺贝尔物理学奖。

空瓶子，使学生可以广泛应用，在瓶子里装各色各样的东西。但是，我在北大读书的时候，觉得老师教给我们的都是实瓶子，是内容非常实在的东西，是通过典型实例来阐述概念、说明原理。实瓶子更加形象，更加清晰，更加好懂，而装了东西的瓶子同样可以用来换装别的东西，一点也不会影响学生广泛应用它。我讲课也总是采用实瓶子方法，用典型实例来进行讲解，效果是明显的。"[1] 北大物理专业的很多老师不仅自身在学术方面做了很多很有意义的科学研究工作，取得了很有学术价值的研究成果，对科学研究严格要求、孜孜不倦，成绩斐然，而且对待教书育人工作认真负责，对学生循循善诱、不倦教诲，奖励提拔学生，尽善尽美，更难能可贵的是他们人格高尚、淡泊名利、无私奉献。例如，1950 年，虞福春在美国首先发现核磁共振谱线的化学位移，这在物理、化学、生物等许多方面都有很大用途，是所有核磁共振化学应用的基础。他是国际核磁应用的开拓者，也是第一个涉足此领域并有重大贡献的中国科学家，但是很多人并不知道他这方面的贡献，陆埮为虞福春先生抱不平，对科学如此大的贡献却长期以来不为人知，对此虞老师却淡然处之，不计名利。在虞福春教授生病去世后，陆埮立刻联合同班的另外三位同学，由陆埮执笔起草写成一篇文章——"怀念核物理学家虞福春教授"，刊登在了《物理》杂志上，以此表达自己对虞先生深深的敬重之情。

陆埮的同班同学，也是后来一起进行业余科研的罗辽复和杨国琛，也时时回忆在北大物理求学时遇到的两位老师。提及虞福春老师时，罗辽复写道：

"回忆北大几年受到的教育，除了物理学基础知识外，最重要的是两条：第一是严谨求实的科学作风，从一进校门的第一堂课起，老师就教育我们科学上'不能胡来'，必须有一套科学的思考问题、处理问题的方法。第二是创新精神，开拓精神。从物理学中我们逐渐学会如何抓住基本事实考虑问题，探索新路子的方法。我们一道欣赏老

---

[1]　陆埮等著：《奇异的星星》。北京：中国科学技术出版社，2015 年，第 409 页。

师们对物理概念的剖析，欣赏黄昆老师'我只会做简单的事，因为我头脑简单'的治学名言。有一次我们去看望虞福春老师，虞先生讲了他老师菲利克斯·布洛赫①的一个故事。布洛赫是海森堡的学生，海森堡问布洛赫宇宙是怎么回事，布洛赫解释了许多后，海森堡说：'废话，天空是蓝色的，有鸟在自由飞翔。'这些睿智的谈论，令我们一生难以忘怀。"②

杨国琛回忆黄昆老师时，也写道：

"进入物理系后，最早给我们讲物理课的是黄昆教授。他给我们讲普通物理，黄昆重视物理概念和物理图像。浑厚的标准北京口音和醒目的黑板书写，特别是讲课内容的深度，吸引了我们，激发我们兴趣。例如他讲力学的运动学时，问，为什么只考虑加速度，而不再考虑加加速度（记得爱因斯坦曾经说过，提出加速度概念是力学的一个大进展）？讲分子物理的表面张力时，用一个分子作用力不对称的模型来说明表面张力的形成机理（这个理论后来在刊物上发表，还被国外采用）。他的讲课使我们感觉到我们在中学时代物理课已经接触过的这些内容，原来还有这么多的内容需要钻研！每次课后，他还给我们留3—4个思考题，在我们同学中开始形成深入钻研物理的风气。1993年，北京大学物理80周年时，我们53级的同学会餐，请来黄昆教授，他告诉我们，他给我们每讲一次课，要准备好几天。"③

北京大学还有一位老师对陆埮影响很大，那就是王竹溪先生。王先生

---

① 菲利克斯·布洛赫，美籍瑞士裔物理学家。海森堡（德国物理学家，1932年诺贝尔物理学奖得主）的学生，曾获1952年诺贝尔物理学奖。

② 罗辽复：回忆陆埮。见：中国科学院紫金山天文台编，《永恒的怀念：陆埮院士纪念文集》。北京：中国科学技术出版社，2015年，第3-4页。

③ 杨国琛：回忆大学时期的陆埮。见：中国科学院紫金山天文台编，《永恒的怀念：陆埮院士纪念文集》。北京：中国科学技术出版社，2015年，第21-22页。

曾经在 1955 年上半年教过陆埮所在班级的热力学课程，1955 年下半年教过统计物理学课程。两门课程用的教材都是王竹溪先生自己编写并且已经正式出版的教材，这在当时并不多见。那时，用的大多数教材都是苏联教材的中译本。王先生的教本写得清晰而且严谨，对于教学有很大帮助。他的教材中还包含了许多自己的科研成果，特别是在热力学书中推广了普朗克的理论，给出了对多元系复相平衡理论及其稳定条件的普遍证明。王先生的科研成果非常丰富，比如超晶格统计理论和平衡、稳定性的普遍热力学理论。特别值得一提的是，早在 1941 年，王先生与生物系的汤佩松先生合作，建立了植物活细胞水分关系的热力学理论，这个热力学体系取代了过去以压强描述为基础的力学体系，这是植物生理学上一个历史性的进步。这个理论发表在美国的《物理化学杂志》上。1941 年论文发表，但没有得到响应。直到 1966 年后，这个细胞水分的热力学理论才成为植物生理学的主流，但学界主要引用的却是 1960 年 Slatyer-Taylor 的工作而不是二十多年前汤佩松和王竹溪的论文。"后来，Kramer 指出，汤—王的论文已包含了关于这个论题的现代热力学处理的全部原理，他们的论文已远远超越其时代"[1]。

尽管有自己编写的教材，王竹溪老师备课工作仍然做得很充分，他高瞻远瞩，紧抓科学研究的前沿，上课内容新颖、言简意赅、鞭辟近里、深入浅出、生动有趣，很受学生欢迎；教学质量高，效果显著，深得学生好评。正如 1976 年诺贝尔物理学奖获得者、美国人里克特曾主张的，一名优秀的教师应该让学生因为你的讲解而喜欢上科学，你应该使他们的求知欲变得更加强烈。在课堂上，一名教师应该告诉你如何看世界，你要教会他们必要的知识，点燃他们求知的火花，还要和他们并肩学习。对此，王竹溪老师身体力行，充分调动着学生的积极性，处处体现以学生为本的真谛。陆埮非常喜欢王先生的课，无论是热力学课程，还是统计物理学课程，他都考了满分，成绩优秀。

1955 年，独具慧眼的王竹溪教授开始担任陆埮的课外辅导老师。培

---

[1] 陆埮等著：《奇异的星星》。北京：中国科学技术出版社，2015 年，第 399 页。

育青年科学家是建立一个充满活力、可持续性科学环境的核心。青年学生是今天科学研究的生力军，明天科学事业的领军人，也是国家的未来和期望。学生的课外辅导老师并不是每个学生都有的。只有很少几个学生才有课外辅导老师，而且是由老师确定的。北京大学人才济济，年轻的陆埈给王竹溪教授留下了深刻印象，他十分赏识陆埈在理论物理方面出众的才华。王先生虽然平常生活简朴、外表严肃，可是当他与学生说话时却显得特别平易近人、和蔼可亲，他真诚地爱护和关心好学上进的学生。因此，王竹溪教授与陆埈虽然在年龄、身份地位等方面相差悬殊，但是很快他们就成为亲密无间的师生和朋友。王竹溪老师教导陆埈为建设祖国而敢作敢为、敢于立大志，不要从最困难的而是要从最基本的、相对比较容易的课题做起，并下苦功夫，从努力精心完成细小的科学研究课题中得到乐趣，这种乐趣会让人回味无穷。然后再不断提高、深入到比较复杂的领域，做比较难的尖端科学的前沿课题。王竹溪教授富有启发性的研究才能和善于激励学生智慧的教书育人的风格，使陆埈喜不自禁。两人的师生友谊也从此开始，能够得到大师亲炙，这真是三生有幸。

陆埈参加了王先生指导的课外科研活动，主要是阅读爱因斯坦的两本经典的科学原始论文集，一本是关于布朗运动的，一本是关于相对论的。这一训练使陆埈有机会较早地阅读一些物理学大师的原著。两本文集都对陆埈产生了非常强烈的影响。布朗运动理论最早是 1905 年爱因斯坦提出的，用原子分子碰撞布朗粒子的观点，明确算出了可供实验检验的布朗粒子的运动规律，成为涨落理论的重要组成部分。那时，原子分子学说还没有得到公认，以马赫和奥斯特瓦尔德为首的学派就反对这个学说。爱因斯坦布朗运动论文的发表起到了搬走原子分子学说的最后一块绊脚石的作用，使奥斯特瓦尔德最终接受了原子分子学说。这引起了陆埈的极大兴趣，为此他还专门写了一篇关于布朗运动理论的文章请王竹溪先生的同事、同为物理学家的吴杭生先生帮忙指点。

而爱因斯坦 1905 年那篇只有 3 页的关于质量能量关系的短文更是给了陆埈以巨大的冲击。这是一篇关于 $E=mc^2$ 这个公式是如何推导出来的短文章，爱因斯坦的分析很简单，假设一盏灯上开一个小洞，洞用黑布蒙着，如果把黑布拿下来再放上去的一瞬间，一束光就出去了，这束光出去的瞬间，灯会有一个反冲，而反冲跟放出去的光两者之间的动量和能量如何才能同时守恒呢？爱因斯坦经过反复计算，得出结论：如果用狭义相对论来考虑的话，就必须 $E=mc^2$。爱因斯坦抓住了最基本的原理，用非常清晰的物理直觉，简洁明了、令人信服地推导出了重要的结论，为人们指出了无穷无尽能源之所在！这篇文章让陆埮觉得科学并不是遥不可及的，日常生活所见的现象都含有科学，只要认真和思考，我们就会发现它的规律。

学贵得师，王竹溪教授对陆埮循循善诱，平常总是介绍一些爱因斯坦的经典著作原文、论文集给陆埮阅读，例如布朗运动、狭义相对论、质能关系公式的推导等，这些直到现在都是全世界公认的、经久不衰的经典著作。王先生对爱因斯坦的推崇也直接影响了陆埮，使得中学时便了解爱因斯坦的陆埮将其视作自己的偶像。承人玫瑰，手染余香，陆埮专心致志地仔细阅读王先生推荐的读物，不亦乐乎！他不仅仅看得懂、看得津津有味，而且还能浮想联翩、开阔思维。逐渐地，陆埮还能从中掌握规律、找出重点、分析关键、解决疑难、发现新问题，这种学术训练培养了陆埮独立分析研究问题、解决问题的综合素质与能力。不仅是具体的科学研究内容，陆埮还十分注意学习前辈科学家的思想方法。作为一位理论物理学家，爱因斯坦具有一种非凡的能力，能够觉察到一种数学表述经过许多繁复的步骤而得出的物理结果，对于重大的科学问题讲述得透彻而中肯，推导过程简单扼要，清清楚楚明明白白，这一点对任何物理学家都是至关重要的，也对陆埮以后的科学研究产生了巨大的导向作用，使陆埮受益一生。

除了拜读爱因斯坦的文章外，陆埮还主动去查找教科书中引用的参考文献，以此加深自己对课本内容的理解，其中便有一篇长文登在 *Rev. Mod. Phys*[1] 上。陆埮读后发现这篇论文的其中一个作者正是清华大学的王明贞教授，他便专门跑到清华大学找到王教授，向她虚心请教。总的来说，悉心教导的王竹溪先生与勤奋好学的陆埮的师生相遇是物理学界的传奇和幸

———————————

[1] 即 *Reviews of modern physics*，物理期刊。

运。2011年12月31日，陆埈参加了由北京大学举办的"王竹溪先生一百周年诞辰纪念大会"。会上王先生的莘莘学子纷纷回忆起自己的受教生涯，都感叹王竹溪先生学问渊博、治学严谨，坚持教育、引导学生走上研究世界科学技术的前沿阵地，培养人才如蚌育珠，高风亮节、维护正义，诚恳待人、和蔼可亲，永远是学生心目中的楷模。云山苍苍，江水泱泱，先生之风，山高水长！

当然好的学风，不只缘于一位老师。北京大学物理系师资力量非常雄厚，教过陆埈的著名学者还有很多，比如朱光亚、褚圣麟、周光召、周培源、胡济民、卢鹤绂、郭敦仁、徐献瑜、曹昌祺、杨立铭、谢希德等教授，是他们共同的努力将陆埈带进了物理学的大门。此外，学校的学术氛围也非常好，经常有国内外大师来校作学术讲演。受到这种氛围的熏陶，陆埈深深感到自己当下学习和将来工作的责任。

陆埈后来事业上的成功，一方面是他主观努力奋斗，长期克服困难，坚定不移拼搏的结果；另一方面是北京大学给了他极好的受教育背景，无论是在教学上，还是做科学研究，或是学成后应邀出席学术会议，或在外地做学术报告，几乎走到任何一方，北京大学悠久的历史、恢宏的气度、严谨的学风给予了陆埈更多的自信和勇气，默默地为陆埈提高学术研究的影响力。

546 信箱

1956年上半年（本科三年级下）陆埈所在的班级开始细分专门化，陆埈与罗辽复、杨国琛都同时分在理论物理专业。1956年下半年，四年级刚开学不久，系里将陆埈等一部分学生抽调到物理研究室学习，又从全国各个重点大学物理系三年级学生中抽调部分优秀学生集中到物理研究室，组成新创建的培养原子核物理人才的基地。名义上由北京大学物理系、中国科学院和二机部（原子能工业部）三个单位联合管理，实际上还是北京大学直接管理，由北京大学负责教育质量，所有学生成为北京大学学生的一部分。这个物理研究室的教学地点不在北京大学校园内，而是在中关村中国科学院化学大楼旁的科学大楼里，它还有单独的邮政通信地址——"北京市第 546 信箱"，为了保密起见，物理研究室对外也直接简称"546 信箱"。在当时的历史背景下，成立物理研究室的理由很简单：国家急切需要原子核物理方面的人才。因此陆埮虽然很喜欢理论物理，但还是以国家需要为重，个人利益服从国家利益，开始了原子核物理专业的学习。

物理研究室是现在北京大学技术物理学系的前身，它是根据国家原子能事业的需要，由周恩来总理批准于 1955 年在北京大学设立的。当时，国家从全国各地抽调了胡济民、虞福春、朱光亚、卢鹤绂等一批核物理学家和孙佶、张之善、陈佳洱等教师骨干来物理研究室工作，从北京大学、吉林大学、南开大学、复旦大学、南京大学、武汉大学、中山大学等校物理系三年级学生中选拔了一批优秀学生到北大加快学习，一年后他们作为我国自主培养的第一届核物理专业学生毕业。随后，又相继抽调孙亦梁、吴季兰、刘元方等骨干教师和徐光宪教授筹建放射化学专业。1956 年，两个专业从各校三年级学生中选调了大批学生进行培养。1958 年，两个专业开始招收一年级学生，物理研究室改称为北京大学原子能系，1960 年又改名为北京大学技术物理学系。

在那里，虞福春先生又教了陆埮"核物理实验方法"和"β、γ 射线能谱学"两门课。还是延续着理论与实践紧密结合的理念，即使对于"核物理实验方法"这样的课，无论讲到 Wilson 云雾室[①]或者 Geiger 计数管[②]，他都要详细分析这些仪器的工作原理，无论云雾室径迹的形成，或者计数管电脉冲的产生，他都要做仔细的推导。他在讲"β、γ 射线能谱学"时，会从多极辐射的角度加以仔细的理论推导和分析。

陆埮在原子核物理专业学习了整整一年，一年以后就因国家急需核物理方面的人才而提前毕业，成为北京大学原子核物理专业的毕业生，也是

① Wilson 云雾室，英国物理学家威尔逊于 1894 年发明，用于观察肉眼看不见的基本粒子运动和变化情况或用于发现新的基本粒子，为研究微观世界作出卓越贡献，1927 年凭此荣获诺贝尔物理学奖。

② Geiger 计数管，德国物理学家盖革和米勒从 1920 年起改进计数器，极大提高了灵敏度，应用广泛，至今仍是核物理学和粒子物理学中不可缺少的探测器。

北京大学该专业的第二届毕业生。根据国家需要，陆埮被分配到中国科学院原子能研究所。

李–杨[1] 对陆埮的影响

中国是一个伟大的国家，有着悠久的历史和灿烂的文化。但是在自然科学方面，中国却明显地落后于西方发达国家。翻开科学史，我们见到的大多是外国人的名字，中国的奠基性成就很少。当然，中国古代也有四大发明之类，但那基本上停留在技术层面，没有上升到科学的高度。北大读书期间陆埮就希望自己将来能够在自然科学领域做科学研究工作，以改变中国近代科学技术落后于西方发达国家的面貌，而杨振宁、李政道获得诺贝尔物理学奖的消息更是增强了他从事自然科学研究工作的信心。

1957年春，陆埮在北京大学四年级读书的时候，国际物理学界出现了一件轰动性的大事，李政道（T.D. Lee）、杨振宁（C. N. Yang）提出的弱作用中宇称可能不守恒的理论，首次被吴健雄（C.S.Wu）[2] 等人用放射源的实验所证实，随后又接二连三地被世界各地许多实验证实。大量实证确认，弱作用中宇称确实不守恒。这一事实使得李政道和杨振宁当年冬天就获得了诺贝尔物理学奖。对于国际物理学界出现的这件大事，《人民日报》和其他的报纸不间断地进行报道，持续了很长时间，报纸上每天都有关于李–杨工作的最新进展，轰动一时。

此次李–杨的科研成就，正是建立在最基本的科学问题上，具有极高的科学意义。弱作用中宇称不守恒的发现是粒子物理发展过程中的一个关

①　指李政道（T.D. Lee）、杨振宁（C. N. Yang）。
②　吴健雄，美籍华裔女物理学家，在核物理学领域卓有贡献，曾参与曼哈顿计划。1958年当选美国科学院院士，1975年获美国最高科学荣誉——国家科学勋章，1990年中国科学院紫金山天文台将国际编号为2752号的小行星命名为"吴健雄星"，1994年当选为中国科学院首批外籍院士。她最著名的一项工作是利用实验方法验证宇称不守恒，该工作令李政道和杨振宁获得1957年的诺贝尔物理学奖，并令其本人获授1978年首次颁发的沃尔夫物理学奖。她在实验物理学方面的造诣常令人将她与居里夫人相提并论，被称作"中国居里夫人""物理研究的第一女士""核子研究的女王"以及"世界最杰出女性实验物理学家"。

键性成就。从 β 衰变的发现到宇称不守恒的发现已经过去了半个多世纪，人们对 β 衰变的基本作用形式都还没有弄清，甚至还弄错了。但是，宇称不守恒被发现之后不到两年，人们就很快弄清了弱作用的基本形式"V-A"，10 年内人们甚至把弱作用与电磁作用统一了起来，随后不久还建立了粒子物理的标准模型。当时，陆埈已被抽调至物理研究室，其中就有粒子物理，这件事情让他对粒子物理产生了浓厚的兴趣，也暗暗决定了他毕业后与同班同学罗辽复、杨国琛一起从事业余科研的方向。

墙外开花，香回墙内：李政道、杨振宁、吴健雄都做出了伟绩，取得了登峰造极的成就，奏响了科学界的胜利乐章。这件事打开了中国人在自然科学领域内有所作为的大门，证明了中国人也可以！这对陆埈震撼极大，给他留下了极为深刻的印象，也激发了他今后长期从事科研工作的热情。而且 1957 年诺贝尔物理学奖获得者杨振宁曾经是王竹溪的硕士研究生。杨振宁念研究所时的指导老师王竹溪教授常常亲自出马指导杨振宁，比如如何做统计力学方面的研究工作、如何写论文，等等。杨振宁曾说，"对我影响最深的两位教授是：吴大猷和王竹溪，吴大猷引领我走上对称原理的研究方向，王竹溪给了我统计力学方面的启蒙"[1]。而这正是杨振宁后来创造巨大科学成就的两个重大领域。这让陆埈觉得科研的顶峰并非触不可及。

宇称不守恒的发现，再加上北大四年的熏陶告诉陆埈，中国必须搞科研，而且也完全有能力搞科研。学校经常邀请国际和国内著名科学家来讲学，每次陆埈都去听，风雨无阻、寒暑不辍，而且每次都是坐在前排非常认真地吸取精华。在浓郁的学术交流氛围的熏陶和影响下，正处人生黄金时代——学生时代的陆埈精力充沛、想象力丰富，不断激发着自己的学术研究热情和兴趣，坚持不懈地充实自身知识，为将来的科研工作打下了坚实的基础。

在北大的四年，陆埈学习了普通物理（两年半）、统计力学与热力学（一年）、理论力学（一年）、电动力学（一年）、量子力学（一年）、贝

---

[1] 江才健：《杨振宁传》。广州：广东经济出版社，2011 年。

塔、伽马谱（半年）、加速器（半年）、原子核物理导论（半年）、理论原子核物理（半年）、电磁学（一年）、核物理电磁学（一年）、中子物理（半年）、普通物理实验（一年）、中级物理实验（一年）、核物理实验（一年）、高等数学（两年）、线性代数（一年）、数学物理方程（一年）、群论（半年）、制图学（半年）、化学（半年）、教育学与心理学（半年）、政治经济学（半年）、政治（一年）、自然辩证法（一年）、俄文（两年）等共计 26 门课程 196 个学分。其中，俄文课程陆埮免修。当时，北京大学物理系的外语课是俄语，陆埮因为在留苏预备班读过两个月的俄语，就获得了俄语课的免修资格。实际上，在之后的学习和工作中，陆埮使用的外语基本上都是英语，而大学里又没有再上过英语课，因而完全依靠中学阶段打下的扎实的英语基础。虽免修了俄语，陆埮也没有放松外语的学习，在入学之初还与同学一道自学了德文。并且陆埮所在的物理系图书室对学生开放，那里有中文和外文的各种图书和期刊，像 *Nature*，*Physical Review*，*Review of Modern Physics* 等，从很早期的到近期都有，十分完整。陆埮外语基础很好，能够流利地阅读英文和俄文书刊，因此在图书室里经常能见到他阅读参考书、查找文献的身影。

校园生活，同学情谊

爱好广泛

陆埮的身体状况向来不好，早年的求学生涯便在养病与上学间交替进行。根据 1956 年 9 月陆埮大四开学时填写的北京大学师生员工履历表，健康状况一栏中较为详细地写着"曾患猩红热、肺结核、中耳炎，现在右耳中耳炎，鼓膜上有孔，肺结核硬结期，蛀牙十枚"[1]。并且根据陆埮夫人周精玉后来回忆，陆埮自幼体弱多病，双耳生中耳炎，经过医生的治疗，左

---

[1]　北京大学师生员工履历表，1956 年 9 月陆埮本人填写。

图 2-4　陆埮在颐和园昆明湖划船（摄于 1955 年，图片由陆埮夫人周精玉提供）

耳痊愈，然而右耳失聪。因此，他与人说话时总是希望别人坐在他的左边，这样能确保听得更清楚。就是在这样的身体状况下，陆埮仍然刻苦学习，每周学习时间长达 70 小时。完成学业之余，陆埮在假期会和同学一起去颐和园的昆明湖划船，尽情享受快乐的集体生活。

　　"由于我的身体一直比较弱，大学里体育课我上的是医疗体育，基本上不参加剧烈的运动。课外活动主要是散散步之类。此外，我有时也会打打乒乓球或者去颐和园划划船。特别是，每当考试完一门课，我都会去划一次船。同时，课余也喜欢听听音乐，主要是听贝多芬、莫扎特、柴可夫斯基、门德尔松、海顿等人的交响曲、协奏曲、奏鸣曲、小夜曲、弦乐四重奏等。学校经常组织一些话剧、戏曲、演唱之类的文娱活动，我通常很少参加。但是，有一次，马思聪来北大表演，演奏了思乡曲等许多乐曲，我是参加的。"①

　　青年学生时代的陆埮没有其他的爱好，唯独对古典音乐兴趣颇深，贝多芬、莫扎特、柴可夫斯基、门德尔松、肖邦、海顿等名家的名曲说起来他都如数家珍。在这一点上与喜欢拉小提琴、14 岁时就登台演奏的爱因斯坦有着异曲同工之妙，正如李政道所说，"科学和艺术是不可分割的，就像一个硬币的两面"②。科学家和艺术家都坚守着纯粹的高尚的秉性，他们的成就都源于对自然的好奇，都是独立和创新的典范。

①　陆埮等著：《奇异的星星》。北京：中国科学技术出版社，2015 年，第 400 页。
②　1993 年，身为科学家的李政道与画家联手在北京召开首届科学与艺术研讨会，会上李政道提出该论述，在艺术界与科学界引起不小的反响。

在北大读书时，陆埃和另外两个同学经常在老师朱光亚的家中听古典音乐，后来班上的另一位同学也很想听，就托常去朱老师家的几位同学从朱老师那里借了一张莫扎特的唱片，结果这位同学误把粗的唱机针头放在很细的纹路的唱片上，莫扎特唱片立马就坏掉了。这怎么办？大家都很着急，陆埃与几个同学商量，决定进城去买一张一模一样的赔给朱光亚老师，可是几个人在城里找寻了一整天也没有买到同样的唱片，只好另谋他法。于是，陆埃和另外两个同学一同去到朱光亚老师家，和朱老师聊天，希望从中了解朱老师还缺少哪些唱片，想要买一张他没有的唱片作为补偿。说来也巧，当陆埃再去买唱片时已经有了莫扎特的唱片了，于是他就直接买回了莫扎特的唱片并立即送还给朱光亚老师，很老实地告诉朱老师，上一次他们一行三人来朱老师家同朱老师聊天，是想摸清老师还缺少哪些唱片，本想买一张其他的唱片用于赔偿，恰巧找到了莫扎特同样的唱片就买来送还。几位同学感到非常抱歉，朱老师却非常客气地说："一张唱片坏了就算了，根本不必赔！你们有兴趣只管来拿。即使弄坏了也无关紧要，根本不用赔。"[1] 大家都会心一笑。经历了这个小插曲，陆埃对古典音乐的兴趣愈加浓厚，经常到朱光亚老师家中借还唱片，与朱老师侃侃而谈，一师一生虽相差八岁，却如同龄人般交谈与讨论。2011 年 2 月 28 日，陆埃准备去北京参加中国科学院基础科学局评审会，就在临行前他忽然听到朱光亚老师已于两天前驾鹤西去的消息，顿感悲痛万分。在陆埃看来，朱老师的不幸逝世是我国物理界的重大损失，代表着一个时代的远去。他才 87 岁，应该活到 100 多岁才好。往事一桩桩，历历在目，记忆犹新。为了纪念永远敬爱的朱光亚老师，也为了寄托自己浓重的哀思，陆埃专门写了一篇文章追忆朱老师。

除了对古典音乐的喜爱，陆埃对中国古典文学也很在行，优美的诗词歌赋耳熟能详、信手拈来，这都要归功于中学时读的唐诗宋词等文学作品。另外，陆埃对歌唱也有兴趣，他的曲调唱得很准，只可惜他没有一副高昂而洪亮的嗓子，否则，中国将多出一位音乐家而少了一位天体物理学家。陆埃从北大毕业后几经辗转，曾在长春防化学院工作过一段时间。有

---

[1] 此处根据陆埃夫人周精玉回忆。

一次防化学院开展文娱活动，以教研室为单位进行歌咏比赛，有独唱、轮唱、合唱、朗诵等，陆埮因为音准很好，还曾担任过所在教研室歌咏队的总指挥。

然而，随着年龄的增长、职务的增加，陆埮的各项工作日益增多，工作担子也逐渐加重。他无时无刻不在考虑科研和教学，每一天的事情都安排得满满当当，根本无暇再听喜欢的古典音乐。特别值得一提的是，科学研究很多时候是一场没有硝烟却争分夺秒的激战，稍晚一步可能就会被其他国家、其他科学家抢占先机，正如杂志编辑出版是以收到论文的日期来确定作者的次序一样。但是时间总是有限的，每一天都只有24小时，人的精力也是有限的。在这样忙忙碌碌的岁月里，陆埮总是将科研工作摆在第一位，有时甚至侵占了他吃饭、睡觉的时间，他没有时间锻炼身体，每天都是两点一线来往于办公室和家，从家走到办公室，再从办公室走到家就成了唯一的锻炼。废寝忘食地工作自然而然无缘再谈其他爱好，因而他几乎舍弃了除读书外的所有爱好。尽管这样一来人变得很辛苦，然而从事自己热爱的科学研究工作使陆埮乐在其中，甘之如饴，日积月累地艰苦奋斗，最终克服困难、解决问题、做出成果的乐趣是只可意会不可言传的。

勤俭节约

年少时陆埮就对"勤能补拙，俭能养廉"深信不疑。这种情操铸就他一生勤俭办事、廉洁自律、正直不阿的性格。无论是第一次离乡背井出远门，从常熟来到苏州读高中，还是自己背着行李乘坐32小时的火车来到北京读大学，陆埮都是只身一人。"男儿立志出乡关，事不成名誓不还"，陆埮很好地践行了初中校长陈旭轮的这句话。陆埮所处的那个时代，父母亲对子女的管理并不怎么严格，但社会的大环境是只有努力学习、用功读书，将来才有出路，才有大作为，才能为国争光、为人民谋福祉，所以那时的学生一般都比较勤奋。而陆埮在这些学生中格外用功，他对自己的要求很严格，努力学习、发奋读书成为他大学四年最重要的事。因为在陆埮看来，在科学研究方面，前辈人的研究成果不断启发着后辈人创新纪录，他盼望着能够后来者居上，从而使科学技术达到一个新的水平，甚至推动人类社会的文明进步。陆埮非常重视在北京大学学习的好机会，他的全部精力都集中在学习上，其他一切均置之度外。那时的师生关系十分密切，老师对刻苦努力的学生都愿意花心血去培养教育，尤其是黄昆、虞福春、王竹溪三位恩师。北京大学特别强调基础教育，讲授基础课的老师一般都是从国外著名高等学校学成回国、学术渊博的大师，在他们各自的科学研究领域功成名就，能高瞻远瞩地走在科学发展的最前沿，这些大师的授课为像陆埮一般的学生们打下了扎扎实实的基础，为他们在日后的科学研究工作中纵横驰骋助力良多。

每年临近寒暑假，同学们绝大多数都是归心似箭，不顾舟车劳顿回去与家人团聚，然而陆埮为了抓紧大学的有利条件、利用一切时间学习，同时也为了节省车费，陆埮四年大学共八个寒暑假均未回家，全部在北京大学图书馆度过，四年寒窗都用于全力以赴学习科学知识。图书馆关门之后就回到宿舍继续学习，那时的宿舍楼里几乎没有人，特别安静，正是潜心读书的大好机会。因而无论是漫天飞雪的寒假，还是酷热难耐的暑期，陆埮都凝神静气，孜孜不倦地挑灯夜读，全力以赴地追求科学知识，期盼着能够为繁荣中国的科学事业贡献自己的一份力量。北京大学既教给学生丰富的科学知识，也教给学生高尚的人品，同时给学生指出前进的方向，培养学生的科学素质和创新精神。陆埮如饥似渴地吸取知识，废寝忘食地阅读书籍，夜以继日地学习，响应着1956年党中央提出的"向科学进军"的号召，以极大的热情全身心地投入到学习中，学习成绩优异，是北京大学的全优学生，四年都获得全额助学金。

无论是学习还是生活，陆埮都能够做到克勤克俭。大学期间，家中每个月给他寄5元钱，他会在晚间8点钟去学校门口吃一碗猪肝汤，2角钱一碗，一周吃2次保证身体所需的营养，其余的零用钱均用来买书。与陆埮的待遇稍有不同，家中每个月会给在山东工学院机械系读书并且担任体操运动员的弟弟寄去10元零用钱，而且陆埮的弟弟每一次学校放假都是回家的。作为家中长子，陆埮对此从未抱怨过，承担责任、知足常乐是他的人生信条。

1956 年，陆埮父亲工作的江苏医学院合并到南京医学院，于是陆埮的家也就随同父亲迁移到南京医学院的住宅区，也就是现在的南京医科大学。陆父常年身体不好，因而陆埮 1957 年从北京大学毕业正式开始工作后，每月一发工资，就将工资总额的一多半寄给家里，贴补家用，减轻父亲的经济负担，自己只留下伙食费和偶尔买几本书的钱。他既不抽烟也不饮酒，即便大学毕业了个人消费也极少，穿着打扮从不考究，粗茶淡饭吃起来也挺香，生活极其简单朴素，几十年如一日。对陆埮来说，普普通通，吃饱穿暖就行了，他的生活真的就像黄庭坚在《四休导士诗序》所言，"粗茶淡饭饱即休，补破遮寒暖即休"。

陆埮的夫人周精玉回忆陆埮平时的生活时说过，名牌产品似乎从来都与陆埮无缘，他从来不买名牌货，也不穿任何名牌产品。有时内衣破了，便叫她给缝缝补补之后再穿。在经济困难时期养成的几十年的生活习惯一直延续了下来，处处节俭，现在条件改善了，虽然不谈节衣缩食，但是也从不浪费任何东西。周精玉说这么多年来，一家人的头发都是她负责理的，包括她本人的头发也是自己理，在家理发既可节省时间，还可节省金钱，也不会有任何传染病，一举三得，何乐而不为呢！陆埮对待生活积极乐观的态度也直接影响了他的妻子和孩子，一家人不重视物质利益，生活其乐融融。陆埮唯一的嗜好是看书，虽然各个方面都很节俭，但在买书以及订阅杂志上是舍得花钱的，对此一家人都十分支持陆埮。即便是在经济困难的年代，在长期没有调工资、评职称的情况下，陆埮每月的工资只有53 元，上要养老，下要养小，经济十分拮据，全家人仍坚持节衣缩食，从牙缝里节省每一分钱用于给陆埮买书、订杂志。

同窗情深

所谓大学者，非谓有大楼之谓也，有大师之谓也。负笈著名的北京大学，师从物理学大家名师，陆埮如愿以偿。先生们学识渊博、才华横溢，同学们你追我赶、竞争激烈。校园的大道和小径上，随处可见拿着书本匆匆忙忙行走的学生，也时常能偶遇知名的学术泰斗。在如此众多的大师级教授的指导下学习是学生们的荣幸，当然能够考取北京大学的一般也都是来自全国各地的高水平学生，可谓是百里挑一的拔尖人才。北京大学作为一个大集体有着严谨浓厚的学习风气和学术氛围，这令初入校门的陆埃对未来的学习生活充满了憧憬。而在班级这个小集体中，同学们一起学习、一起生活、一起幻想、一起度过最美好的青春年华，也给了陆埃一份难得的安定与归属感。每一天，同学们都在一处深入钻研，努力学习，查看物理图像，一同探究理论上的逻辑推导和实验物理方法。遇到分歧便展开争辩，几乎随时随地都能听到同学们热烈的讨论声。在讨论过程中，陆埃对物理有着独到的见解，他考虑问题的角度、解决问题的方法，常常为大家接受，因此经常成为讨论的核心。不仅是具体的物理难题，陆埃也时常大方地与同学交流学习的方法，有了好的方法便与同学们分享，共同进步。

更多时候，陆埃是与罗辽复和杨国琛两位北京大学物理系的同班同学交流讨论，因为三人的研究兴趣更为接近。在日常生活小事上，陆埃谦虚谨慎，从不固执己见，甚至于宁愿屈己从人。但是在学术研究讨论中他总是当仁不让，充分发挥个人的见解，深入研究。而且因为爱读书的缘故，陆埃懂得很多物理学发展的重大事件，对很多科学家的故事了然于胸，娓娓道来，很容易成为大家讨论的中心和焦点。对此，罗辽复回忆起在北大的学习生活，说道：

> "几年的大学生活给青年人留下了深刻的印象。我们记得背着书包从饭厅向图书馆急奔疾驰的日日夜夜，记得在未名湖畔、中关村的小树林里和同学的谈心交流，谈得最多的是陆埃。当学到相对论和量子论时，物理学的两次革命是那样深深震撼着每个人的心。陆埃知道的科学史故事多，这方面占据很多的谈话内容。"[1]

---

① 罗辽复：回忆陆埃。见：中国科学院紫金山天文台编，《永恒的怀念：陆埃院士纪念文集》。北京：中国科学技术出版社，2015 年，第 3-4 页。

陆埮的另一位同班同学，也是后来一起进行业余科研工作的杨国琛回忆大学时期的陆埮，也对其渊博的学识和文雅的谈吐赞不绝口：

"我和陆埮都是 1953 年进入北京大学物理系学习。这一届入学的同学共有 120 名。开始分成六个班，我和陆埮同在一个班。那一年的入学新生，先临时住在第二体育馆，后来安排住到大饭厅对面的 1—15 斋。每一个'斋'都是二层小楼，小楼内共有四个大房间，每个大房间分三格，每一格住 8 个人，一个大房间可以住 24 个人。我们一个班同学同在一个大房间里，所以很快就熟悉了。知道他原本因成绩突出是准备留苏的，不禁有某种敬意。但很快发现他其实很随和并且很谦虚。因为他为人真诚，宽厚，性格开朗，所以在他的周围形成大的朋友圈。

陆埮给我的突出印象是，他对物理学史、物理学发展的重大事件、著名物理学家的了解，比我们多得多。尤其对于获得诺贝尔物理学奖的一些大家，特别是爱因斯坦，对他的贡献和故事知道很多，并且推崇备至。这和我以及别的一般同学不同。他显得比我们成熟多了。入学前他已经向往成为大物理学家。三年级时，我们的宿舍调整到新建成的 25 斋，条件好多了，每房间住 4 人。我和陆埮在同一房间。同房间的周光镐同学，正钻研数理逻辑，看到陆埮一心研究爱因斯坦的相对论，称陆埮为小爱因斯坦。

陆埮是一个有理想、有追求的人。"[①]

不仅在学业上带领大家，在日常生活中陆埮也是一位用自己的实际行动关怀、帮助别人的人，四年的大学生活使得陆埮成为周围每个人不可缺少的朋友和助手。二年级时，罗辽复得了很严重的腹泻，有时一天甚至要跑十几趟厕所，在北京大学的医院看病，每一次医生都说是肠炎。一直看了一年多也没有看好，罗辽复非常痛苦，体质极度虚弱，没有力气，人也

---

① 杨国琛：回忆大学时期的陆埮。见：中国科学院紫金山天文台编，《永恒的怀念：陆埮院士纪念文集》。北京：中国科学技术出版社，2015 年，第 21 页。

很消瘦。每天的学习完全是靠坚强的意志在支撑，虽坚持着按时完成作业，从不间断上课，但他总是情绪急躁。作为班长和好友的陆垲非常同情罗辽复，也特别为他着急：为何罗辽复得的肠炎病一年多都看不好？即便是慢性肠炎病程也一般在两个月左右。对此陆垲左思右想不得其解。最后，陆垲给罗辽复提了一个建议，转到北京最好的大医院——中苏友好医院（现在的友谊医院）去医治。他首先让罗辽复将病情详细说明，写了一封信给中苏友好医院。没过多久，中苏友好医院就回信说，愿意接收罗辽复这个病人，请立即来医院就诊治疗。收到信的罗辽复喜出望外，马上到了中苏友好医院。经过医生检查、化验，结果表明罗辽复得的是阿米巴痢疾，根本不是什么肠炎，原来是北京大学医院误诊了。中苏友好医院的医生告诉罗辽复，痢疾有两种：一种是菌痢——由细菌引起；另一种是阿米巴痢疾——由寄生虫引起。他得的阿米巴痢疾是由阿米巴寄生虫引起的。由于找到了病因，医生对症下药，经过两个月的精心治疗，罗辽复终于完全康复了。经过这次治疗，罗辽复非常感激陆垲，二人的友谊也愈加坚固。

优异的学习成绩再加上担任班长一职，年龄稍长的陆垲成了班级的老大哥，他关心集体、帮助同学，大家对他都十分信任，有什么烦心事都向他倾诉。刚进大学时，班上有一位浙江省考来的男同学，姓王，失眠很严重，每天寝食难安。出于对陆垲的信任，王同学将心中的烦恼全部告诉了陆垲。原来王同学只身在外地求学，个人生活环境改变，一时难以适应，再加上各种烦心之事长期郁结，最终导致经常失眠，而且因为睡不好的缘故，身体也每况愈下，更不用说好好学习了。

陆垲是一个不以说事取巧，而以办事见长的老实人。听了王同学的倾诉，陆垲很同情他并决定帮助他渡过眼前的睡眠难关，以便有一个好的身体应对紧张的学习生活。于是，陆垲找到班上的另外一个平常相处很好的同学，两个人商量后一致认为：王同学的失眠完全是因为心理问题导致的，当务之急是要使他每晚能够安稳睡眠，如此才能情绪饱满、精神抖擞地学习。怎样才能达到既能治好失眠又不伤害身体的目的呢？二人考虑良久，最后商定：用一个曾经装过安眠药的空瓶子，里面装满小苏打片，并且告诉王同学这是最好的安眠药，别人吃过后效果显著，睡眠很好。尽管这是一句谎言，但却是善意的谎言，为的是让同学恢复身体健康，以便全力以赴地投身学习。于是，二人每天拿一片"安眠药"给王同学吃。果然不出所料，效果显著，王同学在晚间终于能够睡好觉了。自从感觉到这种"安眠药"很管用，王同学后来每天都来找陆埮要"安眠药"吃。就这样一直坚持不懈，从不间断，吃了一个多月之后，天遂人愿，王同学的失眠完全"治"好了，晚上安稳的休息也使身体逐渐恢复健康，治愈的目的达到了，"安眠药"也就顺理成章地停了，大家皆大欢喜。

又过了好几个月后，陆埮和那位同学同时将真相告知了王同学。陆埮讲到用小苏打片当安眠药，主要是考虑小苏打片是一种无机化合物，学名碳酸氢钠，易溶于水，白色粉末，与酸作用生成二氧化碳，广泛用于食品工业和医药卫生。小苏打片对人体没有任何副作用，不会影响健康情况。再加上与陆埮商定解决对策的那位同学家里就有现成的小苏打片，也有空的安眠药瓶子，一切条件都具备，因而制作一瓶以假乱真的"安眠药"很容易。三人会心大笑。王同学还说他每次吃完"安眠药"经常会感到肚子有些饿，总想吃东西，看来都是小苏打片在帮助他消化吸收。大家捧腹大笑，都笑称小苏打片冒充"安眠药"是一个绝妙的主意。1955年，西方有学者将这类现象称为"安慰剂效应"，陆埮在此效应提出两年前就利用这一原理治好了王同学的失眠症。

俗话说，身体是革命的本钱。王同学自从治愈了失眠，身体状况一直很好，在大学里读书也很用功，为日后的学术研究打下了扎实过硬的基础。半个多世纪后的今天，这些校园中的过往小事都已成为三人生命中最宝贵的回忆。值得高兴的是，这位德才兼备的王同学毕业后找到了一份很满意的工作。他为人谦虚谨慎，诚恳待人，勤俭办事，能吃苦耐劳而且勇于创新，克服了来自方方面面的困难与阻力。再加上他本人在工作中善于总结经验，很快就取得了实效，获得了卓越的成就，达到了那一代人努力学习为国争光的目的。可以说，陆埮事业上的成功，除了个人的主观努力之外，无意中形成的良好人际关系也助力良多，二者缺一不可。

分配工作，福祸相依

　　不同于小学和中学对奇异世界的好奇和对自然现象中蕴含的科学问题的爱好，大学是一片更加广阔的天地。德高望重的老师、志同道合的好友、充裕的学习时间、丰富的学习资源，再加上在北大求学的四年正是国际物理研究快速发展的时期，所有的一切都让陆埮如鱼得水，尽情地吸收着知识的甘霖。随着学识的逐渐积累，他对物理学更加痴迷，立志于物理世界的探求。

　　新中国成立初期，就开始效仿苏联，特别是高度集中的斯大林模式。1953年斯大林逝世了，中国与苏联分道扬镳，走自己的道路，加大了本国培养人才的力度，在这种历史背景下成长起来的陆埮深刻意识到，要为中华之崛起而读书，只有不断充实自己，提高知识技能，做出专属本国的成果成就，国家才能独立富强。

　　在这种思想的激励下，陆埮放弃了自己心爱的理论物理，转而认真学习国家分配的原子核物理专业。原定为学习苏联的五年制学制，因为在"546信箱"读原子核物理专业的缘故，服从国家工作的需要提前一年于1957年毕业。以优异成绩顺利毕业的陆埮继续服从分配开始工作，来到了中国科学院原子能研究所。他原以为可以安心地做科研工作了，可不巧的是，自1950年土地改革开始，政治运动一个接着一个，社会动荡不安，覆盖了陆埮25岁到45岁的青春岁月。而在这段时间中，陆埮始终坚持个人利益服从集体利益，个人需要服从国家需要，国家哪里需要他，他便二话不说服从分配，认真负责地进行每一项工作，曾先后工作于中国科学院原子能研究所（1957年10月—1958年8月）、哈尔滨军事工程学院（1958年8月—1961年8月）、长春防化学院（1961年8月—1969年8月）和南京电讯仪器厂（1969年8月—1978年5月）。

　　纵观陆埮的人生，无论是从学生到老师还是从学习到工作，他的身份转变始终坚持着个人爱好服从国家需要的准则。无论是政治运动密集的五六十年代，还是恢复高考、实行改革开放政策的新时期，陆埮对于国家的需求都是有求必应。1978 年调入南京大学天文学系任副教授，1979 年起任南京大学天体物理研究室主任，1981 年起任南京大学教授，1984 年起任博士生导师，2003 年调入中国科学院紫金山天文台，至此陆埮已历经六个单位，而且每次调动都是服从国家和组织的需要，遵循着分配的原则和制度。可以说，陆埮的大半生时间都是在遵守规定原则、服从国家需要中度过的，他视国家需要为己任，国家要他干什么，他就干什么，并且尽最大努力做好，事事都尽力而为，努力做到尽善尽美。陆埮经常挂在嘴边的一句话就是"人生不怕改行"①。从被调到哈尔滨军事工程学院正式工作以来，他便勤勤恳恳，兢兢业业：教学本职上广受好评，多次被评为先进教学工作者，桃李满天下；业余科研如火如荼，获得了全国重大科技成果奖，被评为全国先进科技工作者；即便是进入工厂做技术员，他也不忘发光发热，不仅认真工作，不断创新，被评为先进科技工作者，还创办杂志，介绍技术成果，分享经验教训；直到调入紫金山天文台，当选中国科学院院士，陆埮都一直坚持做研究、带学生，探索科研道路，勇攀学术高峰。

　　无论把陆埮放在什么样的地方，摆在什么样的位置，他都从容淡定，丝毫不抱怨、不闹情绪。不管环境有多艰苦、困难有多大，他总是毅然决然、从容不迫地面对现实。因为在他心中有着远高于安逸享受的追求，那就是进行科学研究，攻克科学难题，掘取知识宝藏。科学知识是如此平等无私地对待每一个探索者，只要仔仔细细、刻苦钻研、脚踏实地、精益求精，科学王国便不会吝啬向任何人打开它的大门，它终将会把最好的奖励给予最勤奋的人。对于科学研究，陆埮舍得花精力，也舍得花时间。每天下班回到家，夜深人静的时候，陆埮便走进属于他自己的业余科学研究世界，以精神饱满的状态和难以抑制的创新激情，用笔在纸上仔仔细细地进行运算，认真思考，反复研究。业余科学研究赋予了他克服困难的动力，可以暂时忘掉现实世界的一切烦恼与忧愁。一分耕耘一分收获，对于陆埮来说，几乎每个时期他都是获奖的，尽管他一直努力奋斗，初衷不是为了

---

① 此处根据陆埮夫人周精玉回忆。

得奖，只是希望把事情做到尽善尽美，就像在工作中，不管领导部门交给他什么任务，他都兴高采烈地接受，而且尽最大努力圆满完成任务一样。当然，群众的眼睛是雪亮的，于是，各类奖项纷至沓来。

作为一名北京大学原子核物理专业的毕业生，陆埃有着踏实而深厚的数学功底、广博而坚实的物理基础、严格而缜密的逻辑推理、清晰而深邃的思想方法、简洁而完美的理论体系、自然而准确的英文写作，再加上饱满的热情、非凡的禀赋、一丝不苟的风格和持之以恒的努力，所有的一切都为他进行科学研究提供着充足的条件。然而万事俱备，只欠东风，在陆埃所处的那个时代，进行科学研究从来就不是一件顺风顺水的事情，他踏上科研道路的过程可谓荆棘丛生，异常艰难。

科研变劳动

自 1957 年 10 月从北大毕业后，大多数学生被分配到中国科学院原子能研究所工作，陆埃也是其中之一，他与大家一样欢欢喜喜地去报到，摩拳擦掌、满心希望着开始盼望已久的科学研究工作。不料政治运动的浪潮裹挟而来，全体前来报到的学生都被要求去北京郊区白家疃温泉农业社第二生产队下放劳动锻炼，主要参加秋收和兴修水利的劳动。说来令人费解，原本大学期间学习苏联的五年制，因为国家急需科学研究和建设事业方面的人才，陆埃所在的北京大学原子核物理专业提前一年毕业，按理说毕业后应该立即分配工作进行科学研究本职，但谁也没有想到分配的结果竟是开赴农村挖掘土方，以人海战术移走土方，从早到晚挖土挑土。按照当时的说法是，这些刚刚毕业分配的大学生必须劳动锻炼一年，只有经历各种磨炼改造了思想才能开始工作，从而成为合格的无产阶级革命事业接班人。

挖土、挑土的重体力劳动一天接一天地进行着，劳动强度特别大，陆埃瘦弱的身体逐渐吃不消，每天累得腰酸背疼。但他又转念一想，既然是劳动锻炼，就应该吃尽千辛万苦，他牢记着"一不怕苦，二不怕累"的口号，硬着头皮努力劳动，一切困难靠自己克服，每天都在咬紧牙齿坚持着。除了不堪重负的体力劳动外，这里的生活条件也极差。每顿饭都是吃玉米面做的窝窝头，很少有蔬菜，更不用说荤腥了，很多时候就是在窝窝头的表面用手抹一些食盐，陆埮每餐要吃五个窝窝头才能勉强维持重体力劳动所需的能量。后来，农村的甘薯丰收，于是不吃窝窝头改为吃甘薯。一开始大家都觉得很新鲜，换换口味也不错，万万没想到，几天甘薯吃下来，大家的肚子都受不了了，消化不良、腹泻的状况越来越多。大家只好又改回吃玉米面做的窝窝头，这样才平安无事。

由于劳动强度大、休息时间少、营养不良等种种原因，咬牙坚持几个月的劳动之后，1958 年 2 月，陆埮肺部虚弱受损，开始吐血，肺结核复发。经过医生和领导部门的商量讨论，他们一致决定陆埮只能回城干轻一点的工作，于是他就与几位同样身体病弱的同事一起提前回到了原子能所。那时所里正忙于政治运动，陆埮虽然回到了所里，但也只是帮助搞"反右"运动、整理大字报等材料，虽名为北京中关村中国科学院原子能研究所的一名实习研究员，但没有做任何具体的研究工作，这样的状况一直持续了半年之久。

祸兮福所倚

在原子能所的一年，陆埮的身体健康情况比较糟糕，长期营养不良导致人一直很瘦弱，1.6 米的个子只有 53 公斤的体重。当时的原子能研究所有关领导成员看出陆埮身体不好，吐血是肺结核病，不容易痊愈，担心以后的工作难以承担重任，影响重大科学研究项目的进展。正不知所措之时，说来也巧，1958 年夏天，哈尔滨军事工程学院遐迩闻名、位高权重的院长陈赓大将派人到原子能所要教师，派来的人火眼金睛，一看到陆埮的档案：出身书香门第，社会关系比较简单，历史清白符合要求，又是北京大学物理系毕业的高材生，如伯乐遇到千里马，一眼相中。于是两个单位一拍即合，陆埮被调到位于哈尔滨的中国人民解放军军事工程学院[①]第

①　以下简称"哈军工"。

二系。陆埈在北京大学毕业分配工作时曾经设想过很多毕业去向，但是从来没有想到过会成为一名军人。但在那个年代，陆埈那一代人总是把国家的需要作为自己的使命，国家高于一切。当时，原子能所人事处负责的同志与陆埈进行谈话，虽然对成为一名军人感到出乎意料，但考虑到国家的急切需求、国防教育的紧迫形势，陆埈二话不说、义无反顾地转变人生航向。于是，他收拾好简单的行装，风尘仆仆地来到素有"东方莫斯科"和"东方巴黎"之称的哈尔滨市。

第三章
开始执教

书 生 变 军 人

哈军工简介

哈军工是在"抗美援朝，保家卫国"的大背景下建立起来的。虽然中朝人民赢得了战争的胜利，但由于武器装备的落后造成了我国几十万名志愿军在朝鲜战场上的伤亡。经过这一严峻、复杂而又残酷的战争考验，中国领导人从大处着眼，顺应时代发展的潮流，发展现代化国防建设，掌握高科技的军队和现代化的武器。要做到这一点，首先必须建立一所高度重视现代科学技术的军事院校，培养教育出能够掌握现代科学技术的高水平人才，"中国人民解放军军事工程学院"应运而生。

在苏联专家顾问的建议下，中央军委领导同意将学院选址定在哈尔滨市，建立哈尔滨军事工程学院，简称"哈军工"，由陈赓担任院长兼党委书记并具体筹建。根据"边建、边教、边学"的建校方针，1953 年 9 月 1日哈军工正式开学。1953—1955 年间，五栋 14 万多平方米的教学大楼拔地而起，巍然屹立在校园，具有民族风格的大屋顶教学楼群、特需实验和试制用建筑，办公大楼、体育馆、大礼堂、宿舍、食堂、医院等教学用房一幢连着一幢。在没有任何机械、全靠人力的艰苦条件下，在5000多名设计人员和施工单位工人、技术人员昼夜奋战的辛勤劳动下，短短几年的时间跨度内，在一片荒凉原野上哈军工校园拔地而起，气势恢宏。之后的十年，校区仍在不断扩建，直至1965年，校舍建筑完成总面积达54万多平方米。

哈军工是世界上第一所诸军兵种综合性的高等军事技术学府，开设的专业全部都是军事尖端科学技术，被誉为"军中清华"。哈军工创办初期学院分设五个系，分别是一系：空军工程系；二系：炮兵工程系；三系：海军工程系；四系：装甲兵工程系；五系：工程兵工程系。每一个系分别占用一栋五层大楼。后来紧接着又建立了六系：防化学兵工程系。1960年，陈赓院长为了适应国内外形势的变化、适应科学技术的高速发展，经中央军委批准，开始实行"尖端集中，常规分散"的办法，学院开始分建、搬迁、改制。到1961年哈军工各系先后完成了分建，防化学兵工程系、装甲兵工程系、炮兵工程系迁走，独立办成相应的学院。其中陆垅所在的防化学兵工程系在1961年暑假迁到长春市康平街1号，建成防化学院，陆垅随系搬迁至此继续教学。

哈军工初印象

1958年8月，陆垅走进了哈军工的大门。初到学校，陆垅就被这所大学的恢宏气势所折服，对陈赓大将带头创办的哈军工赞不绝口。卓尔不群的哈军工，雄伟、壮观，处处表现出民族风格，大宫殿式的五座教学大楼庄严肃穆，外表虽然古朴、具备民族传统形式，内部设施却完全是现代化建设、具有现代军事特点，堪称中西合璧的典范。一米厚的火砖墙壁特别坚固耐用，到现在经过半个多世纪的风吹雨打仍然完好无损，丝毫未减当年的威严。宽大的屋檐以及每座大楼屋脊上各大军兵种的雕塑，都给初来乍到的陆垅留下了深刻的印象：雕塑曲线优美柔和、比例匀称、惟妙惟肖、栩栩如生；大屋顶向上微翘的飞檐宽阔的正身和厚实的台基，使整栋大楼宏伟庄重中不失秀美。典藏了建筑结构精华、演绎了传统与现代交织的校园，既整齐有序又变化多端，既疏朗雅致又气势磅礴，在突出军队院校特殊风采的同时又具有明显的时代特征。这里的道路整齐有序、对称笔直，还有那规整宽阔的军工大操场，足足有七个足球场大，陆埮之后几乎走遍中国大大小小的高等学校，但还没有哪一所高校的操场有哈军工如此之规模。五座教学大楼和大操场都是哈军工的标志性建筑群，后来还成为国家二类保护建筑。多年以后，陆埮回访哈军工，总是感慨万分，这些能观赏、可触摸的校园建筑都是学校历史的载体，每一栋教学楼的背后都隐藏着革命先辈的英雄事迹，那些具有历史印痕和革命意义的建筑艺术记录和演绎着哈军工的伟大与传奇。

来到哈军工的陆埮第一件事就是到人事部门报到，很快他便成为哈军工第二系的一员，第二系即炮兵工程系的七（毒剂）、八（防化学也就是化学防护）、九（防原子，也就是原子的探测和防护）科，后来从哈尔滨军事工程学院炮兵系独立出来，成为第六系——防化系，主要方向是防化学和防原子。当时的哈军工是我国极重要的一所院校，担负了国防科技研究和人才培养的重大任务。面对美苏两国的核威胁，哈军工的当务之急便是要进行防原子弹的研究，然而原子核物理专业毕业的陆埮调入哈军工后发现，那里实际上并不做核物理研究，而当时所谓的防原子其实需要的是搞核化学专业的人。刚刚成立的新中国，重点就是搞建设，而建设防化学兵就是目标之一。这些防化学兵一开始在北大学了化学，但是光学化学还不够。防化学兵有两个任务，一个任务是防化学，还有一个任务是防原子，防原子方向没有人负责教学，所以学院就又找了一些人，把陆埮调过去教起了原子核物理。此时的陆埮还未参军，穿着一身褪了色的蓝棉衣裤，在军人中很显眼。哈军工对备课要求极严，必须试讲通过。据当时担任防化学院研究员和苏联专家翻译的王成富回忆，"苏联专家在讨论时，只淡淡地说，这次试讲准备充分，是成功的，当场并没有给予过高的评价。可是在会下闲聊时，他对翻译说，从陆埮同志的试讲中可以看出，他看了不少书，理论基础较好，如果不停止前进的话，20年以后，此人会有重大建树。这位苏联专家拉兹梅斯洛维奇不是预言家，但有关陆埮同志的事却被他所言中"[1]。果然，在 20 年后的 1978 年，陆埮被南京大学天文学系录用，以著名教授的身份出现在南京大学的讲坛上，蜚声全国。

面目一新成军人

当时的中国还没有原子弹，苏联派遣原子专家到教研室指导工作，按苏军同类专业制定教学计划，核物理作为基础专业十分受重视。初来乍到、满怀科研希望的陆埮服从安排转向了教学工作，一介书生携笔从戎，完成了由一名怀抱理想的学生到教书育人的军人的角色转换。陆埮成为一名身着绿色军服的军人，当然并非舞刀弄枪的士兵，也非指挥千军万马驰骋沙场的军官，而是一名传道授业解惑、征服三尺讲台的教师。在这里，陆埮每周讲授四节基础课"原子核物理"，每学期 80 学时，两学期教完，共 160 学时。每天的主要工作就是备课、查阅各种文献资料、编写讲义、讲课、答疑辅导、批改作业等。

在哈军工严谨校风的大氛围中，陆埮身着军装，也同刚进校的新生一样接受军人素质的培养教育。每天早晨，学院广播中的第一句话就是报告室外实时温度，经常能听到"现在室外温度零下 36 摄氏度"的播报，有的时候温度甚至更低。冰天雪地，白雪皑皑，寒风刺骨。然而不管冬天的室外有多冷，一切活动都照常进行，每一天都按规定时间安排工作。凌晨那清脆嘹亮的起床号一响，陆埮便与新生们一起出早操。冬天的凌晨，天上的月亮和星星还没有落下去，冰天雪地里气温经常

图 3-1　1961 年陆埮在哈尔滨军事工程学院（图片由陆埮夫人周精玉提供）

---

① 王成富：《哈军工回忆：在防化工程系工作过的苏联专家》。王成富博克，http://blog.sina.com.cn/s/blog_4d61436b010104w4.html。

下降到零下三四十摄氏度，任何人毫无例外都必须出早操，然后再洗脸刷牙、吃早饭、上课。有时晚饭之后，还有开会、学文件、晚点名等集体活动，教师如果第二天有课，为了准备讲课内容经常还得开夜车，但不管多晚睡觉，第二天必须照常出早操，要求十分严格。

为了锻炼军人在恶劣环境里的适应能力，学院专门挑选最恶劣的天气出去拉练。有一次，正是寒冬腊月的深更半夜，外面下着鹅毛大雪，尖利的哨声急促地响了起来。不准开灯，十分钟内摸黑穿好衣服、打好一床棉被的背包、上完卫生间到操场紧急集合，辛勤工作和学习了一整天的教师和学生没有一点思想准备，每一个人背着6斤多重的背包，在大雪纷飞的黑夜里开始了20公里急行军拉练。急行军速度快，再加上搞突然袭击，教师和学生们一个个累得满头大汗，黑暗、寒冷、疲惫、困倦一齐涌现。雪天路滑，有的人不小心滑倒在地，自己爬都爬不起来，大家就一起帮忙给拉起来。也有的人干脆就躺倒在路边，等着队伍最后专门收容掉队人的大汽车。夜间短暂的拉练锻炼中有挑战、有艰难，当然也有收获，绝大多数人都是靠自己克服困难，用尽全部力量，咬紧牙齿跟上队伍，全身心地完成拉练任务。这种训练是对每一个人身心健康状况的一个大检验，大家对此都留下了不可磨灭的深刻印象。值得庆幸的是陆埮从始至终都没有掉队，他严格要求自己，顺利地完成了拉练任务。在哈军工，陆埮每日与青年学生为伍，朝闻军号声起，夜伴军号声眠。没有了任何体力劳动，因此身体也健康多了，肺结核病很快痊愈。

教学本职兢兢业业

学高为师，身正为范。在教学中，陆埮处处严格要求自己，以身作则，即使在放松的状态下，也绝不弯腰驼背地坐立，严于律己，绝不懈怠，以提高教学质量，培养精英人才作为奋斗目标。教室中，讲台上，处处都留下他孜孜不倦努力创造的身影。借助自己雄厚的数学、物理学基础科学知识和熟练的英语能力，他查阅大量国内外文献资料，钻研教学内容，悉心探索最好的教学方法。他高瞻远瞩地站立在最新的科技前沿，以通俗易懂的语言表达深奥难解的学术内容，鞭辟入里、深入浅出、广征博引、条理分明、妙语连珠、生动有趣，时刻挥洒着青春与激情，很受学生欢迎，被学生们高度评价为讲解透彻、概念准确、逻辑性强、板书清楚、言简意赅的典范。对此，陆埮在哈军工的学生张尧柏回忆道：

> "我是在防化学院 58-301 班念四年级时，认识陆埮老师的。他当时担任我们班的'核物理'课程的教学工作。大家知道，物理课就是一门难学的课程，而核物理课就更难学了！开课之前，我们都担心怕听不懂、跟不上。然而，当陆埮老师给我们讲完第一堂课之后，我们悬着的一颗心就踏实了！因为，他条理清晰、逻辑性强、由浅入深、循序渐进的讲授风格，让我们学生听起来轻松、易懂，学好的信心大增！更为难得的是，当时我们都没有教材。所以，听课时的笔记就是复习时最重要的依据。而陆老师在黑板上的板书，写得特别的清楚，段落层次以及标点符号都非常严谨。这让我们不但能听好课，同时也能记好笔记。所以，我的核物理笔记，是我在大学期间所有课程的笔记中记得最清楚、最好的一本。说陆埮老师的教学效果是最好的，一点也不为过。"[1]

讲课没有教材，他就自己查阅、吃透各种各样的资料并编写讲义，上课用的上、下两册《原子核物理学》讲义就是他自己亲自编写并由哈军工在 1960 年铅印出版的。为了编写出符合要求的高标准、高质量的讲义，陆埮付出了全部时间和精力，焚膏继晷、通宵达旦地在浩如烟海的文献资料中查找相关的章节、取用新颖的科研成果。他在仔细阅读各式各样有关资料、掌握翔实完备文献的基础上，写出了两册概念清楚、内容充实、分析缜密的讲义，供学生阅读学习。即使所教内容已经给学生讲授过多次，陆

---

① 张尧柏：怀念陆埮老师二三事。见：中国科学院紫金山天文台编，《永恒的怀念：陆埮院士纪念文集》。北京：中国科学技术出版社，2015 年，第 39 页。

埮每次上课之前还是努力做到不断更新、改进其教学内容，经常听取学生等各方意见。陆埮用辛勤工作的汗水、过硬的业务素质赢得了广大学生的一致好评和称赞，多次被评为先进教学工作者。这次看似偶然的转变，他却在这个岗位上坚守了 11 年——1958 年 8 月至 1961 年 8 月在哈军工执教 3 年、1961 年 8 月至 1969 年 8 月在长春防化学院执教 8 年。他欣然喜欢上了教学工作，珍惜和热爱着这份传递知识的神圣职业，将教书育人视为自己为国家需要、国防教育做出的些许贡献，把宝贵青春都奉献给了三尺讲台。

在这 11 年中，自 1961 年上半年哈军工第六系，即防化系由哈尔滨市搬迁到长春市康平街一号，扩建成"中国人民解放军防化学院"，简称"长春防化学院"，陆埮始终都是穿着军装，讲授他的原子核物理课。这里的学生同样来自全国各地，学习能力不同、基础参差不齐，讲起课来众口难调，陆埮不断摸索改进着教学方法，力求使每一位学生都能学有所得。没有现成的教材，他便沿用着自己编写的讲义，并在教学过程中不断修改更新，根据国防部门的具体情况，收集各个方面的意见和要求，引进最新的内容，介绍最近的发展变化、最新的科技前沿，力图使之不断达到一个更高层次的新水平。在课堂中，陆埮总是特别强调基本理论、物理概念的重要性，引导学生打下坚实的基础，同时提倡学生注重关键问题的解决方法，不断探索结果，举一反三，从中得到新的启发。

陆埮用自己进一步修改的讲义给学生上课，得心应手，效果显著。当时，学校提出"要教给学生'空瓶子'的教学方法"。陆埮将之吸收过来，反其道而行之，借鉴北大老师教学上的成功经验——教给学生"实瓶子"。即先教给学生足够的本领，打下坚实的基础之后再让学生自行"装配"各式各样的知识，引导学生创造属于自己的新的"实瓶子"。陆埮认为教学的成功，主要标准就是看学生能否受到所讲课程的感化，并从中得到启发，从而引导学生深入钻研和探索，进而为科学事业和祖国的国防建设充分发挥自己的特长而贡献力量。

陆埮的教学任务很重，每个学期都有课，每一学年要上满 160 个学时。对于每一节课，从课堂教学、批改作业、答疑辅导到分组讨论，陆埮都

——认真进行，事必躬亲。

自 1958 年 8 月份到哈军工正式走上讲台，除去中间"文化大革命"的那一段时间，他都是一边担任教书育人的重任，一边从事科学研究工作。他做的事情，一定全力以赴地去做，不做好决不罢休。陆埈教学的方式不仅仅是在课堂教

图 3-2 20 世纪 90 年代陆埈与曾经的哈军工学生合影（左起：冯地清、陆埈、王锡仁、董滨江，图片由陆埈夫人周精玉提供）

学中传授知识，还集中学生的智慧，在课外活动中悄然无息地从方方面面启发学生的思维能力。在课堂上旁征博引、谈古论今、挥洒自如地给学生传递丰富科学知识的同时，陆埈不知不觉之间又给学生们留下许多耐人寻味和深思的问题。他善于用这些问题吸引学生的注意力，鼓励学生随着他的思绪去思考和探究，以此启发学生的好奇心，使之对课程产生强烈的求知欲望和浓厚的研究兴趣。陆埈认为只有建立起浓厚兴趣，才能促进学生独立思考，有主见而不人云亦云。他还在课外时间开展讨论，促使学生们仔细琢磨，切磋交流，各抒己见，既活跃了气氛，又帮助学生养成认真思考的习惯。在此期间，学生不但讨论与教科书有关的问题，而且还思索与时俱进的科学前沿问题和尖端科学疑难，例如量子力学、广义相对论等。对于学生们的提问，陆埈都尽心尽力地给出解答。为了做到这一点，陆埈从来都是厉兵秣马，把所有的准备工作提前做好。此外，诲人不倦的陆埈还经常给学生讲古今中外伟大科学家们发现问题和解决问题的经历，以自身的人格魅力和渊博的学识培养了一批又一批独立创新的优秀学生。

无论是在哈军工，还是在防化学院，陆埈都努力做好教学工作。尽管对自己要求十分严格，但陆埈对待学生却温润如玉，虚心听取各个学生的要求以及方方面面的意见，受到师生的广泛好评。除了上课时间，平时也经常有学生来向陆埈请教一些课堂教学之外的问题，比如相对论、量子力学等科学前沿问题，陆埈从来都是循循善诱，不厌其烦地耐心讲解。陆埈与他的学

生关系极其密切，不仅是师生，而且是朋友，有的甚至是终生挚友。学院将毕业班中某些优秀学生留校任教或者做其他行政管理工作，这些青年教职员工又与陆埈成为同事。尽管 1966 年"文化大革命"刚刚开始陆埈就被打成资产阶级反动学术权威，烧过锅炉、当过木匠，但这 11 年人生最宝贵的青春年华换来了纯朴的年轻学生对他真挚、永恒的师生情谊，最先主张为他平反的就是他年轻的同事和学生们。直到很久以后，陆埈无论是走出国门去到世界各地，还是在国内任何一个地方，都有众多朋友和学生来看望他、关心他、帮助他。当年的呕心沥血、殚精竭虑，促成了今日的桃李满天下，他在哈军工为国家培养了一大批敢于挑大梁的优秀人才。桃李不言，下自成蹊。即便后来年过八旬，陆埈仍然坚持与他的学生和同事保持着长久的书信和邮件往来，大到世界各地的趣闻轶事、迷人风景，小到日常生活的所见所闻、所思所想，都数十年如一日、绵延不断，由此可见，有很多朋友和学生总是时刻思念着昔日的陆埈老师啊！

业余科研孜孜不倦

　　哈军工之于陆埈，不仅停留在难得平静的教学岁月上，这里还是他踏上科研道路的始发站。虽然此刻的陆埈仍旧没有条件全身心地投入科研，但是在保证教学高水平高质量的同时进行一些业余性质的科学研究，对他来说也是不可多得的机会。尤其是开始在防化学院工作之后，他紧紧把握每一分每一秒来之不易的空闲时间——每天结束工作回到宿舍的晚间时分——夜以继日、焚膏继晷、废寝忘食地探索科学奥秘，为国家的科学事业做出了很多突出的贡献。

业余科研初见成效

　　1958 年 8 月，陆埈被正式调往哈军工任基础课教员，从此他便由学生时代过渡到了教师时代，从求学岁月过渡到了科教生涯，开始了他几十年的教书育人之旅。不同于原子能所的重体力劳动，陆埃在哈军工的主要任务是教学，因而身体状况逐渐好转，肺结核病慢慢痊愈，身体是革命的本钱，调离重体力劳动转而教学为他进行业余科研提供了革命基础。陆埃在学院的基本工作是承担一门基础课"原子核物理学"的教学，即便后来复员到南京电讯仪器厂，他的基本工作也只是管理技术资料，均不担负任何科研任务。虽然学校的教学很受学生欢迎，工厂的技术工作也完成得相当出色，但陆埃的心中还是对科学研究念念不忘，这是在北大读书期间就产生的坚定信念——做科研工作是他毕生的追求，然而这份梦想和愿望由于这样或那样的原因始终未能达成，于是只能在工作之余挤出时间和精力做些业余性质的科研了。尽管始终未能分配到科研岗位，陆埃也丝毫没有放弃，相反他从 1958 年开始就一直在积极为科研工作做准备，特别关注如下三个方面：

1. 物理上具有基本意义的新思想、新观点、新概念等；

2. 特别灵敏、显示度极高的新效应、新现象等；

3. 有广泛和深远应用价值的新发现、新方法、新仪器等。

刚毕业不久，陆埃就关注着这三大方向，并且曾具体关注过两大效应，一是 Aharonov-Bohm 效应，简称 A-B 效应，这是一个"势"可以直接产生物理效果的量子效应，是具有基本意义的一种新思想；另一个便是高灵敏的 Mössbauer 效应的发现及其十分广泛的应用价值。鉴于 Mössbauer 效应更加新颖，可研究空间更为广阔，陆埃最终选择了该效应作为他个人业余科研的首个项目。

1958 年，年轻的德国人穆斯堡尔在慕尼黑大学准备博士学位论文时发现了无反冲共振吸收或者说无反冲共振散射。通常情况下原子核从激发态放出一个伽马光子会有反冲，损失一部分能量，因此就不能够将另外一个原子从基态激发到激发态，也就不能产生共振吸收；或者是处于这种激发态的原子核放出一个伽马光子，跳回到基态，这个过程称为共振散射。穆斯堡尔很巧妙地利用铱的同位素[①]中较轻的同位素，即铱 191 的晶体固体

---

① 铱元素有两种同位素，即铱 191、铱 193。

进行实验。固体铱 191 是一个大的晶体，可以说反冲极小可忽略不计，基本没有反冲。根据"动量 = 质量 × 速度"的公式，伽马光子的动量与反冲体 [1] 的动量大小相等，方向相反。而能量 =（质量 × 速度²）/2，当反冲体的质量是一大块晶体，即质量接近无穷大时，速度接近于零，可以说等于零，则反冲能量等于零。这样一来，原子核从激发态放出的伽马光子就可将另外铱 191 的原子核由基态激发到激发态，产生共振吸收现象。如果再由激发态跳到基态放出一个伽马光子，这就是共振散射现象。这是个极其灵敏的方法，也就是著名的 Mössbauer 效应，穆斯堡尔本人也因此项发现于 1961 年荣获诺贝尔物理学奖。这一效应在军事上有着广泛的应用，比如发射炮弹时，要使发射出去的炮弹没有反冲，便将炮身钉在地面上，相对于炮弹，地球的质量可以说是无穷大，反冲的速度为零。如果要使对方敌人看不出是什么地点射来的炮弹，一般就在炮身的最底层安装四个轮子，当炮弹发射成功后利用本身的反冲作用，将炮身移开到离开发射地点很远的地方，使敌人找不到发射的炮弹来自何处。

早在 1958 年该效应被发现伊始，陆埃便对穆斯堡尔的科学研究工作很感兴趣，于是完全利用空闲时间进行自己的业余科研。在哈军工和长春防化学院，陆埃一边在三尺讲台上认真教书，一边凭借坚强意志利用业余时间做科学研究，每天晚上陆埃总是工作到深夜。正如宋代诗人晁冲之在《夜行》所写，"孤村到晓犹灯火，知有人家夜读书"，当别人早已进入甜蜜的梦乡，陆埃房间的灯却仍然亮着，他正在苦心钻研，写就学术论文；周末同事们都出去看电影、爬山等，陆埃却两耳不闻窗外事，仍在进行学术研究。这种常人无法忍受的孤单与寂寞，陆埃却坚持了几十年，他在清苦的学术研究中耐得住寂寞，不怕坐冷板凳，皓首穷经，孜孜不倦。在科学的道路上辛勤耕耘的陆埃最终不出意外地获得了累累硕果，在出色地完成好教学任务的同时，陆埃的业余爱好——科学研究也以崭新的思绪冲破了传统的藩篱，独树一帜的学术论文成功地发表在了国内的重要刊物上。

1962 年，在进行业余科研不久，陆埃便根据早前关注的 Mössbauer 效

---

① 如果是原子核就是反冲荷，在此为晶体。

应独立写出了第一篇学术成果《Mössbauer 效应问题中的一个平均值定理》，发表在 1962 年《物理学报》第 18 卷第 483 页上。当时，中国与国外完全隔断，科学研究相关的论文按照规定不能邮寄到外国杂志上发表，在那段特殊时期，文章投到国外可能被扣上"里通外国"的罪名，因而只能投递国内的刊物，而国内该领域最权威的杂志就是《中国科学》和《物理学报》，在那种很少有人搞研究、写论文的状况下，陆埈能够在《物理学报》上发表文章实属凤毛麟角。

作为陆埈科研生涯的第一篇学术论文，这篇文章言简意赅，直指要点，在继承传统的基础上推陈出新，获得了科技界读者的一致好评。首战告捷显示了陆埈作为物理学家的天赋。当然，业余科研并未影响他正常的教学工作，陆埈自从 1961 年暑假随系迁至长春防化学院，转而成为防化学院第八教研室的教师，那时整个防化学院教学分基础课与专业课两大类型，陆埈执教的"原子核物理"课程属于专业教研室。走上讲台的他思路清晰，高瞻远瞩，弘扬科学精神，鼓励探索真理。即便是在讲台之外的空闲时间内，陆埈对于学生的教育也秉承着他一丝不苟的认真作风，比如有学生对某些国际前沿比较深奥的学术问题感兴趣，常常来请教他，陆埈总是亲历其为、引之有方、领之得法，不厌其烦地进行解答，直到学生满意为止。此外，他还注重培养学生"独立之精神、自由之思想"，使之养成学术探索的风气。他对学生和蔼可亲，一视同仁，且时刻不忘奖掖后进，教书育人效果显著。陆埈不仅是一位深受学生爱戴的教育家，教书育人，对传道授业解惑的教学本职兢兢业业、勤勤恳恳、不遗余力、一步一个脚印，而且还是一名出色的科学家，独立自主地利用业余时间做科研，省吃俭用订购杂志书籍以便查找文献资料，在做好本职工作、保证教学质量的前提下不忘钻研学术。1962 年年底，因教学勤奋、兢兢业业，获得学生的一致好评，再加上在业余时间的科学研究已初见成效，陆埈被学院破格晋升为讲师。当时高等院校讲师属于高级知识分子，这也为他在"文化大革命"中被打成资产阶级反动学术权威埋下了伏笔。

成为讲师的陆埈把业余科研的注意力继续集中在研究穆斯堡尔谱的课题上。1964 年在《物理学报》第 20 卷第 777 页上，陆埈独立发表了第二

图 3-3　1998 年与诺贝尔奖得主 Mössbauer 合影于南京状元楼（左起：陆轻铱、陆埮、Mössbauer、周精玉，图片由陆埮夫人周精玉提供）

篇论文《Mössbauer 谱线的热致宽》。随着研究成果的增多，陆埮也逐渐成为防化学院大名鼎鼎的业余爱好科学研究的青年讲师。他在教学上诲人不倦，讲课深入浅出、鞭辟近里，教学效果显著，深得好评，同时进行业余科研，严于律己、宽以待人，平易近人、和蔼可亲。

他多次被评选为先进工作者，深刻诠释了"学高为师，身正为范"的真谛，堪称师生们学习的榜样。

　　1958 年发现的高灵敏的 Mössbauer 效应在 20 世纪 60 年代形成研究的高潮，也成为陆埮进行业余科学研究的首个项目。紧跟潮流的他在 1962 年和 1964 年所发表的这两篇文章——《Mössbauer 效应问题中的一个平均值定理》和《Mössbauer 谱线的热致宽》是我国 Mössbauer 效应领域最早发表的论文，也是他利用业余时间培育出来的两朵科学之花。写就这两篇文章之后，陆埮就把科学研究方向转到了粒子物理，并且与北京大学物理系的同班同学罗辽复、杨国琛开始了长达近 20 年之久的科学研究通信合作。三十多年以后，1997 年夏天，穆斯堡尔这位德国人在南京市状元楼应邀出席"纪念世界著名物理学家——吴健雄国际会议"，并在大会上做了一个有关"穆斯堡尔谱应用"的学术报告，会议期间陆埮与这位诺贝尔物理学奖的获得人进行了学术交流，讨论了学术问题并合影留念，中外两位研究 Mössbauer 效应的专家聚首，实乃科学界一大幸事。

开始合作业余科研

　　当年陆埮怀揣北京俄语专修学校二部预备班的通知书北上报到时，在火车上结识了一位同去北京的安徽学生罗辽复，在交谈中方知他们二人填写的高考志愿的顺序都是一样的：物理、数学、天文。从此他们成为相知学友，在科研的道路上更是成为志同道合的合作者。1960 年，陆埙和被分配到内蒙古大学教书的罗辽复开始通信，刚开始只是简单讨论一些物理问题，后来他们就商量是否可以选择一个共同感兴趣的课题进行探讨研究。在天津河北工学院 ① 教书的另一位北大同学杨国琛也参与了几年通信。那时，罗辽复和杨国琛也各自在工作岗位上做着一些业余性质的科研，他们的工作领域分别在粒子物理和原子核结构方面。在这一点上，可以说那个时代从北大物理系毕业的学生们无一不在盼望着将大学所学应用于实践，从而为国家的科学技术事业添砖加瓦。然而现实环境不容乐观，尤其是一个接一个的政治运动更是让这种愿景化成泡影，无奈之下，大家纷纷退而求其次，在丝毫没有国家支持甚至还冒着被批判的风险的情况下开始各自的业余科研。这一点与今日国家对科研事业的高度重视和重大投入迥然不同，如陆埙一般的老一辈科学家们，他们的辛勤研究完全是内心单纯的对科学的向往之情使然。在陆埙、罗辽复和杨国琛的身上，北大人血液里那种"大胆尝试、敢想敢干、敢为天下先"的精神被体现得淋漓尽致。

　　陆埙与罗辽复、杨国琛三人的业余科研始终遵循着一个大方向：一定尽可能使研究工作的结果达到一个新的水平——既能符合逻辑推理，又要使理论与实验观测巧妙地结合。他们三个人一致认定实践才是检验真理的唯一标准。对于那些不过是理论猜想的课题，例如超对称、弦理论等都还没有得到实验上证据确凿的检验，三人不予过多思考和研究。因此，他们决心尽最大努力使每个研究课题都以实验为基础，经得起实验的检验。最终确信无疑了才能作出决定，写出论文。这是三人在讨论后一致同意的基本原则，在此基础上进行书信讨论研究，三人合作最后推敲定案。在业余科研道路上，志同道合的三人经讨论决定集中在粒子物理领域进行合作科研，在 Mössbauer 效应、粒子物理和原子核结构中，粒子物理是三人最有兴趣的，于是确定将之作为主要研究方向。值得强调的一点是，陆埙不仅将粒子物理视为合作业余科研的课题，还将之与教学内容有机结合，一举两得。"当时李政道、杨政宁和吴健雄的那个工作也是粒子物理，所以我讲粒子物理，

---

　　① 现今的河北工业大学。

学生也是很愿意听的，反应很强烈。我讲课不是照本宣读，是有一些新的东西，有一些前沿的东西，那个东西比较活。所以教学和科研应当结合在一起。"①

确定好合作方向后，三人于是开始了新一轮的业余科研，他们用通信的方式一起讨论粒子物理的前沿问题，以 LF、Y、LT② 为编号，这些信件一般是两三页纸，多的时候有十几页，每周至少一封，为了便于讨论、查找和引用，每封信都要编号、复写，一式两份或三份，其中一份自己留底。经常是前一封信刚发出，突然有了新想法，来不及等回信就发出下一封。通过书信往来进行科学研究，这种交流方式不但耗费时间和金钱，且常使信息的获得延滞。但就是在这样的环境和条件下，陆埣也一直坚持着他所热爱的科学事业。有时，三人的讨论遇到关键问题，比如为了澄清物理概念、明确思路、选择研究课题，三个人的意见用通信的方式很难统一时，其中两人就会乘火车长途跋涉到另一个人所在的城市，三人集合到一个地点进行面对面的沟通、讨论甚至争执，有时争得面红耳赤，直到有充分理由说得对方心服口服，统一结论，写出论文初稿，这才相视一笑，欣然而散。当然这一切开销全是自费，不过这样的机会并不多，一年也就一两次，主要还是因为没有钱购买火车票。那时候，这样的业余科研都是偷偷摸摸地进行，没有电话可用，能看到的国外资料只有影印本，而且至少要延迟一年才能买到。邮费、资料费和火车票等花费都是从每月五十几元的工资中支出，此外他们还要顶着被批判的巨大压力。没有想到的是，在重重困难面前，这个通信合作竟持续了近 20 年之久，特别是陆埣与罗辽复的通信合作在"文化大革命"十年也没有中断③。从 1960 年到 1978 年，陆埣和罗辽复用通信的方式合作搞业余科研，先后往返信件达 2800 多封。如果再加上与杨国琛的通信合作，总计通信 3000 余封，由此发表的论文近 50 篇。他们三人合作近 20 年，共同书写了中国科学发展史上一段无法

---

① 陆埣院士访谈录——王进萍，《物理》杂志创刊 40 周年纪录片系列访谈，2012 年 5 月 11 日。

② LF、Y、LT 分别指代罗辽复、杨国琛和陆埣。

③ "文化大革命"期间，杨国琛不再参加通信科研，陆埣和罗辽复两人还坚持继续合作，一直到"文化大革命"结束，杨国琛又参加了一段业余科研。

复制的传奇。

陆、罗、杨这三个青年人都有着与生俱来的聪颖和雄心壮志，他们是典型的创新思维者，有着青年人的独立性，从不委身于任何学派，而是合作寻找真理、追求真理。在他们的科学世界里，他们勇往直前、锐意进取，自始至终保持着胆大心细的治学风格，坚持创新，这一点明显区别于多数同道那种小心翼翼、传统保守的理性处理方法。虽然是做理论研究、做基础科学，深受北大物理系黄昆、虞福春等大师们影响的三人仍然坚持尽可能地与实验结果相吻合，坚持实验是衡量理论工作的标准尺度。尽管他们才学丰厚，但仍旧日夜兼程，调集一切有关资料，反复研究、讨论、分析、计算。科学研究是一件极其艰苦细致的长期工作，需要耐下性子、尽心尽力地"坐冷板凳"。多少个日日夜夜，完全靠着一支笔，他们在纸上手写着密密麻麻的计算方法与步骤，一旦找到满意的结果，就付诸书信，三人详细讨论后予以考虑接受。他们一面浸润在高深复杂、对人要求极为严格的研究工作中，一面保质保量完成好各自的教学任务，坚持工作科研两不误。

宝剑锋从磨砺出，梅花香自苦寒来。要知道在动荡的六七十年代，这种通信合作是十分艰难的。首先，这是业余性质的科研，时间上没有保证。走上工作岗位的陆埈以杰出的工作能力和非凡的精力，在做好教学本职工作的前提下与罗辽复和杨国琛开始业余通信科研，这种远程合作只能在工作之余宝贵的休息时间里进行。其次，业余科研合作的手段单一。在那个落后的年代，没有计算机，没有电子邮箱，也没有私人电话，只有系主任办公室里有一部电话，但只作公用，个人是不允许使用的，再加上长途电话费又十分昂贵，唯一的可能便是通过速度慢、效率低的邮政通信。业余科研意味着没有任何经费支持，方方面面完全是自费的，通信的邮票、资料的购买以及针对写信说不清楚的复杂性问题，有时需要当面讨论而涉及的差旅费等，均从个人五十几元的月薪中支付。另外，尤其是在"文化大革命"期间，业余科研还往往得不到精神上的支持，通常是在受批判的状态下进行的。那时，讲课教学是本职工作，而业余科研却被看成是个人"成名成家"的"自留地"，因而陆埈常常被批判"只专不红"或

"走白专道路"[①]。在这多重阻难面前，如若不是坚信科研的重要意义和强烈的兴趣支撑，业余科研是很难坚持下去的。

1966年初，陆埈和周精玉结婚。周精玉1961年毕业于武汉大学化学系，她的本科毕业论文是在著名化学家曾昭抡先生指导下完成的。因为对科学的共同爱好，他们走到了一起，她很理解科研的重要意义，陆埈的业余科研得到了她的大力支持，以至于在十年动乱中陆埈仍能坚持着十分艰难的科学研究。那时，陆埈的工资是每月53元，夫妇二人上要养老，下要养小，总是经济拮据。但妻子周精玉仍能节省每一分钱给陆埈订杂志、买书、买邮票等，日子过得再艰难，她也从不抱怨。由于依靠通信进行业余科学研究，遇到关键问题往往要来回讨论好多次，在将近20年的时间中，三人往来了三千多封信，过于频繁的通信，甚至惹来邮递员诧异的目光，很显然陆埈与妻子、子女都住在一起，谁会有那么多信发来？因而在送信的时候，邮递员总用奇怪的眼神打量陆埈。为了避免无端的猜疑，陆埈便想出让妻子周精玉跟他一起收信的办法。当然，在业余科研成果越来越多、终于明白个中缘由之后，送信的邮递员也热诚相助，每一封平信都按期送到，从不遗失。通信科研合作这段学界的佳话，终究是依靠众人的理解才成就的。

1969年，陆埈复员到南京电讯仪器厂工作。从大学毕业开始，相比罗辽复一直在内蒙古大学执教、杨国琛始终在河北工学院教学，陆埈的工作变动大得多，历经北京、哈尔滨、长春、南京等地，但三人仍坚持了长期的通信合作，从事着业余的、自费的科研。一封封信件就这样往来于南京、呼和浩特、天津三个相距较远的地方，他们深深体会到如果想要做出成果一定要多交流，同一专业的人学术交流能够互相启发，有利于了解同行的工作进程，把握最新的研究动向。他们从问题出发，以所学知识为工具来解决问题。这一阶段的业余科研，对三人来说是个很好的锻炼，也为日后各自的研究工作打下了一定的基础。

尽管有时为了彻底解决一个学术问题、写出一篇高质量的论文，三个人意见不同，争论不休，但是他们几十年如一日一直保持着学术上的密友

---

① "只专不红""走白专道路"，都是"文化大革命"词汇，用来指代那些只知道埋头钻研业务而不重视政治学习的人。

和知己关系，相互信任、相互促进、配合默契，这一点从他们三人相互之间通信时的称呼便可略知一二。罗辽复被称为"罗老"，杨国琛被称为"杨公"，而陆埮则是"陆翁"，三人都很钦佩、敬慕彼此，之间的合作关系既要求严格又心情舒畅。虽然工作量大、任务重，人也很辛苦，但是他们精神抖擞、斗志昂扬！即便长时间没有任何休息，即便放弃了几乎所有平常的爱好，即便连喝茶聊天的时间都全部用于业余科研，但看到集体写成的论文邮寄到杂志社出版发行，了解到自己的研究成果被应用于科学实践，认识到他们的研究进程并未落后于国外相关领域的学者时，三人的内心仍是十分满足的。从 1960 年陆埮开始与罗辽复通信，到杨国琛加入进行业余科研，再到 1978 年陆埮调入南京大学天文学系开始专业研究，他们一共合作发表了四十多篇学术论文，《中国科学》《物理学报》《科学通报》等当时中国最高级别的杂志上经常可以看到他们三个人合作的文章。由于在那个特殊时代，与国外完全隔绝，根本不可能把论文邮寄到国外的任何杂志上发表，所有学术论文都只能投寄国内的期刊，否则将被扣上"里通外国"的帽子，雪上加霜的是，国内学术期刊也因政治原因大面积停刊，因此他们手头时常积压着没能及时发表的论文，如果算上这些无处投递的学术文章，三人的业余科研成果将更加令人咋舌。

实际上，业余科研并非陆埮等人的首创，但他们却不自觉地延续了这一古老的学术传统。众所周知，中国的文化语境赋予了"科学家"一词以丰富的内涵，但从历史来看，科学家一词的出现是与科学的职业化进程相伴随的。在 19 世纪 40 年代前后，西方学者提出科学家一词的目的就在于指代以科学研究为生的那群人。显然，在此之前是不需要科学家这个词的，因为之前的科研工作者大部分都不是以科学为生的。例如，人们在提到近代科学的开端时，通常会想到哥白尼，但哥白尼的职业身份并不是我们今天所说的科学家，他是在教会工作的，天文学研究仅仅是其业余爱好。其他的许多著名科学家如开普勒、伽利略、普利斯特利、拉瓦锡等，其职业身份都不是科学家。从更深的层面来看，许多学者也认为，这种业余研究赋予了科学以非功利性的特征，因为以科学为职业者，其科研工作就得满足其职业要求，有时候这种职业要求与其个人的研究兴趣和理论自身的逻辑发展是相悖的，而以科学研究为志业者（著名社会学家马克斯·韦伯对科学家的定义），才可能具有"为科学而科学"的理想态度和"为知识而知识"的纯粹精神。就此而言，陆埈等人的业余科研活动不仅产出了大量的科研成果，同时也为其后来以一种更加纯粹的态度对待科学研究工作打下了基础。

合作科研成果丰硕

层子模型讨论会

"文化大革命"以前，三人的业余科研基本上还集中在粒子物理方面，这种兴趣源于 1957 年李政道、杨振宁提出的"宇称不守恒"被吴健雄以实验证明之后，掀起的粒子物理弱作用研究和夸克模型研究高潮的延续。陆埈、罗辽复、杨国琛三人曾在弱作用规律、强子结构、中微子物理等方面进行合作，先后在 1962 年《内蒙古大学学报》上发表《关于两类中微子和两类轻子的建议》一文，在 1963 年《内蒙古大学学报》（自然科学版）上发表《论轻子的对称性》一文，在 1964 年《物理学报》第一期上发表《中微子的质量》一文，在 1964 年《物理学报》第十一期上发表《μ 介子寿命与 μ-e 对称性的实验限度》一文。1965 年至 1966 年，北京原子能所组织了层子模型讨论会。层子模型是关于基本物理的一个结构模型。当时原子能所在全国组织了一些学者参加这个讨论会，因为业余科研小组曾合作写过几篇相关方面的文章，并且三人中陆埈和杨国琛不方便通知，罗辽复便作为小组代表参加了讨论会。那时，罗辽复正在乡下搞四清运动，突然收到学校的来信让其参加层子模型讨论会，会议结束之后罗辽复就把相关动态与消息立即写信告诉了陆埈和杨国琛。那时"文化大革命"已经开始，三人却都被这个问题的重要性所吸引。根据夸克模型，重子和介子的质量应是相关的，因而陆埈提出了用图来表示夸克相互作用的方法，随即三人通过计算得到了一些重子和介子的质量关系，写出了论层子模型（一）、论层子模型（二）、论层子模型（三）、论层子模型（四）四篇标志性的文章作为那个时期业余研究结果的一个总结。

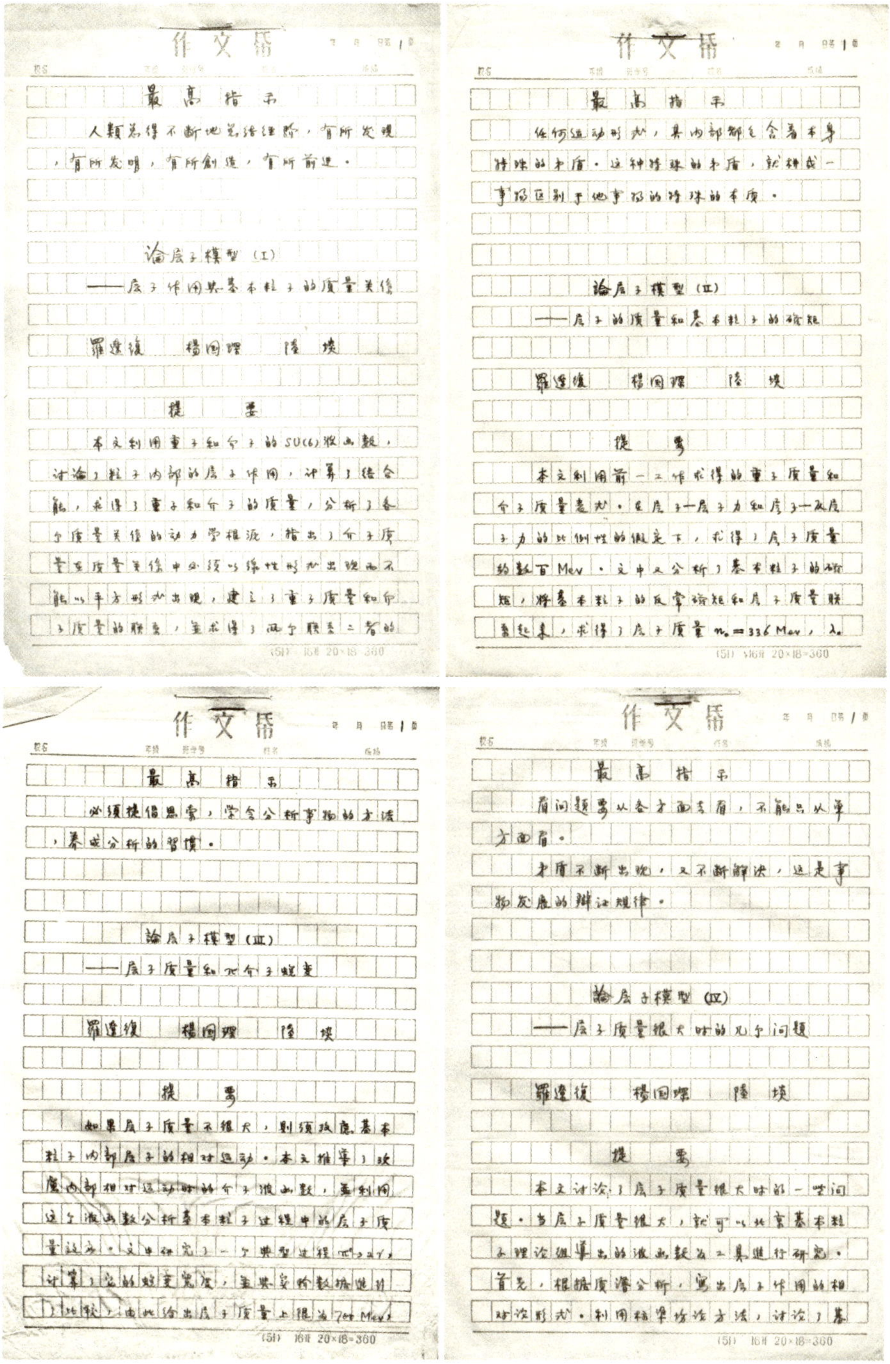

图 3-4　20 世纪 60 年代末写作的论层子模型（一）（二）（三）（四）手稿（图片由陆埮夫人周精玉提供）

1968 年，业余科研小组研究层子模型的结果由陆埮执笔写成论文《基本粒子的质量关系和层子相互作用》，此时三人已经经过周密的计算得到了一些重子和介子之间的质量关系，如图所示：

$$\frac{\rho\text{-}\pi}{K^*\text{-}K} = \frac{\Delta\text{-}N}{\Sigma^*\text{-}\Sigma},$$

$$4(\Lambda\text{-}N)=3(K^*\text{-}\rho)+(K\text{-}\pi),$$

$$\frac{\rho\text{-}\pi}{\Delta\text{-}N} = \frac{(\varphi\text{-}\rho)-2(K\text{-}\pi)}{2(\Omega\text{-}\Delta)-\frac{3}{2}(K\text{-}\pi)-\frac{9}{4}(\varphi\text{-}\rho)}.$$

图 3-5　1968 年三人计算得到的三个重子和介子之间的质量关系式

这三个关系式均与粒子质量的实验值符合得很好。那时，国际上已有的质量关系总是只在重子与重子之间，或者介子与介子之间，而且质量总是以质量的平方出现，而这里却是在重子与介子之间，即在一个关系式中既有重子，又有介子，而且这里的质量是质量的一次方而不是质量的平方。从事业余科研的三人完成这项创造性工作时正值 1968 年，当时国内除了《红旗》杂志之外，其他所有学术刊物全部停办，任何学术论文通通禁止送到国外杂志上发表。三人的文章写好后无处投递，足足在手头积压了六年，直到 1974 年《物理学报》正式复刊后才幸运地得以发表在第一期第 63-68 页。即便如此，该研究成果的发表仍早于国外的物理学家，1975 年德鲁杰拉（A.De Rujula）、乔奇（H. Georgi）、格拉肖（S. L Glashow），以及 1980 年利普金（H. J. Lipkin）才分别发表了上文的前两个关系式。

等到国内学术期刊大面积复刊后，陆埮等三人业余科研小组陆续在《物理学报》《科学通报》等国内顶尖刊物上发表了 40 余篇论文。

凭借《参考消息》[①] 做研究

1974 年 11 月，陆埮和罗辽复在某期《参考消息》上了解到丁肇中领导的小组发现了一个非常特殊、共振宽度非常窄的新粒子，称之为 J 粒子。稍后，伯顿·里克特（Burton Richter，美国物理学家）领导的另一个小组也发现了这个粒子，称之为 ψ 粒子。后来，文献上一般就把它叫作 J/ψ 中粒子，《参考消息》上还给出了极少几个数据予以简单介绍。由于当时根本无法及时看到学术杂志，陆、罗二人便在手头现有的、同时也极其有

---

① 在当时，被评为讲师的陆埮属于高级知识分子，有权订购《参考消息》。

限的数据——《参考消息》——的基础上，很快完成了一篇论文《奇异粒子的非轻子衰变和层子模型》，评估了这个粒子的一些基本性质，发表于《物理学报》1975 年第二期第 105—114 页。J/ψ 是由当时还不知道的粲夸克和反粲夸克组成的共振态粒子。1974 年分别独立发现这个粒子的丁肇中和伯顿·里克特，两年后分享了 1976 年度的诺贝尔物理学奖。

陆埮和罗辽复关于 J/ψ 粒子的那篇文章，其产生过程可以说是"文化大革命"期间的一个典型。因为看不到正规杂志，陆、罗二人只能凭着《参考消息》上的报道来做研究。事实上，即便能够订到某些杂志，订的也只是那些影印版本，而且通常得要一年以后才能读到。在陆埮看来，靠迟到的数据是不可能在科学的前沿阵地上做研究的，因此《参考消息》上的数据虽少，但毕竟是新数据，凭借清晰的思路和周密的计算，后天的努力完全可以弥补消息迟滞、数据缺乏等先天的不足。像陆埮他们这样老一辈的科学家大多都是从理论入手，根据国外的观测资料了解科研现象的理论，阐明它的物理产生。即便是后来被调入南京大学天文学系正式开始科研道路，也因为设备条件有限[①] 只能靠国外的天文观测数据做研究。

比起迟到的数据，陆埮他们有时也干脆讨论起一些时间性不敏感的老问题。早前求学北京大学物理系，虞福春先生教陆埮和罗辽复普通物理中的光学时，曾告诉过他们惠更斯原理可以从波动方程严格导出。惠更斯原理表示的是"波的传播各点均可看成一个子波的源"，因此它也可表述为"在波的传播空间中任何一点的值均可看作由包围它的任何一个封闭曲面上的各点传来的波的叠加结果"。对于这个老问题，陆埮和罗辽复首先将与惠更斯原理有着细微区别的"薛定谔方程"[②] 求出了类似形式的解，研究成果《关于薛定谔方程的一个边值定理》很快发表于《自然杂志》1978 年第一期；在此基础上，再通过"BCS 超导理论"即"超导体是由 Cooper 电子对的质心运动决定的"进一步考虑两根超导体中间夹一片很薄的绝

---

① 之前南大天文系及全国范围内都没有卫星，从一无所有靠国外观测资料做研究到 2015 年 12 月发射升空世界上最高能量分辨率、最宽观测能段、最强粒子鉴别力的空间粒子探测器"悟空号"，我国的科学家们仅仅用了几十年的时间。

② 即"Schrödinger 方程"。

缘层形成的结——称为 Josephson 结——中的量子现象。经过细致的合作，陆、罗二人成功地对 Josephson 效应给出了一个简要的量子力学解释，即 Josephson 效应是一个很自然的量子力学效应，另一篇学术论文《约瑟夫森效应与势阱结》也成功发表于《自然杂志》1978 年第三期。

业余科研之艰难

蜀道难，难于上青天。然而在妻子周精玉的眼中，陆埊的业余科学研究工作之难更甚。接近 20 年的业余科研遭遇了方方面面料想不到的艰苦，可以说是困难重重。这些困难总结下来大致有以下几点：

第一，学术研究资源贫乏。几乎没有任何资料可供查阅，陆埊的研究与国外完全隔绝，看不到任何一方的最新研究报道，没有任何国外的科学研究信息，完全处于闭塞状态。陆埊无论是单枪匹马，还是与人合作都需要承担巨大的心理压力，因为他完全不知道手头的工作是否早已由国外学者完成，不知道自己辛辛苦苦研究出的成果是否国外已有人做成。然而即便如此，为着心中从事科学研究的梦想，为着能给国家的物理事业尽一份力的心愿，他仍旧坚持埋头苦算，笔耕不辍。

第二，没有任何资金来源。当时的政治环境中，科学研究特别是业余的科学研究得不到任何方面的支持，更不用说科研经费了。陆埊从事业余科研的年份正值国内政治运动风起云涌，特别是与罗辽复、杨国琛合作期间正赶上"文化大革命"，全国 17 年里没有调整工资待遇，少之又少的那一点工资可以说是杯水车薪。陆埊与妻子周精玉二人上有老、下有小，总归感到经济拮据。每个月发工资后，先将双方父母亲的赡养费送去，留出孩子们上学的书费和学杂费，再交付自家的水费、电费、房租费，买完米面油煤等生活必需品之后已所剩无几。因此用来买邮票、订杂志甚至坐火车讨论的差旅费只能从牙缝中节省。生活条件之艰苦，使人易被环境束缚，对于日常生活中平凡琐屑的吃穿用度格外重视，但陆埊却从不注重这些，一心扑在工作和科研上。

第三，业余科学研究非常辛苦，经年累月没有任何休息时间。陆埊每天半夜睡五更起，下班回家晚饭之后就开始阅读自己最感兴趣的研究领域的文献资料，瞄准科技中的各类重要问题进行各种烦琐复杂的计算。那时没有计算机，全凭手中的一支笔不辞辛苦、不厌其烦地反复计算，用过的草稿纸都成堆成捆。他绞尽脑汁地思考求索，仔仔细细地分析研究，不得出合理的结果誓不罢休，一篇论文的计算、构思、成文要花费诸多时日。在总结前人工作的基础上，他希望贡献出自己的研究成果。每一句话都认真思考、仔细推敲，把质量放在第一位，反复研究修改，力求写得恰如其分，恰到好处。文章千古事，得失寸心知。陆埮对自己要求十分严格，每一篇文章都尽可能做到尽善尽美。夜深人静时，人们都已进入甜蜜的梦乡，唯独陆埮房间的灯光还照在他的书桌上，日复一日，年复一年。

第四，业余科研遭批判，身心备受煎熬。陆埮的业余爱好在"文化大革命"期间被视为"只专不红""走白专道路""种自留地"①，是名利双收的修正主义等。再加上 1962 年被评为讲师，这一"高级知识分子"的身份使得每次批判运动中陆埮总是首当其冲，第一个挨批判、写检查，那种滋味可能只有身临其境的过来人才能体会。幸运的是，陆埮有着坚毅果敢的外表和沉稳冷静的内心，生性平和而行动执著，一切无端批判都被他视为过眼烟云。他信赖科学，也相信自己，再大的困难也阻遏不了他从事业余科学研究、追求真理的决心，坚信宇宙的本质、大自然的奥秘终会向勇毅的求知者、探索者揭开神秘的面纱。因此尽管在批判中身心备受煎熬，但一进入科学研究的世界，陆埮那浓厚的兴趣与巨大的好奇心便足以令他将外界的干扰全部置之度外，平心静气、专心致志做与科学相关的各种学问。

尽管存在重重阻难，但陆埮没有一刻放松过业余科研工作，他对科学研究的热情与执著，让人心生敬佩。有时整个防化学院全部停课，大把的时间被用来开会、搞评比。在这动荡不安的特殊环境下，陆埮始终牢记着他的偶像——伟大的自然科学家爱因斯坦说过的话，"人的差异产生于业余时间。业余时间能成就一个人，也能毁灭一个人"，因而对时间特别珍惜。

---

① 那时批判农村里农民种自留地是搞修正主义，是严格禁止的。而教师进行业余科研就像农民种自留地一样，也是搞修正主义，更应该严格禁止。

为了做业余科学研究，陆埮放弃了其他所有的业余爱好，"只此一生清白业，更无余事记心田"[①]。本着"国家兴亡，匹夫有责"的高度责任感，陆埮在出色地完成繁重教学任务的同时进行着业余的科学研究工作。他常常挂在嘴边的一句话便是"人生就是付出"[②]。这句掷地有声的话语是陆埮的肺腑之言，也是他日常言行的真实写照。因为对教学本职的热爱，他培养本科生，教书育人，利用三尺讲台讲授物理概念和前沿科学，循循善诱要求学生独立思考、扎实掌握基础知识和基本技能，对前瞻性问题了如指掌；因为对科研理想的执著，他从事业余科研，冥思苦想研究基本粒子的物理性质和变化规律，通信合作长达二十年。更难能可贵的是，陆埮做到了教学科研两不误，并且他还利用业余科研来提高教学质量，将研究中查阅的最新文献资料，了解的科技进展情况，掌握的最新科研成果应用于课堂教学，精益求精，使教学达到一个更高更新的水平。

当然，除了自身的坚持，陆埮业余科研的顺利进行还得益于两位老同学的鼎力相助。罗辽复、杨国琛这两位北京大学物理系的同班同学都是谦虚谨慎、手不释卷、科研兴趣极强又各具特色的人，各自在科学领域中进行着业余研究。借助于邮政通信，他们开始了长达 20 年的合作，而对于通信难以解释清楚的问题，三个人便自费聚到一起，夜以继日地切磋琢磨。他们三人在日常生活小事上从不固执己见，甚至于宁愿屈己从人，但是在学术研究讨论中却都力争充分发挥每个人的高见，深入研究，直至取得三人一致同意的结果，才着手撰写论文、投寄发表。这样的合作之所以能够延续这么长的时间，特别是与罗辽复的通信合作，即便在"文化大革命"的十年浩劫中也没有中断，全靠只问是非、不计利害的科学精神。这三位同班同学，既是科学研究上的合作者，又是亲密无间的朋友。即便到了 1978 年，因为科研方向转变、工作单位调动等种种原因，三人不再继续业余科研合作，但他们一直保持着密切的联系，经常性地往来书信，情同手足。

人生的黄金时代一去不复返。陆埮一面勤勤恳恳、兢兢业业努力工作，一面在业余科研工作上奉献了他最宝贵的青春年华。在政治运动风起

---

① 引自虚云老和尚《寄湖南劝清修净侣》。

② 此处根据陆埮夫人周精玉回忆。

云涌的年代，陆埮经常是刚扬起理想的风帆，就迎来惊险的风浪、凄寒的波谷；刚踏上前行的道路，就遭遇荆棘满途、酷暑严冬。坎坷沉浮、苦难煎熬……他在命运的一次次挑战面前坚守着自我，始终不改业余科研的初衷，物质条件上全如颜回般随遇而安，俯仰从容，但精神世界上却不断拼搏斗争着，以自己的方式守护科研理想。陆埮常对妻子说："自己得以安慰的是，在那时候不管环境怎么样，可以扪心自问，已经在各个方面都尽了自己的最大努力，才奋斗到今天这个地步，对苦不堪言的过去能够给予肯定。"[①] 说此话的陆埮，目光明澈，云淡风轻。

神往哈军工

本职和业余工作得到肯定

自从 1958 年被调入哈军工，直到 1969 年调离，陆埮总共穿了近十年的军装。十年多的兢兢业业换来的不仅是业务水平的不断精进和师生领导的好评如潮，更为显著的变化体现在他不断提高的教职和军衔上。1958 年 8 月起，陆埮进入哈军工二系任助教一职。1960 年 5 月，在哈军工二系九科，陆埮自己申请并由国防部批准入伍。根据党委对其鉴定及军衔意见，陆埮虽然存在"只专不红"——更确切地说是"专业知识技术上过硬、政治思想上要求不高"的表现，但因其北京大学物理系毕业，理论水平较高，成绩一贯优异，具备较高的俄文、英文水平，具有独立工作的能力以及讲授的原子核物理课程备受学员好评等，被认为是一名德才兼备的好干部，奉国防部部长 1960 年 5 月 5 日命令：授予技术中尉；经院首长 8 月 5 日批准确定为副连级。1961 年 8 月，陆埮随系迁往长春，在由防化学兵工程系扩建的防化学兵工程学院三系二科任助教，继续教原子核物理，共带领第 57、58、59、60、61 期共五期学员。1962 年 9 月 1 日，因教学广受好评被授予"先

---

① 此处根据陆埮夫人周精玉回忆。

进教育工作者"称号。1962 年 11 月 15 日，在防化学院二系五科，陆埮由助教升任讲师。根据陆埮的干部升调报告表（下图），备注一栏中可以清晰看到："能较熟练的阅读英文、俄文资料；于 1962 年 9 月在《物理学报》上发表了'Mössbauer 效应问题中的一个平均定理'（论文）；1957 年 9 月北京大学毕业。"① 这些都成为陆埮升任讲师的有利条件。自此一直到 1969 年 7 月调离长春防化学院，陆埮都担任着讲师一职，这一职务被普遍认为是高级知识分子的象征，代表着师生们对其教学与科研等业务水平的高度肯定。

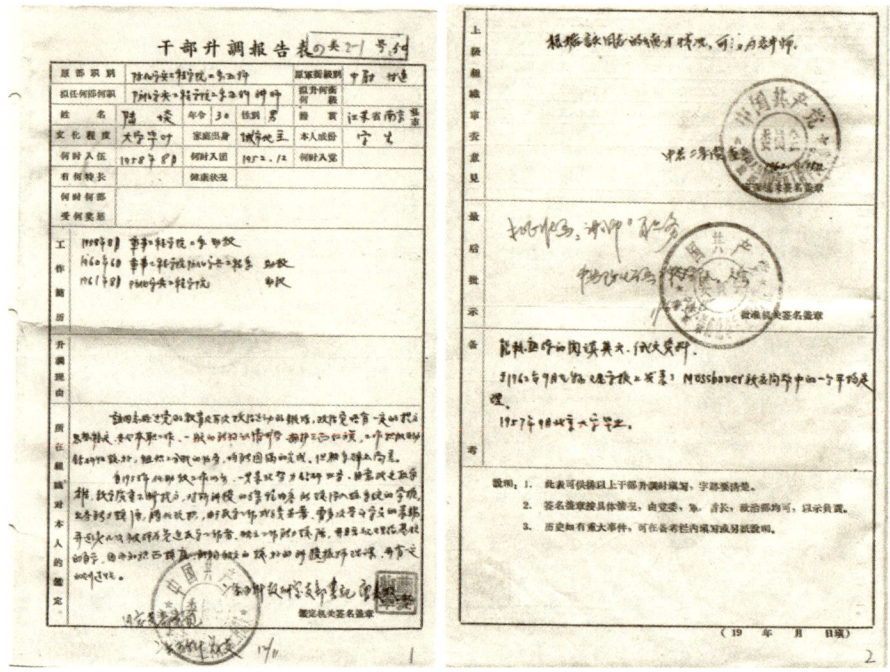

图 3-6　1961 年陆埮在防化学兵工程学院的干部升调报告表（图片由陆埮夫人周精玉提供）

　　1963 年 8 月 25 日，陆埮在防化学院由中尉晋升为上尉。根据档案材料，陆埮的德才主要表现如下：入伍以来，思想觉悟不断提高，在历次政治运动及反右倾教育运动、两忆三查② 以及五反运动中能按要求接受教育，

---

① 　来自陆埮的干部升调报告表。

② 　20 世纪 60 年代初我军进行思想政治教育的重要方法之一，"两忆"是忆阶级苦、忆民族苦，"三查"是查立场、查斗志、查工作。

对党的路线政策能拥护并能认真遵守。平时对时事政策学习比较关心，工作一贯表现较积极，学术钻研精神好，平时节假日也很少休息，曾有一段时间身体不好，但仍坚持教学，生活较简朴，作风正派，同志关系较好。虽批评与自我批评精神尚欠缺，普遍联系群众还不够，对业务组内工作主动抓紧不够，但个人业务水平较高，备课认真并不断改进教学方法，教学成绩良好，能称任现职。总体上德才较好，可晋上尉。1965 年 5 月 15 日，被授予行政 20 级[①]。从陆埁职务的升任历程不难看出，他对于工作始终尽心尽力，一旦做了就一定要做到最好是他对自己的严格要求，而群众的眼睛是雪亮的，陆埁也得到了他应得的成果与肯定。

离开哈军工后多次回访

陆埁真正在哈军工教学的日子只有三年——1958 年至 1961 年。1961 年，整个防化六系迁至长春，尽管继续着"原子核物理"课程的教学，但他从此离开了哈军工旧址。即便是这短短的三年，哈军工仍旧给他留下了美好而深刻的印象，成为他人生中工作和生活最美好的时光之一。离开哈军工后，陆埁先后在长春防化学院教学 8 年（1961 年至 1969 年），南京电讯仪器厂做技术员近 9 年（1969 年 9 月至 1978 年 4 月），调入南京大学天文学系工作 25 年（1978 年 5 月至 2003 年 6 月），最后来到紫金山天文台工作直至去世（2003 年 7 月至 2014 年 12 月）。陆埁在南京安定下来后，

---

① 1956 年国务院明文规定军地级别对应关系：

1）行政 1–3 级是党和国家领导人，十大元帅（国家级正职）；

2）行政 4 级是十大将，国家副职；

3）行政 5–7 级涵盖大军区，部，省，兵团，司级的正副职，对应上将，中将军衔；

4）行政 8–10 级为少将正、副军级，正厅，正地级；

5）行政 11–13 级为正、副师级，副厅，副地，正处，正县级，对应军衔为大校，上校；

6）行政 14–16 级为正、副团级，副处，副县级，对应军衔中校，少校；

7）行政 17、18 级为正、副营级，正科级，对应大尉军衔；

8）行政 19、20 级为正、副连级，副科级，对应上尉军衔；

9）行政 21–24 级为正、副排级，科员，办事员，对应中尉，少尉，准尉军衔。到 1965 年取消军衔制，当时正部长级为行政 4 级，与大军区正职平级。正省级是行政 5 级，与正兵团级平级。正军级定为行政 7 级。

图 3-7　2001 年 11 月陆埈访问北京防化学院与早年的同事和学生合影（前排左五为陆埈，图片由陆埈夫人周精玉提供）

曾多次回访哈军工，足见这所昔日辉煌的军事院校给陆埈留下的难以磨灭的印记。

2006 年，陆埈回到曾执教的、现在哈尔滨工程大学的理学院访问，被学校聘为兼职教授，每一到两年前来举办讲座和座谈会。2008 年 10 月上旬，陆埈应邀出席全国在哈尔滨市召开的"极地会议"，夫人周精玉随行。开完会后，应哈尔滨工程大学的热情邀请，夫妇二人一同访问了哈尔滨工程大学三系，陆埈还给全校学生作了学术报告，极受大家欢迎，他所到之处，掌声、笑声总是不断。大学还专门为陆埈准备了一间办公室，并邀请他们每年的暑期都到哈尔滨工作和避暑。阔别 47 年之久，再次回到了魂牵梦萦的哈军工，漫步在校园，抚摸着熟悉的建筑，陆埈感慨万千，那五座有着宽大屋檐的教学大楼是如此经久耐用，经过了半个多世纪的雨雪风霜，依旧没有任何破损，完好如初，巍然屹立，与日俱新。它们就像是五位岿然不动的将军，展现着半个多世纪光阴所积淀的从容不迫，这些哈军工校园内静默无语而又触人心弦的肃穆风景，总是在不经意间让陆埈穿梭回五十年前，回到那段热血奋斗、共建国防现代化的年轻岁月。

2010 年 8 月下旬，陆埈应哈尔滨工程大学的邀请，与夫人周精玉一道

图 3-8　2008 年陆埮与夫人周精玉于原哈尔滨军事工程学院三系楼前（图片由陆埮夫人周精玉提供）

专程访问哈尔滨工程大学。这一次回访的时间比 2008 年那次长，陆埮除了给学生做学术报告之外，还与研究生一起进行座谈，交换意见，讨论问题。精力充沛的陆埮与青年学生相比毫不逊色，整个座谈其乐融融，大家都感到十分愉快。会后照旧参观整个校园，唯一令陆埮感到遗憾的是，他原先所在的哈军工六系防化系旧址（1961 年搬迁到长春市康平街一号）那一栋黄色大楼居然被黑龙江省军区占据使用，昔日的防化学院现已改头换面。陆埮等人只能在外围观看，不能进到楼内回忆以前的办公室和宿舍，想要拍照留做纪念也被看门的卫兵婉言谢绝。对于陆埮来说，即使只能看着大楼的外表，在此工作三年的往昔岁月也如潮水般扑面而来，酸甜苦辣，样样俱全；喜怒哀乐，百感交集。

2011 年 7 月 23—28 日，为继承和发扬"哈军工"光荣传统，共同缅怀陈赓院长的丰功伟绩，科学谋划"十二五"科技发展战略规划，弘扬哈军工科学研究精神，哈尔滨工程大学举办了"'十二五'科技发展战略规划咨询暨'哈军工'六校院士第一次集体休假活动",邀请哈军工时期、哈军工培养的院士和哈军工六校院士及哈军工北京校友会负责同志出席,促进学校科学研究工作迈向新台阶,陆埮应邀参加该活动。

陆埮再次回到哈军工正赶上规模宏大的"哈尔滨工程大学60周年校庆庆典暨2013级新生开学典礼"。立德树人一甲子,继往开来铸华章。2013年8月28日,陆埮携妻子周精玉乘飞机前往哈尔滨参加哈尔滨工程大学60周年校庆活动。由于天气突变,风雨交加,气温变得特别低,从炎热的南方远道而来的各位院士及其家属都只带着长袖衬衣,陆埮也在其列。正当大家都担心感冒时,无微不至的侯艳芬副院长派人给每位院士及其家属买来新的棉毛衫、棉毛裤和军用绒背心。大家立即将衣服穿在身上,顿时身心俱暖,都不由自主地感觉到回到哈尔滨工程大学就像回到自己的老家一样,亲切友好,温暖如春。在庆典正式开始之前,陆埮先后参加了在哈尔滨工程大学启航活动中心召开的院士咨询大会和哈军工纪念馆开馆仪式,参观了哈军工的发展历史和成就介绍。看着熟悉的一张张照片、一件件文物,陆埮不禁回忆起哈军工"大将办学"的精神,回忆起哈军工筹建、发展、分建、改建的历史,回忆起哈军工作为我国第一所综合性高等军事科学技术学府为我国国防科技事业作出的种种卓越贡献。

9月1日上午9点30分,哈尔滨工程大学60周年校庆庆典暨2013级新生开学典礼正式举行,参加庆典的本科生总共16000名,硕士生和博士生总共8000名,外国留学生将近3000名,外来校友1400名,再加上学校教职工大约4000人,共计32400人。庆典活动仍旧在那个相当于七个足球场、能同时容纳好几万人的大操场上进行,这让陆埮再次想起初来哈军工时的场景,冰天雪地出早操、进行拉练的口号声仿佛仍不绝于耳。庆典结束的晚间时分,陆埮与同来参加哈尔滨工程大学60周年校庆的原防化学院的校友共20余人见面畅谈,拍照留念,大家都对半个多世纪前的哈军工生活津津乐道,相谈甚欢。

转眼间,一甲子的时间已经过去,昔日的军中清华——中国人民解放军军事工程学院已成为人们回忆的对象,学院旧址上取而代之的是新生的哈尔滨工程大学。这所大学依托哈军工而生,1970年,以哈军工三系即海军工程系全建制及其他系部部分干部教师为基础，在哈军工原址上组建起了哈尔滨船舶工程学院；1994 年，学院更名为哈尔滨工程大学，简称"哈工程"。现如今，哈工程每年招收 4000 名本科新生，学校隶属于国家工业和信息化部，是我国"三海一核"（船舶工业、海军装备、海洋开发、核能应用）领域重要的人才培养和科学研究基地，延续着哈军工往日的荣耀。

9 月 2 日上午 9 点 30 分，哈尔滨工程大学理学院党委书记孙伟民亲自迎接陆埈去学校的启航剧场给大会作学术报告，陆埈报告的题目是"宇宙物质人类知多少"，主要听众是哈尔滨工程大学的本科生和研究生，也有校友、嘉宾到场。可容纳 800 人的学术报告厅座无虚席，秩序井然，大家都全神贯注地听取报告。报告持续了一个半小时，结束时剧场内响起了雷鸣般的掌声，经久不息。热情好学的学生争相提问，陆埈耐心地一一解答，提问环节又持续了约半小时，主持人才宣布报告会正式结束。结束学术报告之后，精神矍铄的陆埈又马不停蹄地参观了哈尔滨制药六厂，然后一行人才回到哈尔滨工程大学理学院二楼陆埈的办公室喝茶休息。

第四章
"文化大革命"岁月

"文化大革命"前喜结连理

　　陆埈的妻子周精玉，1938 年 3 月 8 日出生于湖南省石门县。父母亲都来自书香门第，受过良好的教育。周精玉 1961 年 7 月毕业于武汉大学化学系，是我国著名科学家、化学泰斗曾昭抡院士的学生，周精玉的毕业论文就是曾院士亲自指导的，发表于《武汉大学学报》（自然科学版）1962年第二期。1961 年 8 月，刚从武大化学系毕业的周精玉被直接分配到长春防化学院从事基础课教学，1963 年暑假她与陆埈相识，1966 年 1 月二人结婚，一直到 1969 年 8 月与陆埈一起复员到南京电讯仪器厂，周精玉共穿了8 年军装。1978 年，她被调进南京大学化学系，1987 年任副教授，1990 年应美国教授邀请赴美国拉玛尔大学、得克萨斯大学做访问学者，1996 年回国，现已退休，与陆埈育有二子一女。

一见如故成伴侣

　　1963 年暑假，中国科学院长春市应用化学研究所召开"全国物质结构学术会议"，陆埈和周精玉都前去参加，这是他们第一次见面。在此之前，他们彼此之间只听说过名字，虽然在同一所学院[①]，但未曾谋面。由于这次学术会议开三整天，会议期间他们有机会聚在一起讨论学习，自此二人才开始慢慢熟悉起来。短短三天时间里，陆埈认识到周精玉是一个有抱负、有理想、勤奋学习、朴实无华的青年人。对于周来说，陆埈亦如此。

学术会议结束后，二人回到一起工作的教学大楼。在防化学院的五层楼建筑里，陆埈的办公室在教学楼的二楼，周精玉的办公室在三楼，两人每天在同一栋办公大楼里上班工作。而且相同的是，他们都喜爱读书、学习，二人从来不去看电影，也不去购物，几乎所有的业余时间都用在看书、学习和做业余科学研究上。平常都各自忙忙碌碌，全力以赴做好本职工作，有时晚间陆埈会来到三楼周精玉的办公室坐一会儿，谈论学术研究有关的问题。他们没有经历过浪漫的约会，仅有的几次外出同行也是为了开阔眼界、丰富知识。就像有一次周日，他们一同去参观长春市的汽车制造厂，为的是了解自动化生产过程的全部情况。他们相互赠送的礼物也是各自在杂志上发表过的论文抽印本。就这样，在将近三年的接触中，他们发现彼此有着共同的爱好、共同的理想，双方意志相投、性情相契、相互信任、相互尊重。

1965 年，上级领导发下文件：根据需要和可能，凡是没有正在上课的教师，通通都要下到农村去参加社会主义教育运动，搞四清工作。陆埈留在学院继续上课，而周精玉则和大多数教师一样去到农村搞社教：与农民同吃、同住、同劳动，白天下地干活，晚上去生产队开会；每个星期去公社汇报工作、听取上级指示、了解政策规定。陆埈送周精玉上车时曾将自己佩戴的手表送给她，她婉言谢绝道："如果我需要手表，我会自己买一块的，你放心好了。"[②]从点滴小事中，陆埈看到了周精玉的自尊与自立。虽然分隔两地，陆埈和周精玉也时常书信联系，周精玉每次开会结束都可以在公社办公室拿到信件，无奈每一次陆埈写给周精玉的信都早已被别人拆开。得知此消息的陆埈于是改为写英文信，因为农村的干部一般都看不懂

---

① 此时二人同时在长春防化学院工作。
② 此处根据陆埈夫人周精玉回忆。

英文。就这样，二人鱼传尺素、鸿雁传书，彼此的思念与情愫在一封封信件中流转。

1966 年元旦前夕，陆埮用平常记录文献的卡片写成一张贺年卡寄给周精玉，上面写着：

> 精益求精苦钻研，
> 玉样文章读篇篇。
> 你道桌前何所事？
> 好生发奋几十年。
> 新春勤灌科学松，
> 年来有志献一功。
> 快马加鞭不停碲，
> 乐在共研学问中。

很快，周精玉也回了一张自己用普普通通的信纸制成的贺年卡，上面写着：

> 陆道无穷人先开，
> 埮坦荡漾气质概。
> 你用科学绘乾坤，
> 好事多磨志不改。
> 新春绽开科学花，
> 年年硕果耀中华。
> 快创佳绩谱春秋，
> 乐在成就遍天涯。

1966 年元旦，陆埮向周精玉提出申请结婚，周精玉欣然同意，正好四清工作队放寒假，下农村劳动的大家纷纷回到原工作单位过春节。于是在 1966 年元月 20 日，也就是农历的大年三十这一天，陆埮和周精玉登记结婚，并在防化学院教学楼二楼举行了结婚典礼，陆埈和周精玉身穿军服，学院领导、第八电学教研室[①]和化学教研室的领导以及两个教研室的教师和同事都来参加庆贺。陆埈花 80 多元钱买来各式各样的糖果、板栗和糕点等招待参加庆典的宾客，周精玉则同样花 80 多元钱买来被褥、枕头和人造革箱子。婚后他们住在一间 10 平方米的小房间里，将两张单人床合拼成一张双人床，不多的家具——一个小写

图 4-1　1966 年 1 月陆埈、周精玉于长春拍摄结婚照（图片由陆埈夫人周精玉提供）

字台、一把小椅子、一个书架，再加上一辆自行车，便已摆满整个房间。他们与左右三家邻居共用一个厨房，不过他们一般都吃食堂，很少自己烧饭。从这时起，陆埈有了一个需要照看的伴侣，也是一个将会照看陆埈的伴侣——周精玉。

夫妻性格互补

陆埈为人随和，遇事总能让步，从不与任何一方争吵，总是宽以待人，严于律己。他一旦决定要做的事情，任何人都无法阻止，即使困难重重也毫不犹豫，就像对待业余科研，几十年如一日努力奋斗。陆埈性格内向、不善交际、沉静稳重、从事谨慎、三思而行。相比陆埈，妻子周精玉则是外向型性格，她快语直言、敢作敢为、诚恳待人、热情洋溢、豪迈直爽。两人的性格正好互补，再加上他们有着共同的语言、共同的理想和奋斗目标，夫妻间投缘，就像齿轮完全咬合一样顺利运转，无论是工作、科

①　由防化学院第八教研室与电学教研室合并而来，简称"八电"，是个大教研室，教师和实验员总共有 60 多人。

图 4-2　20 世纪 60 年代陆埂与夫人周精玉在长春（图片由陆埂夫人周精玉提供）

研还是生活都十分默契。

　　父亲陆增祥对于陆埂性格的养成起到了至关重要的作用。自 1949 年离开常熟考入地处苏州市的东吴附中，陆埂便与在东吴大学工作的父亲住在一起。初来乍到，人地两生，但因为受到父亲的关爱，陆埂被亲情滋润的心灵感到格外的愉悦。父亲为人正直、诚恳待人，他似幽兰淡泊名利，又似翠竹不卑不亢；他如秋菊与世无争、凌霜自行，又如冬梅一身傲骨、坚忍不拔。虽然体弱多病，生活清苦，但在与陆埂朝夕相处的岁月里，父亲将这些宝贵的精神和无价的美德通过自己的言传身教传递给了长子陆埂，耳濡目染、潜移默化之下，陆埂形成了谨慎认真、勤勉上进的性格。陆埂总是细心思量，谨慎从事，平常三缄其口，言谈话语少，一旦讲话必定言之有物。他从不随意传话，谨遵父亲"静坐常思己过，闲谈莫论人非"的教诲[①]。正因为如此，陆埂在历来的政治运动中没有什么大的错误观点。在"文化大革命"初期被批判，也主要是由于业务水平拔尖，树大招风，而非有不合时宜的言论，陆埂始终是个谨言慎行、文质彬彬的书生。

　　一个人年轻时性格的养成，对日后的成长至关重要，性格很大程度上决定了将来的成就。作为家中长子，父亲对陆埂爱护有加、关怀备至，在做人上始终教育陆埂为人谦和忠厚、善良正直，穷则独善其身，达则兼济天下；在学业上告诉陆埂学无止境，鼓励他努力奋斗、勇往直前，在学术研究上不畏艰苦险阻攀登科学高峰，要有不达目的誓不罢休的决心和意志。父亲是如此教导的，而陆埂也是这样做的。他心态坦诚、胸襟宽广、包容他人、善交朋友，良好的人际关系便是证明；在学习方面他刻苦努力，成绩始终名列前茅。直到后来陆埂进入北京大学、真正开始一个人生

---

　　① 　此处根据陆埂夫人周精玉回忆。

活和学习，无法时刻耳提面命的父亲仍经常性地写信给陆埈，从各方面关心、鼓励和教育他。陆埈从北京大学毕业分配工作之后，一直身体不好的父亲便提前退休养病。但只要陆埈写信告诉他最近发表了文章，父亲便丝毫不顾身体的不适，立即高兴地前往南京医学院① 大图书馆查看，仔仔细细地阅读。虽然学术论文的内容深奥难懂，但是从内容简介和提要的字里行间，父亲能够了解此篇学术研究论文解决了什么问题、有何重大贡献。陆埈的每一篇文章父亲都会亲自查看，然后兴高采烈地提笔给在远方工作的陆埈写回信，鼓励他戒骄戒躁，继续努力，争取创造出更多更好的成绩，成为国家的栋梁之材。而长期以来一直远离家乡的陆埈，每每收到父亲的亲笔信都十分激动，对于父亲长期以来的不倦教诲和拳拳期望，他总是心领神会，加倍用功。无论是对待教学本职还是业余科研，无论身处和平年代还是动乱时期，他都谨慎而勤勉。

与之形成鲜明对比的是妻子周精玉。复员前夕，周精玉曾到防化学院复员军人办公室了解之后的去向，谁知却换来一个办事员的出言不逊，周精玉当即火冒三丈，义正词严地与之理论，后来还是两位领导过来打圆场，事情才以办事员的道歉而告终。周精玉对于这种在人面前要威风、带刺的势利眼从不买账，她腰杆笔直，从不轻受人格上的侮辱。当然，夫妻俩生活久了之后，陆埈温文尔雅的性格成功影响了周精玉。有人说周精玉有心机、不简单，说她"文化大革命"期间没有耽误任何时间，不让看书就生小孩，不费吹灰之力生了三个孩子，充分利用时间。对于这种令人哭笑不得的评判，周精玉也学着丈夫陆埈一笑了之，毕竟"世界上最宽阔的是海洋，比海洋更宽阔的是天空，比天空更宽阔的是人的胸怀"。

周精玉有一位同事名叫束沪新，是大名鼎鼎的物理学家束星北的女儿，她去青岛海洋学院看望她的父亲，回南京时带回很多极好的山东红枣，也送给惺惺相惜的好友周精玉 3 斤。那时，陆埈身体不好，转氨酶有些高，周精玉特地把红枣煮给陆埈吃，结果他不肯一个人吃，硬要全家一

---

① 现今的南京医科大学，陆埈父亲退休前工作的单位。

起吃。正巧碰上房管所来将房屋的烂泥地换成水泥地，所有东西都暂时存放在邻居家，红枣装在一个小篮子内，盖得很好。三天过后，夫妻俩将全部东西搬运回家时，周精玉发现红枣一个都没有了，只剩下一个空篮子，宽容大度的陆埮笑眯眯地对妻子说道："他们家的小孩子平常没有零食吃，我们把红枣送给他们家的小孩子吃掉跟我们吃掉一样好。千万不要再说什么，这是一件好事。"[①] 受陆埮的影响，周精玉也想着远亲不如近邻，没有再说什么。

"文化大革命"中相濡以沫

陆埮、周精玉夫妇婚后甜蜜的生活还不满半年，一个巨大挑战就来到二人面前。1966 年 6 月初，《人民日报》头版刊登北京大学聂元梓等人写的第一张大字报，一场始料未及的政治运动——史无前例的"文化大革命"轰然而起。全国各类高等学校纷纷停课开始搞政治运动，原本平静的防化学院也忙于学习文件、开会讨论、思想排队、摸底审查，等等，停止了一切教学活动。

遭批判不忘科研

1966 年 6 月底，陆埮正因扁桃体炎发高烧住在长春市 208 军区医院，体温刚刚降到正常情况，身体还未恢复，体质正虚弱之时，"八电"领导部门就通知陆埮立即出院参加轰轰烈烈的"文化大革命"运动。真是屋漏偏逢连阴雨，船破又遇顶头风。刚回到家，各类批判标语、大字报铺天盖地、蜂拥而来，像雪花似的漫天飞舞，陆埮夫妇则如浩瀚大海中的一叶孤舟，处在被批判的风口浪尖。当时，北京市的邓拓、吴晗、廖沫沙被打成

---

① 此处根据陆埮夫人周精玉回忆。

"三家村"①。于是，陆埈、罗辽复、杨国琛三人通信合作进行业余科研也被大字报批判为防化学院的三家村，陆埈成为整个防化学院批判的重点和典型。没过多久，大字报批判的趋势愈演愈烈，舆论步步紧逼，矛头都集中指向陆埈，很快他便被打成"资产阶级反动学术权威"，紧接而来的就是失去人身自由——不准离开防化学院。按照规定，陆埈每天必须待在办公室里学习毛主席著作，写检查和交代材料，而且必须做到随叫随到，老老实实接受群众的监督与批判。

1966年7月29日，北京召开大专院校和中等学校"文化大革命"积极分子大会。陆埈整天沉默不语。尽管遭受批判，他内心坚信着"历史自有公论，事实胜于雄辩"的信条，仍旧与北大同班同学进行着业余通信科研活动，而他遭遇批判的最重要原因就在于此。在那时，人们有着一种非常严重的思想倾向性——利用业余时间做自己感兴趣的科学研究，那就是大逆不道，是不务正业，"种自留地、个人主义、名利思想、只专不红、白专道路"等大帽子不由分说就扣了过来。相反，如若在业余时间睡觉、游玩、聊天、看电影等却不会有人有任何指摘。批判陆埈的人指责他身为军人，穿着便衣到处做学术报告，参加学术会议，发表学术论文，紧抓此事大做文章。但原本业余时间便是按个人自己支配，这一点理所当然、无可非议，而且他们没有或者说拒绝看到的是，陆埈的本职工作——教学任务始终都保质保量地完成，不仅受到师生的好评，还多次被评为先进教学工作者，1962年更是因为教学优秀、发表论文被破格升为讲师。尽管内心有着千万种理由，但在当时"宁要社会主义的草，也不要修正主义、资本主义的苗"的情境下，利用业余时间做科研没有任何辩驳的余地。"成功者从不抱怨，抱怨者很少成功"。面对如此情形，陆埈总是保持低调、谦虚

---

① 1961年9月，中共北京市委机关刊物《前线》杂志为"丰富刊物内容""活跃气氛""提高质量"开辟了一个专栏"三家村札记"，邀请北京市委书记处书记邓拓、北京市副市长吴晗、北京市委统战部长廖沫沙三人合写。他们约定，文章以一千字左右为限，每期刊登一篇，三人轮流写稿。从1961年10月到1964年7月，"三家村札记"共发表了60多篇文章。这些文章大部分以说古论今、谈天说地的形式，谈论思想修养、艺术欣赏等问题，个别篇章亦会应读者点题而作。其中一些篇章也批判了当时社会生活中的不良现象，对时弊有所讽喻。但这种批评与讽喻后来被认为是"有步骤有组织有指挥"的政治行为，遭到批判。

谨慎，默默忍受着来自任何一方的批评。他常常跟妻子周精玉提起自己读高中时的校训，"养天地正气，法古今完人"，正气就像一个支点，使人生的天平永不失衡。他坚信自己平常为人豁达坦荡、光明磊落，与人坦诚相待、善良处事，可以说问心无愧，因而他从不害怕也从来不抱怨，总是忍辱负重。是非有公断，事久自然明，陆埈坚信混乱只是暂时的，公道自在人心。

那段时间里，一般的工作人员每天只白天上班 8 小时，周日不上班，自由活动，但上级领导规定陆埈不仅周日要上班，而且每天必须工作 10 小时，也就是说除了白天正常上班的 8 小时外，陆埈在晚间的 7 点至 9 点也要来办公室工作。9 点下班回到家，终于有了少许属于他自己的时间，陆埈不顾一天的疲惫，立即一手持书阅读文献书籍，一手攥笔在纸上进行繁重的计算直到深夜。日复一日，月复一月，年复一年，几乎每一个夜晚，陆埈的房间都是最后灭灯的，即便面临批判，他也一直坚持不懈，抓紧一点一滴的休息时间进行业余科学研究，从未间断。在那样一个混乱的年代里，虽然外表是个儒雅的书生，陆埈的内心却是个坚强的战士，他坚信科学研究对国家、对人民都有好处，与罗辽复、杨国琛一起从最小的基本粒子做研究，探索基本粒子的奥秘，达到了世界前沿的水平。对陆埈来说，即便挨批判、写检讨也认了，只要做出国际上公认的前瞻性成绩就无愧于心。科研论文一篇接一篇地不断发表，科学成就一个接一个地不断取得，从来不是一蹴而就，而是他长期雄心不泯、艰苦奋斗、努力创造的结果。

陆埈从小就养成了做事一丝不苟，认真负责，严以律己的作风。他个子不高，但是腰杆笔直；他不苟言笑，严谨质朴，却勤劳踏实，很有耐心；无论遇到什么样的艰难险阻，他都有着超乎常人的意志力；即使失败也绝不落入万念俱灰的沮丧中，而是立马重整旗鼓再开张。获得成功也绝不沾沾自喜，止步不前，而是百尺竿头更进一步，既不为苦难所动，也不为成就所移。而且只要他认定的正确方向，他就一定坚定不移、挺身而出，义无反顾地走到终点，不达目的决不罢休。这一点在业余科研上体现得最为明显。从 1958 年开始的业余科研即便遇上"文化大革命"的阻碍也未停下脚步，虽然因此在"文化大革命"中吃尽苦头，还只有30多岁就开始青丝变白发，但陆埮从未将业余科研视作苦难，相反对他而言，能够进行科学研究、为国家的未来尽自己的绵薄之力，是一种莫大的幸福和满足。每次大字报、批判会一结束，陆埮就已经开始思考新的科学研究题目，开始进行相关方面的计算工作。那时没有计算机，全部用手在纸上进行笔算，数十年如一日，不厌其烦，精益求精，他做科学研究用过的草稿纸都堆积如山。无论是数九寒天还是三伏酷暑，陆埮几乎从未在12点之前睡觉，吃的晚饭此时早已消化吸收殆尽，饥肠辘辘的他已经习惯在临睡前吃几块饼干、喝几口开水。他常常说，"事在人为，决不可轻慢亵渎"，"为国争光、为民出力终生不悔"①，神圣的科学研究事业浸透了陆埮的全部心血！他高涨的热情、强烈的上进心、斗志高昂的精神，还有那不达目的决不罢休的执着和一腔敢于挑战国际前沿的激情，在业余科学研究上表现得淋漓尽致。

1966年9月5日，中央正式通知，支持全国各地的学生到北京交流革命经验，也支持北京学生到各地去进行革命串联。于是各个地区纷纷建立红卫兵接待站，管吃、管住、管交通。当时这些红卫兵乘坐交通工具和吃饭住宿全部免费，通通由国家负担，他们浩浩荡荡在全国各地通行无阻，走南闯北，东奔西跑，行遍全国各个地区。那时，防化学院几乎所有的人都到全国各地去串联，整个学校冷冷清清。由于陆埮是批判的重点对象，八电的领导班子公开宣布禁止陆埮出去串联，更不准离开防化学院，每天无论白天还是晚间都必须在办公室学习工作。于是周精玉便每晚陪着陆埮去上班，两人各自手持一本《毛主席语录》，对照英文版本认真学习。虽然在全国大串联的潮流中，他们哪儿都没去，但丝毫不觉遗憾，夫妻同甘苦共患难的经历成为二人永恒的甜蜜回忆。几十年之后，他们在全国甚至世界各地参加学术活动，国内主要的地方几乎都去过，回想起当年大串联时的情景，他们的记忆中只剩下二人共处的点点滴滴。

陆埮从不浪费宝贵的时间。按照规定，白天他在办公室学习毛主席著

---

① 此处根据陆埮夫人周精玉回忆。

作，陆埈相信开卷有益，为了扩大知识面，他各种书都看。还记得"文化大革命"之前，学校图书馆门庭若市，热闹拥挤，看书的学生多如过江之鲫。陆埈和周精玉都喜欢到图书馆借书、看书，读到一本好书就跟认识一位非常优秀的朋友一样，从内心里感到喜悦，还可以获得很多宝贵的知识。但是"文化大革命"中，学院里出现戴高帽、挂黑牌、游斗批判等现象，打倒走资本主义道路的当权派、打倒资产阶级学术权威、批倒爱因斯坦、批倒牛顿等口号。图书馆前门可罗雀，看书的学生寥若晨星，不久，图书馆干脆关闭了。为了避免陷入无知，陆埈坚持读书看报做科研，偶尔也用留声机小声地听古典音乐。他用自己的信心和智慧克服前进道路上的一切困难，把来自方方面面的压制通通转化为激励自己前进的动力，把所有的精力用于教学和科研，他将挫折视为人生的历练，人也相应地变得更加成熟。

烧锅炉当木匠，荣辱与共

时间转眼已经是 1966 年 9 月底，长春的天气变冷，10 月初已大雪纷飞，外出大串联的教师和学生都已陆续回校。这时中央下达了劳动锻炼、改造思想的指令。八电的领导班子立即通知陆埈 10 月初开始烧西大营家属宿舍区的暖气，保证每一天清晨 5 点钟暖气供应到宿舍区的各家各户。于是，陆埈每天定好闹钟，凌晨 3 点钟就起床走出家门去烧西大营那一大片区域的暖气。那时正处严冬的黑夜，伸手不见五指，屋内的人们还在甜蜜的梦乡中，而外面下着鹅毛大雪、寒风刺骨，万籁俱寂、空无一人，零下二三十摄氏度的低温里，昏黄发暗的路灯下，只有陆埈独自一人赶赴锅炉房的身影。到达目的地之后，他来不及休息片刻就立刻开始忙碌，先用铁钩掏出炉内的灰烬，再用铲子把炉灰装到手推车里，运到室外固定的地点倒掉，然后再去外边的煤堆用铁铲把煤一铲一铲地装进手推车，运到锅炉旁，紧接着生火、加煤，开始烧锅炉。室外寒风凛冽、大雪纷飞，然而陆埈却累得满头大汗。每天除了凌晨独自一人烧整片家属区的暖气，为了保证每一栋宿舍楼全天 24 小时的热量供给，晚间下班后陆埃还要再来烧一次锅炉，从不间断。烧锅炉的日子一直持续到了次年3月底天气转暖，而在这期间陆埃每天白天仍要照常上10小时的班，学习毛主席著作，写检查，写交代材料，随叫随到，随时接受批判等，一样不少。日复一日，月复一月，半年的时间里陆埃没有睡过一夜安稳觉。寝不安席，食不甘味，再加上繁重的体力劳动，本就体质不强的陆埃贫病交加，1.6米的身高体重才51公斤，消瘦如皮包骨。但陆埃从不生气，也不发任何脾气，总以平和的心态承受突如其来的各种事情，用一种"海纳百川，有容乃大；壁立千仞，无欲则刚"的包容与坚毅，一种"宠辱不惊，闲看庭前花开花落；去留无意，漫随天外云卷云舒"的淡泊与宁静，一种"苟利国家生死以，岂因祸福避趋之"的爱国敬业情怀坦然面对挫折。当他看到自己的辛劳付出收获的是西大营家家户户的温暖时，他感到十分欣慰。

苦难的险境是一块试金石，最能考验一个人，既考验了陆埃，也考验了陆埃平常所接触的每个人。半年烧锅炉的经历磨炼了陆埃，也磨炼了时刻陪伴着他的周精玉。此时的周精玉已经怀孕，陆埃受批判，她也跟着受到冲击。因为怀孕期间心情压抑，很多问题百思不得其解，周精玉孕吐很严重，整个人和陆埃一样瘦骨嶙峋，像生了一场大病。恶语伤人六月寒，良言一句三冬暖。也有人对他们的经历充满同情，想伸出援助之手却又无能为力，只能停下脚步说一句"注意保重身体"之类安慰的话。路遥知马力，日久见人心。"文化大革命"以其特殊的方式让人看尽人间冷暖、世态炎凉，陆埃夫妇历经坎坷沉浮，百感交集，情绪万端，但在他们内心深处仍坚定不移地相信善良的人还是绝大多数。

风雨送春归，飞雪迎春到。时间转眼到了1967年3月底，严寒的冬天已经过去，天气逐渐变得暖和，陆埃半年的烧锅炉之苦总算熬过来了。接着听说要陆埃去养马，这个消息可把周精玉吓坏了。因为周精玉曾在东北地区的农村做过一年多的四清工作，深刻了解养马的情况，平常农村干部都是派遣身体好、有丰富养马经验的人负责。陆埃出生常熟，对于如何养马毫无经验，万一养瘦了、养病了，真是跳进黄河也洗不清。周精玉想着人言可畏，担心到时候有人上纲上线，轻则是"阶级立场问题"，重则是"阶级敌人别有用心、搞破坏活动"等。一想到这些前车之鉴，周精玉急中生智，找到军事教研室的一位教员将情况如实汇报，请他帮忙给陆埮改换一个工作。这位教员出身好、为人耿直、说话有分量，在群众组织中很有威信。平常周精玉几乎没有同他说过话，只和他的夫人接触较多，在跟他的夫人说明情况后，她很快答应帮忙。多亏这对教员夫妇的帮助，周精玉悬在心中的石头落了地。几天以后的 4 月初，领导通知陆埮改去木工房工作，他便开始了拜师学艺、与钉锤门窗打交道的木工生涯。

从 1967 年 4 月至 1968 年 1 月，陆埮每天去木工房上班，跟随一位年龄比他大十多岁的姓任的木工师傅一同修理教学区和宿舍区的全部门窗。半年多的木工生活成为点缀陆埮多彩人生中一朵异乎寻常的小花，他付出的是时间和体力，获得的是修理门窗的手艺和与木工任师傅的纯真友谊。陆埮对任师傅很尊重，任师傅对陆埮也是关怀备至，从来没有把陆埮看成资产阶级反动学术权威，师徒二人关系一直十分融洽，这是陆埮"文化大革命"生活不幸中的万幸。他们每天按时上班，一起工作，如影随形，说是师徒，更像朋友。陆埮与他这唯一一位工人阶级出身的好朋友的友谊弥足珍贵。1969 年 7 月[①]，陆埮买了一辆新的自行车，这位任师傅还亲手制作了两个儿童座椅架在自行车的直梁上，这样就可以把两个小孩子同时带着放在大人的前面，既安全又方便。这两个简便的小座椅陆埮夫妇一直用到他们的三个孩子都长大成人，每每见到它们就想起那纯朴的任师傅，真是"经师易得，人师难求"啊！

在陆埮被作为防化学院批判典型后不久，八电教研室的一位名叫杨雷的党员干部据说因对收书运动有不满情绪而遭到审查。他与陆埮坐在同一个办公室里，每天与陆埮一样写检查，写交代材料，学习毛主席著作等，相似的境遇与经历令二人惺惺相惜。有一次，办公室外人声鼎沸，激烈高昂的口号声响彻云霄，整个防化学院一片沸腾。关在办公室里的杨雷和陆埮从窗户往外看出去，发现所有八电的成员都在游行示威，浩浩荡荡的队

---

① 陆埮夫妇复员到南京电讯仪器厂前夕。

伍排列得整齐有序，人们边走边喊着口号："打倒走资本主义道路的当权派！打倒黑帮！伟大的中国共产党万岁！伟大领袖毛主席万岁……"每个人都精神抖擞，意气风发，斗志昂扬。见到此情此景，杨雷与陆埈两人认为自己作为八电的教师，八电的一员，不能脱离集体的领导，有义务参加八电的革命运动，于是立即走出办公室也加入到游行示威的队伍中，跟随在队伍的后面。万万没想到，这一举动竟犯了大错，被定性为行为出轨！说时迟那时快，马上有人打着革命者的大旗，旗帜鲜明、立场坚定，喊着通缉杨雷、陆埈，二人立马被带到防化学院广场中间的平台上进行批判，"你们是资产阶级反动学术权威，一千个不该、一万个不该加入到革命的游行行列、革命化的队伍中。你们没有资格参加八电革命群众团体的游行示威。你们参加游行示威是大逆不道、大错特错……"[1]声色俱厉的批判还不够，队伍中突然传来一个尖锐的声音，高喊着"陆埈没有站好！"周精玉清清楚楚地看到那人竟是与陆埈一组教学的女教师。昔日知根本、知底细的同事，转瞬之间就变成批判对象，原本熟识、平常相见总是微笑着打招呼的同事突然间视同路人，真叫人不可思议。荆棘载途，坎坷沉浮，从"文化大革命"一路走来的陆埈夫妇深感论世不易，知人更难。在那不平凡的岁月里，陆埈度过的每一天、经历的每一件事、遇到的每一个人都使他感慨万千，既感受到人性的温暖和光辉，也体会到人情的凉薄与冷淡，这一段时光给陆埈留下了一生中难以磨灭的深刻记忆。

随着批判的持续进行和不断演变，各类大字报越来越多。令陆埈感到欣慰的是，很少有学生写他的大字报，绝大部分都是同事。昔日的"同事"和"战友"忽然转变成为"路人"和"批判对象"，实在匪夷所思。路遇熟人，他们或毫无表情，或惺惺相惜，种种无声的语言，表达着内心的情绪，令人百感交集。气氛一直处于紧张的状态，时间都仿佛凝固了一般，陆埈如临深渊、如履薄冰，他在巨大的压力下控制着自己的情绪，承受着难以言说的痛苦与委屈，艰难岁月变得难以想象的漫长。周精玉对突如其来的"文化大革命"很不理解：红卫兵们人人胸前佩

---

① 此处根据陆埈夫人周精玉回忆。

戴着毛主席像章，手里拿着红宝书——毛主席语录，早请示、晚汇报、跳忠字舞[1]，高喊着砸烂旧世界，建立新世界，打倒保守派、走资派，造反有理。而自己的丈夫因业余科研被打成资产阶级反动学术权威，从1966年10月初至1967年3月底烧了半年的锅炉，紧接着从1967年4月至1968年1月又做了九个月的木匠。除此之外，每天学"毛著"、写检查、人身自由受限。在这样的逆境中，陆埮不时宽慰妻子坦然处之，磨砺心志，而自己则在默默接受批判的同时坚持着业余通信科研。

陆埮夫妇扪心自问没有做过任何违背自己良心的事，也没有做过任何损人利己的事，平常都是努力工作、兢兢业业完成好任务。但一张张大字报还是令他们心力交瘁，那段栉风沐雨的岁月，本该是陆埮做科研出成绩的大好年华，可他的实际工作却与科研相距甚远，可以想见他的内心会有怎样的挫败感。但凭着对科学的无限热爱和执著追求，他和远在内蒙古大学工作的罗辽复围绕粒子物理、通过邮寄信件展开了一场近20年的异地合作。妻子了解科研工作的重要性，一面顶着巨大的精神压力，一面省吃俭用全力支持陆埮的业余科学研究，正是这些艰难困苦，痛定思痛，孕育了他们日后的成熟与稳重。

为了时刻了解批判动态，周精玉每天都看有关陆埮的大字报，仔细研究，尽可能不漏掉任何一张。一天晚上，当时防化学院的最高领导欧阳嘉祥院长也来到学院看大字报，周精玉立刻走上前去询问他，请他谈谈陆埮最主要的问题。欧阳院长当即说："陆埮的主要问题是红专关系处理得不好，人民内部矛盾，大家写出大字报相互帮助，有缺点、错误，改正了就是好同志。"[2]令周精玉没想到的是，就在第二天上午八电教研室便给陆埮扣上了"资产阶级反动学术权威"的大帽子。周精玉很茫然，跟陆埮借口

---

① 早请示、晚汇报是一种对毛泽东"表忠心"的祝颂礼仪、例行程序。即每天早晨向毛主席（实际是毛主席像）请示一天该怎么生活、怎么做事，晚上汇报一天做了什么、做得怎样、有什么问题。大致流行于1966—1971年间。忠字舞，产生于1967—1968年，兴盛于1969年，终结于1970年。主要动作有：双手高举表示对红太阳的信仰，斜出弓步表示永远追随伟大导师毛泽东，紧握双拳表示要将革命进行到底。跳舞时手里还要挥动语录本或红绸巾。早请示、晚汇报、忠字舞虽然没有官方规定，但在民间流行，成为一种风俗化、习惯化的软制度。摘自 https://www.weibo.com/p/1001603837252009653324，有改动。

② 此处根据陆埮夫人周精玉回忆。

回办公室拿书出了家门。她找到欧阳院长想要问问清楚，人民内部矛盾怎么转眼之间就变成了资产阶级反动学术权威？说不出所以然的欧阳院长让周精玉不要管陆埈的事，尽管很气愤，她还是忍气吞声地回到西大营的家中，因为担心陆埈生气和难过，她自始至终没有告知详情。

世事的发展总是令人难以预料，第二天欧阳嘉祥院长自己被学院的造反派①给打成了黑帮、走资本主义道路的当权派。院长胸挂黑牌，学生们游行批斗，被迫在冬天扫除整个教学区的全部积雪；在夏天打扫卫生间、走廊楼梯等。周精玉静下心来仔细想想，似乎当时陆埈被打成资产阶级反动学术权威，与他并无直接关系，很可能他并不知情，而只是八电教研室自作主张的结果，院长也是"泥菩萨过河，自身也难保"，因而不便讲出真实情况。从那以后周精玉再也没有见到过欧阳嘉祥院长，复员南京多年以后，周精玉的同事从北京出差回来告知她，欧阳院长还记得她，特意问过她的近况。其实，周精玉是第一次也是唯一一次与院长争辩，没想到时过境迁他还记得。周精玉希望向他赔礼道歉，请他谅解当时的无知与冲动，却因院长的患病去世而作罢。她从此事中吸取教训：做任何事都要冷静、多方面思索，千万不能一时冲动，更不要感情用事，否则将会造成难以想象的后果。

平反后皆大欢喜

八电教研室整理了不少黑材料，放进陆埈的档案里，但群众的眼睛是雪亮的，广大群众特别是青年人和学生纷纷要求给陆埈平反、恢复名誉。对此各方领导聚集起来开会研究、讨论，根据广大群众的意见和建议，对照国家教育委员会规定的政策界限，最后一致同意给陆埈平反，恢复一切名誉。于是1968年初的一天，八电的领导班子召集全部成员开大会，也通

---

① 主要是学生、实习工厂的工人。

知了此刻尚被关在小办公室写检查的陆埮。领导部门在大会上正式宣布给陆埮平反，并将已放进档案袋的所有关于"文化大革命"的黑材料通通拿出来，当着陆埮本人的面全部烧毁。有人感叹，"早知如此，何必当初！"领导宣布即日起陆埮不必去木工房上班，改回办公室工作，恢复一切自由，并且还给了他 20 天的假期。此时此刻的陆埮终于重获新生。

人逢喜事精神爽，重获自由的陆埮决定首先携妻子回双方的老家看望父母亲。那时有一个不成文的规定：非工人、贫农、下中农等劳动人民家庭出身的人员回家探亲访友均不带任何礼品。于是二人都是空手进家门，空手出家门。他们先到陆埮南京的家中探望父母并将几个月的儿子轻锂暂时托付，再到上海看望了陆埮的两位舅舅，接着便来到湖南省石门县探望周精玉的父母亲。石门虽已修建了公路，但仍需跋山涉水走 70 多里山路才能到家，而且多是荆棘丛生的羊肠小道，时不时还要走悬崖过峭壁，临万丈深渊。陆埮有生以来还从未走过如此险峻的山间小径，他一路气喘吁吁、疲惫不堪。走在路上他笑着对周精玉说："这哪是探亲访友，这明明是探险掠奇。"[1] 山间气象无常，天突然间下起了小雨，没带雨伞也无处躲避的两人淋着雨，遇到岔路口，十多年没回家的妻子也仅能凭印象前进。天渐渐黑了下来，走了一整天山路的陆埮和周精玉终于到了家。尽管衣服全部淋湿了，脚上也走出了血泡，但一家人高高兴兴，其乐融融，吃饭聊天有着说不完的话。探亲结束后，陆埮心疼地对妻子说道："你回家一次太难，路途遥远特别辛苦。等石门县建飞机场，汽车通车到苏市你读小学的地点，我再跟随你一同回来。"[2] 现在石门县城早已经通车了，汽车也已开到了家门口。

在"文化大革命"这场声势浩大的政治漩涡中，不仅是陆埮自己，曾教导过陆埮的师长们也难逃厄运，他们受到的批判和折磨相比陆埮有过之而无不及。陆埮在东吴附中读高中时的两位语文老师——范淹桥先生和程小青先生、在北大读书期间的校长马寅初先生都惨遭迫害。与他们相比，陆埮无疑是幸运的，"文化大革命"结束后得到平反的他痛苦之

---

① 此处根据陆埮夫人周精玉回忆。

② 同①。

余重整行装再出发，因为他知道只有好好活着、做出成果才是对逝去的人最大的告慰。

动乱中子女出世

身处"文化大革命"的十年动乱中，陆埈也坚信他的业余科研对国家有益，即使白天挨批判，每天晚上回到家仍抓紧一分一秒看专业书、研究资料，从不浪费时间，也从未间断过他的业余爱好——科学研究。苦难是推动人前进的动力，他孜孜不倦数十年，厚积而薄发，就像冰心那首小诗中说的那样，"成功的花，人们只惊羡它现时的明艳，然而它当初的芽儿，却浸透了奋斗的泪泉，洒遍了牺牲的血雨"。陆埈身上浓浓的学术气息也反映在他对待生活的态度上。1966 年除夕，陆埈与周精玉喜结连理，婚后不久他们就有了两个儿子和一个女儿——轻锂、轻铀、轻铱。三个孩子的名字都是陆埈自己起的，而且都很有特色。锂、铀、铱这些化学元素加上最有用的"轻"字后就变成了能产生重磅物理效应的同位素。陆埈是学原子核物理出身，在原子能的材料中，天然锂元素有 2 种同位素：锂 6 和锂 7，前者轻，后者重，但轻的锂 6 恰是释放能量巨大的核聚变反应的重要同位素。于是，"轻锂"成了长子的学名。次子名字"轻铀"也是如法炮制。唯一的女儿"轻铱"的名字则来源于陆埈发表的第一篇论文，关于"Mössbauer 效应"。该效应是穆斯堡尔通过研究铱 191 与伽马射线的散射而发现的，而铱 191 也是铱的同位素中较轻的那个。作为一位父亲，名字体现了陆埈对子女的殷切期盼，而三位子女也从没有让他失望。学化学的女儿从中国科技大学获得博士学位，现已成为南京大学化学化工学院教授、博士生导师；次子轻铀获得美国得克萨斯大学（奥斯汀分校）博士学位，现为中国科学技术大学微尺度物质科学国家实验室凝聚态物理教授、博士生导师；长子陆轻锂担任合肥中科微力科技有限公司董事长，主攻研究和试验发展。子女出色、家庭和谐当然还离不开妻子周精玉几十年的风

图 4-3　陆埮的三个儿女，1998 年摄于南京家中（左起：长子陆轻锂、女儿陆轻铱、次子陆轻铀，图片由陆埮夫人周精玉提供）

雨同舟，妻子在包揽全部家务事的同时积极支持他的工作，对陆埮而言，事业和家庭实现了双丰收。

"文化大革命"刚刚开始，陆埮就被批判，怀孕的周精玉心情压抑，妊娠反应很重，经常呕吐，每天吃不合口味的食堂，人很瘦弱。在批判声与大字报的压力下、在慢悠悠的煎熬中，陆埮和周精玉的长子陆轻锂 1967 年 2 月来到人间。孩子在长春市 208 军区医院出生时很瘦，只有五斤半。那时陆埮和周精玉都刚刚参加工作不久，工资不高，再加上陆埮的父亲常年身体不好，提前退休，家里人口众多，为了减轻父亲的经济负担，陆埮每个月工资的一多半都邮寄给家里，自己只留下伙食费和极少的买书的钱。因而周精玉为了节省开销，生产、坐月子没有请任何人帮忙。

一边要烧锅炉、加班加点工作，一边又要照顾月子里的周精玉和刚出生的孩子，陆埮每天起早贪黑，一个人辛辛苦苦揽下所有家务事。每天早上烧完锅炉便急忙回到家洗衣服、洗尿布、烧饭菜、热牛奶，匆匆忙忙吃完早饭后赶去上班。中午十二点和下午六点下班，陆埮都从食堂买回饭菜，与妻子一同简单吃完，洗完轻锂换下的尿布、热好牛奶，紧接着还要赶去上班，按规定下午两点和晚上七点之前必须到办公室，晚上九点半才能回家，绝不能迟到早退。夜晚回到家安顿好妻子和孩子之后，陆埮便投入到紧张的科研世界中，奋战到凌晨一点，最累的时候每天甚至只睡两个小时。生活就这样日复一日地持续进行着，令人高兴的是，妻子的母乳渐渐增多，轻锂不再需要喝牛奶。周精玉心疼陆埮，让他喝下牛奶补充营养，陆埮反要周精玉喝，两人各持己见，谁也说服不了谁，最后只能达成协议：原本给轻锂订购的每天一斤的牛奶，两人同时喝，一人一半。不知不觉，56 天产假已经结束，周精玉开始上班，因为孩子太小，没有幼儿园可送，请人照顾又没有钱，实在没有办法便把轻锂放在大床上，锁好房门去上班。有时孩子哭得太厉害实在不忍心，夫妇二人便商量托好心的邻居老奶奶代为照顾。1968 年，平反后的陆埮携妻子回南京老家，爷爷奶奶第一次看到孙子非常高兴，一家人久别重逢，有着说不完的话。

1969 年 3 月，次子陆轻铀出生。第二个儿子的出世给陆埮带来了喜悦和希望，毕竟前人强不如后人强。然而轻铀刚出生时也是多灾多难，年轻的护士给婴儿洗澡时没注意，脏水流进耳朵里，刚出生几天的轻铀便得了中耳炎住院，每天都要注射青霉素进行治疗。陆埮每天既要按时上班参加运动，又要带小轻铀看病，下班回家还要照顾坐月子的妻子，整天忙忙碌碌。周精玉也不例外，每天不管雨淋日晒，都坚持乘公共汽车去医院给小轻铀喂奶，直到好心的妇产科医生匀出一个床位给周精玉，她才不用每天两头跑，吃饭也在医院里解决。有时来给小轻铀打针的是年轻的实习医生，技术不熟练，周精玉便立刻要求换一位有经验的护士。就这样精心照料一周后，轻铀康复出院了。

轻铀出院之后一切正常，生活看似平稳地进行着。然而就在此时，陆埮突然接到老家写来的信，信里说父亲因肺气肿病医治无效已于 4 月去世。还不到 60 岁①的父亲永远离开了他，陆埮如遭晴天霹雳，潸然泪下。陆埮的父亲身体一直不好，疾病缠身，1965 年便提前退休。为了贴补家用，陆埮从毕业起每月将工资总额的一多半寄回家里，减轻父亲的负担。无论天气多么恶劣，无论自己多么忙碌，只要一发工资，陆埮就立即去邮局汇钱，几十年来一直如此。陆埮有了孩子之后，开支增加，父亲体恤，总是在信里让他少寄一点钱，每个月用自己微薄的退休金支撑、维系着全家人的生活。作为家中长子，父亲对陆埮的期望很大。陆埮每次离家上学前，父亲总是千叮咛万嘱咐，让他在当心身体、注意健康的同时好好学习、尊敬老师、友爱同学等。身形俱正、刚直不阿的父亲，在陆埮的心目中几近完人。他做梦也没有想到父亲竟然会走得如此快，往事一幕幕，历历在目，父亲的音容笑貌记忆犹新。一想到这些，在"文化大革命"中没有流

---

① 陆埮的父亲是 1910 年生人。

过一滴泪的陆埮泣如雨下，心如刀割，久久不能平静。为了不辜负父亲几十年如一日的谆谆教诲，陆埮暗下决心干劲十足，化悲痛为力量，誓要做出一番事业，即使身处风起云涌的"文化大革命"中，他也从未放弃。一面充分利用三尺讲台为国家培养更多更好的优秀人才，一面继续进行业余科学研究工作。

在"文化大革命"初期，随着"斗批改"①的推进，全国大批军事院校宣布解散，在校教师绝大多数面临转业、复员的境地，由上级重新安排工作。1969 年 8 月，陆埮和周精玉同时复员到南京电讯仪器厂工作，住在厂里的一套条件很差的宿舍房中，没有厕所，更没有自来水，简陋的房顶可见瓦片，虽不漏雨但却透风；再加上房间的地面全都是泥地，不下雨也特别容易潮湿。不仅住宿条件差，夫妇俩的工作也丝毫不轻松。直到最小的女儿轻铱出生之前，怀孕的周精玉没有任何的休息时间。临近预产期她每天仍需正常上班，流水作业，工序任务很重，经常性地加班加点；每顿都在电讯仪器厂的食堂吃大锅饭，不但没有任何营养，而且每个月 27 斤粮的定额到月底总是吃不饱。1972 年年底，小女儿出生，从医院回到寒冷的家中，周精玉不禁担心：南京的冬天本就湿冷，屋外北风呼啸，屋内滴水成冰，刚刚出生的婴儿要怎么熬过寒冬？幸好有陆埮所在技术情报室的主任张贤表的帮助——主动把自家用的蜂窝煤炉借给陆埮，母女俩才没有挨冻、生病，平平安安地度过了冬天。

周精玉坐月子期间，里里外外所有事情都是陆埮一人包办。每一天凌晨五点，陆埮就起床开始一天紧张而忙碌的生活。因为没有厕所，陆埮便多了一项倒痰盂的任务，每天早晨手端痰盂要走出大门、走过马台街大马路、再走过红卫小学，才能到达学校的公共厕所。由于自己家没有自来水，一幢楼十家共用一个自来水龙头，平常人多，拥挤不堪，陆埮便等到半夜十二点之后洗尿布、脏衣服，再接满一水缸的水以供第二天淘米、洗菜，每天都忙活到凌晨一点多才睡觉。陆埮一家在此住了八年，八年天天如此，非常辛苦。早上倒完痰盂将其清洗干净后便开始做一家人的早饭，

---

① 是斗争、批判、改革的简称。

七点多就离开家去上班。中午时间紧凑，十二点下班，下午一点钟就要上班。即便如此，陆埮仍匆匆忙忙赶回家，照顾妻子和孩子吃一顿简单的午饭。晚上七点下班回到家，也是马不停蹄地烧晚饭，热牛奶，因为周精玉母乳不充足，所以每晚睡觉之前要喂轻铱喝一次牛奶。一开始小轻铱不肯吃，或者吃一口又吐出来，陆埮就一边喂，一边哄着："宝宝乖，吃一餐牛奶粗粮，你妈妈的奶是细粮，留存到深更半夜再给你吃。"[①] 天长日久，小轻铱似乎听懂了一些，为了不挨饿，也就慢慢地喝牛奶了。

有求必应的陆埮与技术情报室的每位同事都相处得很融洽，他的好人缘也让他感受到了工厂大家庭的温暖。因为知道陆埮在为妻子母乳不多发愁，经济普遍困难的年代，他的同事——技术情报室的一位名叫刘鼎的小青年送来了几条新鲜鲫鱼，对陆埮说："这几条新鲜鲫鱼是我从家里拿来给你的，我家里人都已把鲫鱼放进锅里，我刚好进到厨房看到了，立马用铲子从锅里把所有的鱼捞取到一个大碗里。我告诉家里人同事生小孩了，正愁苦着母亲的乳奶不够，婴儿吃不饱，这些新鲜的鲫鱼是发奶的好东西，正好拿去给我的同事。说完我就拿着这些鲫鱼往你家赶。现在，老陆你就把这几条鲫鱼下到锅里烧熟之后立刻给周精玉吃。营养好，母奶多，小孩就能吃饱喝足，也会长得好。"[②] 陆埮笑逐颜开，拱手连声道谢。他对这段真诚的同事友谊感动万分，念念不忘。后来，听说这位同事结了婚并移居美国，拥有一个很幸福的家庭，陆埮十分替他高兴。不仅是技术情报室的同事，那些纯朴善良的老工人也总叮嘱陆埮一定要照顾好周精玉坐月子、千万不能得任何疾病，等等，几句简短、朴实无华的话语如冬日里的暖阳带给陆埮阵阵暖意。

光阴似箭，周精玉的产假很快结束，还不到两个月的小轻铱只能送到一所街道办的条件很差的幼儿园。因为年纪最小，负责看管的阿姨整天就把她放在摇篮里躺着，甚至常用棉被将小轻铱的头盖住，以防她的哭声影响其他小孩。周精玉有次去喂奶发现实情后心如刀绞，说了两句重话，负责人赔礼道歉并保证决不重犯后，无奈的周精玉还是只能将女儿留在幼儿

---

① 此处根据陆埮夫人周精玉回忆。

② 同①。

园。后来，由于阿姨们疏于看管，小轻铱感冒发烧，病愈后又感染了麻疹，好在经过精心治疗与照料护理幸运地渡过难关，可怜天下父母心！周精玉拒绝再把女儿送回幼儿园，但因为工作的缘故自己分身乏术，于是每月付钱给邻居请她代为照顾。谁知邻居自己的孙子来了，她做家务事，就把小轻铱放在地板上给很多双塑料拖鞋玩，当周精玉看到小女儿把鞋子放在嘴巴里啃时只得婉言谢绝，将小轻铱抱回了家。陆埮夫妇始终相信儿女就是希望，未来总是美好的，因而无论眼下生活多么艰难，他们都咬紧牙关努力前行。度日如度年，好不容易熬到轻锂、轻铀都上了小学，轻铱每天哭喊要跟两个哥哥一同上学。看着女儿每天哭得可怜，陆埮夫妇实在没有办法，只好去找朋友帮忙，请求让她进学校读书。在顺利通过学校的入学考试之后，4岁9个月的陆轻铱每天高高兴兴地上学、听课、做作业，她知道这个学习机会来之不易，学得很认真，每门课成绩都接近满分。

陆埮在家庭中不仅是丈夫、父亲，还是儿子、女婿，是晚辈。作为丈夫，他与妻子同甘苦共患难，携手相伴一生；作为父亲，他悉心照料子女，为他们起名"轻锂、轻铀、轻铱"寄予厚望；作为儿子和女婿，他敬重父母，赡养周全，无时无刻不担心记挂。无论哪一种角色，陆埮都扮演得出色而完美。

陆埮的勤勉得益于父亲的教诲。陆埮是长子，除去夭折的妹妹陆桦，下面还有6个弟妹，而上学的就有3个，全靠父亲的工薪供养，父亲的督促与鼓励成了陆埮从小奋发的动力。陆埮从北京大学毕业分配工作之后，一直身体不好的父亲便提前

图4-4　20世纪70年代陆埮夫妇与三个子女（图片由陆埮夫人周精玉提供）

图 4-5　2010 年陆埈祖孙三代摄于玄武湖（图片由陆埈夫人周精玉提供）

退休养病。然而父亲微薄的退休金不足以养活一家老小，陆埈从 1957 年 8 月毕业分配工作起就一直将工资的一多半寄回老家。刚刚参加工作时发的工资都是现钞，陆埈常常上午拿到手，下午就到邮局寄钱，绝不推迟到第二天，风雨无阻。月复一月，年复一年，从未间断。他省吃俭用，每月工资自己只留下一点生活费和买书的钱。1969 年 4 月，陆埈的父亲因肺气肿病医治无效去世。33 年后的 2002 年 4 月，按照父亲在世时的心愿，叶落归根，魂归故土，陆埈与家人把父亲的骨灰从南京家中护送回常熟的虞山脚下，安放在虞山公墓。父亲去世 30 余年，骨灰一直存放在家里，接受儿孙们的祭祀，与全家人朝夕相处，好似父亲尚在人间。回到常熟后，父亲长眠于巍峨峻奇的虞山脚下、清波潋滟的尚湖旁边，这里溪涧蜿蜒淙淙流淌，雾气迷茫漫漫游荡，山水萦绕于烟云之间。每每立于墓前，陆埈都会回想起父亲的谆谆教诲，他的成功凝聚了父亲培养的心血。他告诉父亲自己已能坦然面对人生起伏，在命运的风浪中坚定前行，他以善良而正直的父亲为骄傲，也努力奋斗着，期盼父亲能以功成名就的自己为荣。

　　陆埈是位孝子，特别是自他的父亲去世之后，对母亲更是言听计从，百依百顺。1969 年 6 月，本着"从哪里来回哪里去"的复员原则，长春防化学院一多半人复员到地方。陆埈是从北京调来哈军工参军，根据上级规定理应复员到北京。但陆埈与母亲通信后，顺从了母亲的意愿回到南京，复员到南京电讯仪器厂工作。那时陆埈夫妇带着两个孩子住在一间厂里无人愿住的简陋房屋，经济拮据，生活条件差。但不管多么艰难困苦，陆埈每次出差外地，都要用自己吃咸菜节省下来的钱给母亲买几包香烟。陆母自女儿夭折就开始用抽烟来消除愁绪，每天早晨醒来之后坐在床上披好衣服，立刻点燃一支香烟，抽完一支之后再穿好衣服起床洗漱，这个习惯持续了很多年。直到 1986 年上半年，母亲得了气管炎，咳嗽得很厉害，在工人医院①住院治疗，前后将近一个月。陆埈与家人每天 24 小时轮流护理，每当轮到陆埈在病榻旁照料，他都耐心劝说母亲戒烟，仔细说明抽烟的危害。功夫不负有心人，陆母终于同意戒烟，气管炎也根除痊愈。

陆埈复员回南京后没多久，长江两岸大雨倾盆，当时厂里所有的男性劳动力都去参加防洪护岸工作。由于劳动强度过大，陆埈损伤了腰，造成腰肌劳损，躺在床上翻身都难，每天用热水袋热敷。但是一听说母亲感冒生病的消息，陆埈便丝毫不顾自己的腰伤，立刻陪同母亲看病拿药、住院治疗，细心呵护直到母亲完全康复。后来因为工作关系，陆埈经常需要出差，总是放心不下的他便放一笔钱在母亲手里以防万一，必要时可解燃眉之急。并且每次出差之前，他都要告诉母亲出差的时间和地点，回家之后一定首先去看望母亲报平安。陆埈的父亲去世得早，母亲却是高寿的，但陆母自 2013 年 6 月再次感冒发烧住进医院，生活便不能自理，必须请保姆照顾她的日常起居。在这之前，陆母很注意活动，每天坚持做一点轻便的家务事，抹桌椅板凳、扫地等都亲力亲为。她平常不挑食，唯独因为小时候看过杀猪，长期不吃猪肉。除了每月负担母亲的生活费，逢年过节陆埈总要多送些钱给母亲，另外再买些吃穿送上门。陆埈与母亲谈论事情都是有说有笑、毕恭毕敬，丝毫不敢怠慢。

陆埈对岳母同样情真意切。1978 年，陆埈和周精玉同时调入南京大

---

① 现今的江苏省人民医院。

学任教，同年 8 月搬入南京大学职工宿舍。第二年暑假，陆埮就把岳母从湖南老家接到南京小住。岳母对这位女婿总是赞不绝口，不仅是在女儿周精玉的面前，而且还在所有亲人和朋友面前夸陆埮为人忠厚老实、思虑周全。有一次，岳母想买一双短筒套鞋，下雨天穿防止裤脚溅湿，可是母女俩跑遍了南京的大小商店都没有找到合适的。几个月后，陆埮到北京开会，从北京给岳母买回一双短筒套鞋，而且鞋码不大不小正合适。岳母高兴极了，怎么也没有想到他能从北京买来，而且母女俩谁也没有谈论关于买鞋的事，他又是怎么知道的？陆埮对此笑而不语。对待长辈，他总事必躬亲，点滴小事便能看出他对岳母也是同样的全心全意。爱人者，人恒爱之；敬人者，人恒敬之。妻子周精玉对待婆婆也是同样的谦逊有礼。有一年，陆埮的母亲过生日，因为生活拮据没有钱买礼物，周精玉便立即将婚后陆埮买给她的衣服缎料拿出来送给陆母，黑底红花织锦缎的面子，浅灰色骆驼绒的里子，陆埮的母亲做成衣服穿上非常高兴，大家都喜笑颜开。

陆埮平常出差外地总是省吃俭用，经常用节省下来的钱给妻子买一件毛衣或者衬衣，而且总不忘给孩子们买些食品。因此，他每次出差回家，还没有坐下，几个孩子就开始翻找旅行包，不管谁先找出，总是三个孩子平等分配。数量虽然不多，但这份为他人着想的心意最为难得。可以说对内，陆埮尽到了作为儿子、父亲和丈夫的责任；对外，他也时刻展现着非凡的魄力和出众的人格。陆埮有着高尚的品德和宽广的胸襟，即便是曾在"文化大革命"中批判他、与他划清界限的同事，事后找陆埮帮忙时，他都不咎既往、捐弃前嫌，二话不说、毫不迟疑地施以援手。"文化大革命"岁月的风云变幻、多彩人生的跌宕起伏，回顾陆埮的这些经历，可以但不限于用这句话来总结：忍一时风平浪静，退一步海阔天空。

第五章
复员南京

1969 年 8 月，长春防化学院被迫解散，海军、空军、炮兵、装甲兵、工程兵、防化兵等各个军兵种单独成立一所院校，其中防化兵成立一所防化学校，近 700 名老师只保留 100 个教员的编制，除了一少部分人，比如原军队的干部被送到五七干校参加劳动锻炼[①] 外，大量的基础课、专业课老师都面临转业、复员的境地。因为陆埈的父亲刚刚去世，陆埈的母亲希望陆埈复员到南京，那时的南京和全国一样，所有大专院校都处于瘫痪状态，学生中断学习下放农村，教师被发配到溧阳农场劳动锻炼、改造思想。陆埈和周精玉脱下军服，离开防化学院，遵从上级的指示和母亲的意愿复员[②] 到南京电讯仪器厂，同年 9 月 12 日正式开始技术工人的工作，陆埈成为装配工人，周精玉则在车间分选不同放大倍数的三极管、调试单板和整机。刚开始两人都在车间工作，不多久，1970 年 1 月，陆埈被安置到技术情报室做资料员，主要工作是收集仪器动态、了解发展

[①]　当时美其名曰：加强锻炼、学习提高、思想改造。

[②]　复员指的是战争结束后，国家的武装力量和经济、政治、文化等各个领域由战时状态转入平时状态，军人因服役期满或战争结束而解除军职；转业则是指中国人民解放军或中国人民武装警察部队中的军官和城镇户口的士兵退出现役，分配到国家机关、企业、事业等单位，参加工作或参加生产的活动。依照陆埈的情况，不应该是复员，而应当是转业军人，所以 1979 年 3 月，原防化学院领导部门专门派人到陆埈后来工作的南京大学，将陆埈由复员军人改为转业军人。

方向、管理技术资料。据原南京电讯仪器厂厂长、党委副书记张盛武回忆，仪器生产需要跟国际科学发展尽可能接轨，但是当时厂里的状况与国际差距较大，十分需要能够把国际上的先进科技及崭新产品介绍到厂内的人才，为本厂进行内部消化及创新做准备。因为陆埁的学历高，知识面相当宽泛，张盛武便连同厂内其他领导将他调入了技术情报室，负责收集国外同行业的先进产品、技术的发展状况。因为陆埁的外语水平很高，当时厂里订的外文杂志大概有二十几种，他都要去看，重点还要翻译过

图 5-1　陆埁在南京电讯仪器厂工作时工作证上的照片（摄于 1969 年）

来，压力和工作量都很大。当时的技术情报室只有两个人，一个是他，总负责情报室的一切工作，另一个则是杭州大学英语系毕业的大学生。后来周精玉也被调到 721 工大去给一批刚进厂的高中毕业生讲授高等数学、普通物理。幸得厂领导慧眼识珠，夫妇二人都不再从事单纯的体力劳动。

　　当年的南京电讯仪器厂主要生产频率计和测量时间的仪器，同时承担很多军工任务，为重点国防科研项目提供配套产品，全厂总共近 1000 人。由于全国性军事院校的调整与解散，职工队伍中增添了一批刚刚复员到南京的军人，这一批军人不是驰骋疆场的武装力量，而是部队的科学研究机关和高等军事院校中文质彬彬的科学家、工程师、技师，也有个别的电影

图 5-2　2004 年陆埁与南京电讯仪器厂厂长、党委副书记张盛武合影（图片由陆埁夫人周精玉提供）

图 5-3　2004 年陆埮与南京电讯仪器厂同事熊遇荣一家（左起：熊玮、陆埮、熊遇荣、许敏）

图 5-4　2004 年陆埮与南京电讯仪器厂同事摄于家中（左起：吴跃庭、陆埮、石年智）

明星和文艺工作者，他们的加入大大增强了工厂的技术骨干力量。与此同时，工厂还招进一批刚刚高中毕业的学生，充分准备年轻的后备力量。除此之外，工厂的领导核心还亲临生产第一线，注重产品质量检验和更新换代，狠抓技术革新和产品开发，每一道工序流程都严格管理。从晶体管原件的挑选到单板焊接，到整机调试，最后做高温实验、低温实验、长距离振动实验等都是层层严格落实要求，全部准备就绪才进入库房。当时的南京电讯仪器厂是一座生机勃勃、充满活力和希望的工厂。该厂生产的频率计由于产品上乘、质量可靠，畅销全国。

工作科研两手抓

当时的南京电讯仪器厂只有车间、厂房和办公楼，没有宿舍楼。房管所分给工厂五套宿舍房，其中四套早有职工住进，只剩下一套最差的还没有人要，位于马台街 35-2 号。那原本是靠卖烧饼、油条过日子的一家六口人自己建成的立于马路边的简易平房，因 1969 年城市人口下放农村，这家人临走前将这座小屋移交给了当地房管所。房屋很矮，才一人多高，没有厨房，没有卫生间，没有自来水；三小间总共约有 20 平方米，上无天花板，下无地板，抬头见黑瓦片，低头见烂泥地，只勉强比露宿街头好一些。陆埈一家初到南京，人地两疏，困难至极，没有遮风挡雨之地，万般无奈之下只得搬进这座简陋的小屋。

物质生活清苦，但陆埈的精神世界丰富而满足，他始终坚持着业余通信科研，这项合作在仪器厂期间并没有中断过。住处小得不仅谈不上有书房，甚至连一张书桌也没有，陆埈就把工作台移到由书箱和门板搭起来的简易平台上。夏天奇热，特别是盛夏的午后烈日炎炎，小屋如烤似炙，既没有空调，也没有电扇，极其闷热，刚一落座，汗水就从脸颊流下来，陆埈一手执笔，一手摇扇，挥汗如雨；冬天酷寒，屋外北风呼啸，屋内滴水成冰，专注科研的陆埈手脚都生冻疮，一直到第二年天气转暖才愈。夫妻俩每月一共一百零五元六角的工资要养活一家老小，生活十分拮据，陆埈原来有过肺病，贫病交加。频繁的学术交流使得邮费也成为不小的负担，但在这样的生活环境下，陆埈仍本着对国家和科学负责的原则继续着他的业余科学研究，对知识的忠诚使他心甘情愿奉献自己的一切。

1974 年，丁肇中等人发现第四个夸克，掀起了强子结构研究的新高潮，陆埈和他的同伴废寝忘食地投入此项研究，发表了一系列学术论文，取得了丰硕的研究成果。他那篇关于 Josephson 效应方面的工作也主要出在仪器厂工作期间——陆埈与罗辽复合作的研究成果写成了《约瑟夫逊效应与势阱结》一文，发表于《自然》杂志 1978 年 03 期。不仅业余科研硕果累累，陆埈在电讯仪器厂技术情报室的本职工作也完成得相当出色，甚至可以说是超额完成。大体说来，他在厂里做得比较有影响的工作主要有以下三件：(1) 创办不定期刊物《电子技术与数字化》；(2) 引入阿仑方差，制定频率稳定度计量标准；(3) 提倡在仪器中引入计算机技术，建议试制计算计数器。

创办刊物

电讯仪器厂正沐浴着开发创建新产品、各种老产品更新换代的春风，准备扩大再生产、扩建整个工厂的"翅膀"，在将科学技术转化为生产力的科学研究中自由翱翔，科技创新的必然趋势使得搞技术工作的工人们非常迫切地需要科技读物。然而，正值"文化大革命"时期，从工矿企业到高等学校、研究院所，杂志管控相当严格，电讯仪器厂的阅览室里除了《红旗》和《国外电子技术》之外，几乎没有任何杂志。敏感而睿智的陆埮认为当务之急就是创办一份适合本厂需要的刊物。他根据厂里的特点和自己所在技术情报室的调研，以工厂的名义创办了名为《电子技术与数字化》的交流性不定期刊物。

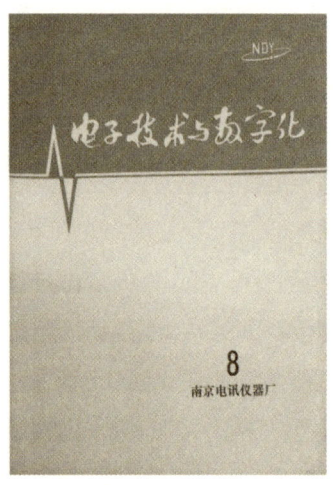

图 5-5　20 世纪 70 年代，期刊名称"电子技术与数字化"正是由陆埮题写（图片由陆埮夫人周精玉提供）

该杂志里面的文章有一部分当仁不让邀请厂里从事新产品开发研究工作的科技攻关人员写就。然而，由于新产品开发过程中常常会遇到各式各样事先预想不到的问题需要即时解决，他们一天到晚都是忙忙碌碌，比较难分出时间和精力来提供文章。因此大多数文章都是由陆埮写就，撰稿、审阅、编辑等都由陆埮一人完成。陆埮的文章内容丰富多彩，理论与实践相结合，时刻处于科技前沿的领先位置；篇幅大小不一，文笔流畅清晰、简明扼要、深入浅出。初看惊喜，细读愉悦，掩卷获益匪浅，还想继续阅读下期。受制于当时的社会形势和写作环境，陆埮在《电子技术与数字化》杂志上发表文章时必须要不断地变换名字，他也因此有了丰富多彩的笔名，例如"路坦""麦冲""郑贤波""季述"[①] 等。这些笔名均是陆埮用

———————————

① 分别与"陆埮""脉冲""正弦波""技术"谐音。

各种与无线电科技名词中音同字不同的汉字组成，看起来也颇有意趣，令人玩味。

创办杂志的初衷，是向厂内和国内同行介绍技术动态、推荐先进产品、交流相关信息、报道研究成果。作为一名理论物理学家，陆埮非常重视实验，并在实验中运用理论，发表了很多有理论深度的介绍技术发展的好文章。电讯仪器厂生产 100 兆、200 兆的频率计，陆埮就在该杂志上发表了大量与频率计、无线电的理论和实践相关的文章，一方面宣传了本工厂的频率计，另一方面也对相关专业人员提高开发新产品的能力起了一定的促进作用。陆埮的杂志办得有声有色，以致当时的"四机部"[①]把这份杂志提升为部属的"仪表电讯"方面的专业性杂志。

《电子技术与数字化》第一期总印数为 4000 本，在全国几乎所有刊物均停刊的状态下，陆埮创办的这本刊物极其珍贵、大受欢迎。此刊不公开发行，只在单位之间内部交流使用。尽管如此，索订刊物的人依旧络绎不绝，比如"中国计量科学研究院"一次性就买去 128 本。杂志内部发行不到一个星期便收到全国各地的来信两百多封，后来还有不少单位通过邮局订购与传阅，读者惠顾应接不暇，门庭若市。虽然刊物是不定期的，但每次一出版很快就抢购一空。《电子技术与数字化》一共出版发行了 11 期，直至 1978 年陆埮离开电讯仪器厂被调入南京大学，杂志才自动停刊。

引入阿仑方差

陆埮在电讯仪器厂工作期间也始终没有放弃对物理的研究，继续利用自己的业余时间进行钻研。他将多年物理科学研究的成果转化为技术上的突破和成就，将科学理论与实际需要相结合，引入了国际最新的"阿仑方差"，将科研成果用于工业生产第一线。如果说纯粹的基础科学物理学研究是兴趣驱动使然，以解决自然界的认知问题为目的，那么对于那时的陆埮来说，在南京电讯仪器厂所从事的侧重于应用科学方面的研究工作，乃

---

① 四机部全称：中华人民共和国第四机械工业部。1963 年 9 月从第一机械工业部拆分出四机部，主要负责电子工业。

是由国家的任务需求驱动，主要是为了解决工作任务中的实际问题，真正做到了理论与实践相结合。

南京电讯仪器厂是生产频率和时间测量仪器的市属工厂。生产这类仪器，频率源是必不可少的，比如晶体振荡器、原子钟等。频率稳定度是表征频率源性能的最主要的一个指标。20 世纪 70 年代初，包括国家计量局在内的我国各个大小单位仍然采用"标准偏差"来表征频率稳定度。一个频率源发出的标准频率有起伏变化的误差环围，如何来描写这个误差环围，通常是用标准偏差。所谓标准偏差是：如果对频率源发出的频率测量 100 次每一次测量的值不可能完全相同，于是将测量这 100 次时每一次的测量值相加，然后除以 100，就得到一个平均值。再将这 100 次测量中所得的每一个值与平均值相减之后再平方，然后这 100 个平方项相加的和除以（100−1），所得到的商再开平方根，这就称为标准偏差。实际上这个标准偏差只能用来描摹尺度，因为尺度是永远固定不变的，不能用来描写时间，也就是说不能用来描摹频率源，因为一般来说，对于尺度测量的次数越多就越准，但是频率不行，由于嘈杂音中闪变噪声的影响，频率不断出现起伏，时刻处于变化之中。

通过仔细的调查研究，陆埮发现，早在 20 世纪 60 年代中期国际上就已经指出：用标准偏差来表征频率稳定度是没有意义的。标准偏差通常用来描写经多次测量某一物理量所得结果的误差。一般来说，测量次数越多，误差越小，因而标准偏差是有意义的。但对频率稳定度而言，由于频率源普遍存在着一种闪变噪声，这种噪声的谱与频率成反比，具有非常丰富的低频噪声，而标准偏差描述的是每次测量值与历次测量的平均值的偏差，测量次数越多，历经的测量时间就越长，低频噪声的影响也就越严重。可以证明，测量次数越多，频率的标准偏差就越大，它是个发散量，因而是没有意义的。1966 年，美国人阿仑建议不用标准偏差那样取每个测量频率与平均频率之差，而是改取两个相邻测量频率之差的方差来表征频率稳定度，称为"阿仑方差"。不同于标准偏差，阿仑方差可以用来描摹频率源的好坏：{［（频率一减频率二）的平方除以标称频率的平方］加［（频率二减频率三）的平方除以标称频率的平方］加［（频率三减频率四）的平方除以标称频率的平方]……}除以 2 倍测量的次数，即 {[（第一次测量值减第二次测量值）的平方]加[（第二次测量值减第三次测量值）的平方]加[（第三次测量值减第四次测量值）的平方]}除以 {[（标称频率的平方）乘 2]乘测量次数 }，这个描摹频率稳定度的量即阿仑方差。

陆埮最早将国际上最新的阿仑方差引入国内，在《电子技术与数字化》杂志上对这个概念进行了详细的阐述和介绍，开展了全国范围内的讨论工作并主持了若干次相关的全国性会议。陆埮还直接参与了电子工业部频率稳定度计量标准的制定，他引入的阿仑方差使国家计量标准局的计量单位标准更加准确无误，这一工作后来还获得了电子工业部的嘉奖。30 年过去了，陆埮引入的阿仑方差方兴未艾，现如今国家计量标准局仍然沿用阿仑方差作为国家计量单位的标准。由此可见，陆埮在 20 世纪 70 年代初期提出的使用阿仑方差来表征标准频率具有重要意义。

引入计算机技术

只要是真金，无论放在什么地方，都会闪闪发光。陆埮根据技术情报调研，建议将计算技术引入数字化仪器，在电讯仪器厂建议引进并研制成功计算计数器。陆埮进厂初期，在技术情报调研中，发现了美国 HP 公司研制出的一台计算计数器——HP5360A。由于南京电讯仪器厂是生产频率计、计数器的专业工厂，陆埮认为计算计数器应当是厂里新产品研制的发展方向，就向厂长和新产品研制人员做了推荐。计数器是很自然的数字仪器，也最容易进行计算处理，因此，计算计数器可以说是计算机技术进入仪器的先驱，对于仪器的发展有重要意义。根据陆埮的建议，厂里将计算计数器列入了研制计划，经过若干年的努力，终于研制成功了这种仪器。事实上，计算机技术进入仪器绝不只局限于计数器和频率计。通过模拟与数字技术的转换，计算机技术也可以很容易地进入模拟量的测量仪器中去，比如数字电压表等。1978 年，在陆埮调入南京大学天文学系之后，电讯仪器厂还专门通知他，其参与的频率稳定度计量标准的制定和计算计数器等方面的工作均获得了电子工业部的嘉奖，后来他还被特邀参加全国频率标准会议。虽然这些只是技术情报调研方面的一些工作，谈不上什么科研成果，但在"文化大革命"期间，陆埮完成的这几件事在国内相关领域都产生了不小的影响。

后来，"文化大革命"宣告结束，整个国家的一切均已恢复正常工作。陆埮连续几年被评为南京电讯仪器厂的先进工作者，还在电讯仪器厂当选了第五届全国人大代表。1977 年 8 月，邓小平提出恢复高考制度，1977 年冬天，570 万考生走进考场。紧接着随着科技工作者归队政策的提出，无论是在农场、工厂，还是下放到农村劳动的科技工作者，都回到原工作单位开始正常工作，陆埮和周精玉也将离开工厂回到教学岗位，一切都逐渐走上正规化。

八年生活清贫苦

自从 1969 年复员南京电讯仪器厂，一直到 1978 年被调入南京大学，陆埮一家在简陋的小屋——马台街 35-2 号居住了八年多。这里的住宿环境和条件极差：整栋房屋正面向马台街大马路，每次汽车开过，总是卷起几尺高的尘埃，若是久旱无雨的季节，大汽车开过再加上有点风，那真是大风起兮尘土飞扬！家里的桌子凳子早上用抹布擦干净，到了晚上用手摸上去又是一层黑灰，住在这里八年多不知要吃下多少灰尘。遇到下雨天道路泥泞，屋内也是一片狼藉，到处都是烂泥。

不仅尘土多，房间还很暗。由于房屋只有一面是朝着马台街大马路，其他三面都是外单位的房屋或其他私人住房，将其围绕得紧紧的，因此处在最里边的房间光线特别差。每每碰到阴雨天，房间内阴暗潮湿，白天都要开灯才能看得见。每年一到黄梅天，床上铺垫的席子反面、凳子的四条腿、小孩子的衣服，甚至于书，都生了霉，可见屋子潮湿到何种程度。再加上窗户是朝房间内开，所以一下大雨，雨水沿着窗户就往房间内流，雨过天晴，外面的马路已经干了，然而房间内的烂泥地还是湿的。由于太潮湿，房子内经常可见一种一寸多长的鼻涕虫[①]，看着令人恶心。陆埮夫妇一旦在烂泥地上发现此虫，便立即撒一点细碎的食盐，此虫很快就化成一摊水，再覆上炉灰扫除。

生活在这个简陋的小屋中，没有厨房，陆埮学着烧蜂窝煤生火烧水煮饭；没有卫生间，陆埮就天天一大早早起倒痰盂；没有自来水，陆埮便买来水缸储水，每到夜深人静时提满一缸水供第二天一家五口人用；除了陆母给的一张床、一个小柜子之外，没有任何家具，陆埮便自己在木器店买进一个方桌、两个方凳，去木工厂加工了两个大书架，搬家时装书的小木箱上面搭一块用一寸多宽的竹片拼凑成的床板，便成了陆埮的写字台。

自力更生，知足常乐

条件有限，陆埮便自己动手在房屋外与隔壁大楼之间的不足 2 平方米的犄角旮旯，搭建起一个厨房，用别人不要的碎砖，建起了一个烧蜂窝煤、通风良好的炉灶，并在放燃烧煤的炉膛两边各放一个不大不小的陶瓷坛子，坛子内装满水，每天早晨提供一家五口洗脸用的热水。这个炉灶极好，每天烧三个蜂窝煤，从来不熄灭。邻居们都来取经，对他赞不绝口，"读书人不用教就会搭建炉灶。可见有知识的人，什么事都能做，都能做好"[②]。

住进来不久，陆埮买进一个只有上下两个隔板、总共三格的小碗橱，用来存放每天没有吃完的剩余饭菜。但几天之后，他便发现小碗橱里有蚂蚁，而且越来越多。于是陆埮灵机一动，将小碗橱放在一个曾经从长春市运书来的木箱上，同时放四个碗，每个碗里装大半碗水，在水里放比较规则的小石头，并使石头高出水面。然后，把四个盛有水和石头的碗分别放在小碗橱的四个脚下，并且保持碗橱的四个脚都能平稳地安放在石头上，

[①] 学名蛞蝓，也叫鼻涕虫。软体动物，形状像蜗牛，没有壳，爬行后留下银白色的条痕，专门生活在潮湿的地方。

[②] 此处根据陆埮夫人周精玉回忆。

这样碗橱脚也不会浸湿，简单改造后的小碗橱里再也没有蚂蚁了。陆埮风趣地解释现在蚂蚁要进到碗橱里吃东西，不可避免地跋山涉水长途奔波，而一般来说，蚂蚁都过不了这一关。邻居、同事听此解释，都称赞其极具生活智慧。

自己动手，丰衣足食。平常日光灯坏了，陆埮总是自己出马，去商店买来新的日光灯管，然后自己动手换上，同时还教会小孩子们如何安装灯管。保险丝烧毁了也是一样。家里的门窗坏了，他总是利用早先学的修理工艺自己动手修复一新。另外，妻子周精玉还去请求房管所帮助将烂泥地换成了水泥地，并将窗户都改成朝着外面开，条件总算改善了很多。陆埮一家在这里一住就是 8 年，在那些极不平凡的岁月里，夫妇俩懂得了很多事情，也明白了很多道理。艰苦的生活，磨砺出他们坚强的毅力和勤奋努力、自强不息的性格。

陆埮从长春市防化学院复员到南京电讯仪器厂，搬家时总共 24 个小木箱，其中有 22 个小木箱是书。22 箱书要拿出来用却没有书架，也买不到大书架。于是陆埮到南京的木材批发部买来木料，本来想请隔壁的"红旗木器厂"加工，但是他们不接收私人来料加工，只得作罢。不久，家里来了一个大约 50 来岁的私人木匠，木料刚刚锯开一天，木匠就对陆埮说他家里房屋损坏了很危险，要用木工工具回去修理一下，要求提前把打书架的工钱给他以解燃眉之急。为人真诚的陆埮立即将工钱全部给他，木匠工具也让他拿回去修复住房。本来讲好一天之后就回来继续打书架，结果等了好几天也不见踪影，陆埮就按照他写下的地址去找，可哪里还有这样一个人！这才知道自己上当受骗了，可是木料都被锯开，夫妇俩只能再次拜托红旗木器厂，告知实情后三天，木器厂就给打好了两个大书架，所有的书都有地方放了。吃一堑长一智，花了双倍的木匠工钱，终于有了两个大书架。

陆埮在北京大学读书时的另一位同班同学林俊伯出差南京，曾来到陆埮的小屋做客，细心的他看到陆埮家里的衣服就存放在从长春装运书到南京的木箱里，用旧报纸隔开，每个木箱都有很多手指宽的缝隙，连一个像样的装衣服的木料箱子都没有。于是，他便从自己工作的南昌大学花钱请木匠、买木材专门制作了一个极精致的大樟木箱，并且还刷好深红色的亮漆，特地从南昌大学亲自运到南京送给陆埮。这真是雪中送炭，从此以后陆埮一家大人小孩五个人的衣服都有地方放了。其实林俊伯也有三个孩子，就靠夫妻两个人的工资待遇维持着五口之家的生活费用，并不宽裕，因而他们用节俭下来的钱制成的这个大樟木箱就显得格外珍贵厚重。如今这个大樟木箱一直还在陆埮家很完善地保存使用着，发扬着艰苦朴素的风格，同时也在提醒后人不忘昔日的艰难困苦，记住在苦难中伸出援助之手的、同学之间牢不可破的真诚友谊。

吃得苦中苦，方有事业成

陆埮夫妇刚复员到南京电讯仪器厂时，工厂里特别忙碌，每天加班加点，强调"7进7出"——早晨7点钟上班，下午7点钟下班，中午只有1个小时的吃饭时间，星期日也要加班加点。即便在这样的生活和工作条件之下，陆埮每天下班回到家吃完晚饭后，依旧开始业余时间的科学研究工作，在自己搭建的简易写字台上沉稳地冥思苦想、笔耕不辍地进行复杂的演算，房间的灯光通常直到接近凌晨一点才熄灭。日复一日，月复一月，年复一年，唯一不亮的情况就是陆埮出差了。天天工作到深夜，生活与工作的双重苦难使得陆埮没过多久就大病了一场。然而即便生病了，医生要他休息，病假条送到他手上，他也丝毫未曾懈怠业余科研。三十多岁的陆埮正值人生的黄金时代，正是出成果的而立之年，他坚信"吃得苦中苦，方有事业成"。苦难使陆埮更加坚强不屈，他加倍努力，充分利用一切业余时间，做好业余科学研究工作。咫尺陋室焕发出光彩照人的科学活力，似水流年记述着国际领先的科学论文。

1970年的夏天，长江两岸倾盆大雨下个不停，南京电讯仪器厂除了老年人和妇女之外，从领导干部到工人，所有的男子全部去参加长江防洪护岸工程。当时抢险救灾压倒一切，陆埮虽38岁正值壮年，表面上看是个血气方刚的青壮年，但他从小体弱多病，与别的男青年一同抬大石头、搬水泥砖，连续作战几天下来，陆埮的腰部受伤、腰肌劳损，回到家里动弹不得，躺在床上自己都不能翻身，必须别人帮忙才能慢悠悠地翻转整个身体。那时候工厂里医疗条件很差，医生也毫无办法，一筹莫展。妻子周精玉便每天用烧沸腾的开水装进热水袋，用毛巾包好放在腰部疼痛处进行热敷，热水凉下来了，立即换成开水，太烫就先用布包裹一下，等到不烫时再把布去掉。长时间的反复热敷，陆埮的皮肤经常烫起手指头大的泡。经过数天坚持不懈，终于慢慢好转，但还是没有完全好。平常绝对不能掉以轻心，不能拿重东西，不能劳累过度，腰部不能受凉、不能扭曲，不可大意，曾经受伤的部位稍微不注意腰痛病便会复发，一旦复发前后得十天左右，少则一个星期，多则半个月才能痊愈。人很痛苦还浪费时间，而且天天热敷对工作影响也很大，很多时候陆埮在床上躺了几天腰痛病稍微好转，就又开始恢复正常工作。

三个子女早当家

俗话说，穷人的孩子早当家。陆埮与周精玉的三个孩子从小便不让父母操心，无论是学习还是生活，他们都勤奋自觉，当然，这都要归功于陆埮夫妇的言传身教。

还记得那时全南京市都还没有管道煤气，做饭都要用煤气罐。有一次，轻锂到宁海路的煤气站去换煤气，一看如此长队，家里正等着煤气烧饭，于是他便走上前去数一数自己前面总共有多少人。没成想等他回到原点时发现自己的煤气罐不见了，因为认得出自家的煤气罐，他马上寻找，结果在队伍的最后找到了，可那个拿着煤气罐的中年男子非说是他的。轻锂灵机一动，立即开始数起每个人的煤气罐。因为一个人正好对应一个煤气罐，于是轻锂义正词严道："难道一个人有两个煤气罐？你是那一个，这一个煤气罐是我的，请你不要搞错了。"[1] 旁观者清，大家都异口同声数落那个中年男子，"大人不要欺侮小孩子"，轻锂也理直气壮地拿回自己的煤

---

① 此处根据陆埮夫人周精玉回忆。

气罐换好煤气，回家烧饭。

有一次，陆埮急着外出办事，临走时发现自行车的轮胎没有气。轻铀立即拿气筒去给自行车轮胎打气，没想到打到最后，一个手指被气筒夹住了。陆埮骑车出去了，轻铀用手紧紧捏住那个手指蹲在地上，表情痛苦极了却一声不吭，周精玉走下楼一看轻铀的大半个指甲都紫了，十分心痛，叮嘱他以后做事慢一些，注意安全。几个月之后，轻铀原本的指甲脱落，又重新长出一个新指甲。虽说十指连心，但他自始至终也没有去看医生，小小年纪便知道体恤父母。

暑假搬家后，劳累过度的周精玉犯了头晕病，躺在床上不能动，而此时陆埮正出差外地。于是三个孩子主动分工做家务：轻锂洗衣服、轻铀做饭、轻铱买菜。一日三餐都由三个孩子自己动手完成，周精玉因头晕不能动，饭也吃不下。晚间孩子们都自觉主动地开始做暑假作业，一直到 10 点多钟，轻锂、轻铀都已睡觉了，轻铱不声不响地到厨房打了 3 个鸡蛋连汤一大碗端到床前说："妈妈你一整天都没有吃东西，肚子一定很饿，给你烧好了三个荷包蛋，你快吃。"周精玉十分惊讶："家里没有鸡蛋，你哪里弄来的？"轻铱回答说："我早晨买菜时买的三个鸡蛋，特地留给你吃。"倍受感动的周精玉吃完了荷包蛋之后睡了一觉，第二天头晕病也好了很多。要知道此时此刻，小女儿轻铱才 5 岁 8 个月。每当周精玉感到困难重重时，懂事的轻铱总是轻声安慰："妈妈，将来只要我有饭吃，保证你也有饭吃。"[1]

搬家之后，周精玉去给三个孩子办转学手续，陆轻锂到"十一中"读初一，陆轻铀在"渊声巷小学"读四年级，陆轻铱应该在"鼓楼小学"读二年级。结果当时的鼓楼小学领导说陆轻铱年纪太小，上幼儿园都只能上中班，如果她要上二年级，只能按照本学校的要求考试，考试通过了才行，否则另当别论。第二天上午，轻铱按时去鼓楼小学参加考试并顺利通过，正式开始读二年级，就这样一直读下去，她总是班级年龄最小的。

三个孩子每天放学，谁第一个到家，谁就烧饭。陆埮和周精玉让孩子

---

① 此处根据陆埮夫人周精玉回忆。

们做什么事，孩子们都立马去做，从来不拖拖拉拉。三个孩子从来不争吃，也从来不争穿。在十一中读书时，三个班的班主任老师都曾悄悄嘱咐周精玉把孩子们的穿着打扮整齐些，因为全班 50 多人都穿羽绒服或者运动服，只有少数几人穿棉衣和罩衫，轻锂、轻铀和轻铱就在其中。那时陆埮家经济困难，上有老、下有小，全国十多年不调工资，工资待遇低，因而只能维持着最低的生活水平。每天早餐是稀饭加萝卜干，中餐干饭配备各种蔬菜，晚饭全家人在一起，才有极少的肉点缀在蔬菜里。那时，全国一切供应还都是发票定量，肉每人每月半斤，鸡蛋每人每月半斤，油每人每月半斤，糖每人每月半斤，布票是每人每年 1 丈 2 尺，布、衣服、汗衫、线、毛巾和袜子都在这 1 丈 2 尺中。有一段时间，就连买蔬菜都要凭票，每一家不管多少人，一律一家发一张票，每张票只能买 4 角钱的菜，中午三个孩子一顿就吃完了，陆埮和周精玉只能吃萝卜干。到晚饭时，大人、小孩都只能吃萝卜干。经常吃咸萝卜干，很容易引发口腔溃疡。有朋友告诉周精玉，燕子矶长江边有一个国家允许开办的农贸市场，可以买到各种蔬菜等农副产品。于是每个星期日，周精玉吃完早餐就骑 1 小时的自行车到燕子矶买进各种蔬菜，再花将近 2 小时骑回家。因为那时没有电冰箱，所以先吃不能放的青菜，再吃黄瓜、茄子、四季豆，最后剥毛豆吃。那段时间，孩子们能吃到新鲜蔬菜就已经很高兴、很满足了，每顿饭最大的奢望就是不要再吃萝卜干。

1978 年 3 月，陆埮在北京开完第五届全国人民代表大会；紧接着 4 月又在北京开全国科学大会，陆埮在大会上获得了全国科学大会重大科技成果奖，而且被评为全国先进科技工作者。同年 5 月份陆埮同周精玉夫妇二人从南京电讯仪器厂调入南京大学，陆埮在天文系执教，周精玉在化学系执教，7 月份学校都已放暑假，8 月初陆埮一家五口搬入南京大学分配的住房——北京西路二号新村 3 栋 403。调入南京大学天文学系，开始正规的科研工作，这一年，陆埮已经 46 岁。

第六章
科学的春天

　　海明威在《老人与海》中说："生活总是让我们遍体鳞伤，但后来，那些受伤的地方一定会变成我们最强壮的地方。"1976 年"文化大革命"结束，恢复高考，国家实行改革开放政策，一切开始正常化、走上正道。那时，仍在南京电讯仪器厂的陆埮因工作出色当选为第五届全国人大代表，于 1978 年 2 月 26 日至 3 月 5 日出席了第五届全国人民代表大会第一次会议。接着他又在南京大学连续当选为第六、第七届全国人大代表，自 1978 年开始，每年到北京开会，一直到 1992 年，前后总共出席了 15 次每年一度的全国人大全体会议。不仅本职工作完成出色，陆埮的业余科研工作也迎来科学的春天。1978 年 3 月开完人大会议之后，他以丰实的研究成果紧接着参加了当年的全国科学大会并获奖，《光明日报》专栏报道了陆埮在艰苦条件下坚持业余科学研究的事迹。

图 6-1　1978 年陆埮当选为第五届全国人民代表大会代表（图片由陆埮夫人周精玉提供）

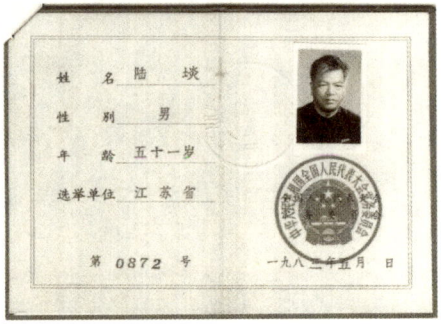

图 6-2　1983 年陆埮当选为第六届江苏省人民代表大会代表和第六届全国人民代表大会代表
（图片由陆埮夫人周精玉提供）

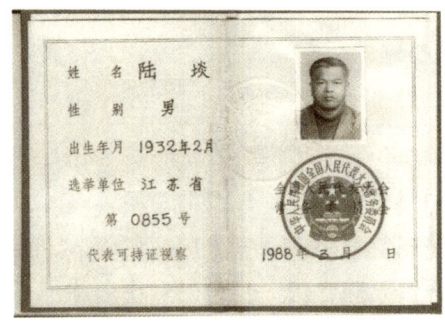

图 6-3　1988 年陆埮当选为第七届全国人民代表大会代表（图片由陆埮夫人周精玉提供）

图 6-4　1992 年陆埮出席全国人民代表大会期间与冯端院士摄于天安门前（图片由陆埮夫人周精玉提供）

奇异的书简

20 世纪 60 年代初国内遭受严重自然灾害和十年"文化大革命"动乱时期，不要说正常的科研活动，在一般生活都面临困难的情况下，陆埮和他的两位北京大学同学罗辽复和杨国琛仍然通过书信坚持开展业余科研工作并取得了优异成绩，从 1960 年到 1978 年近 20 年的时间里，他与两位同学的学术通信达 3000 余封，发表论文近 50 篇，在学术界传为佳话。特别是陆埮和罗辽复用通信的方式合作搞科研，先后往返通信达 2800 多封，即使在十年"文化大革命"中也没有中断，这种探索精神和坚持态度着实令人钦佩。

1978年，国家进入了改革开放的新时期，陆埈和罗辽复的业余科研合作得到了充分肯定。1978年3月18日至31日，全国科学大会在北京市召开，陆埈作为南京市代表、罗辽复作为内蒙古大学的代表，同时参加全国科学大会。在大会上，陆、罗二人凭借"基本粒子理论研究"做出的突出贡献被评为"全国先进科技工作者"，并且还因之获得了"重大科技成果奖"。

在全国科学大会期间，当代著名作家、诗人柯岩专程到陆埈和罗辽复下榻的北京友谊宾馆，对他们进行了采访，并写成题为"奇异的书简"的长达十多页的报告文学，发表在4月份的《人民文学》上，随后，这篇报告文学被收录在以《科学的春天》为书名的文集中。在这篇报告文学里，柯岩用文学家的魅力、诗一般的语言文字，精辟地描绘了陆埈、罗辽复、杨国琛这三位北京大学物理系的同班同学用通信方式合作做业余爱好的科学研究的情景。十几年如一日的三千多封通信浓墨重彩地述说了那段艰苦卓绝的科研岁月，虽然"文化大革命"开始之后，杨国琛因为某些原因不再参加了，陆埈和罗辽复也受到了冲击，但是陆埈仍然利用每天晚间九点钟回家后的点滴休息时间继续进行着与罗辽复的业余科学研究合作。这篇报告文学真切地讲述了知识分子要做成研究工作，写出学术论文是多么不容易，热情讴歌了中国知识分子探求真理的精神境界和坚忍不拔的克制耐心。文学家锋利的笔墨胜过千军万马，该文随即在中央人民广播电台播送，在全国引起不小的反响，他们的故事很快传遍大江南北，成为科技界的一段佳话。2005年，柯岩又将这篇报告文学收录在由人民文学出版社出版的、由15篇报告文学作品组成的文集中，

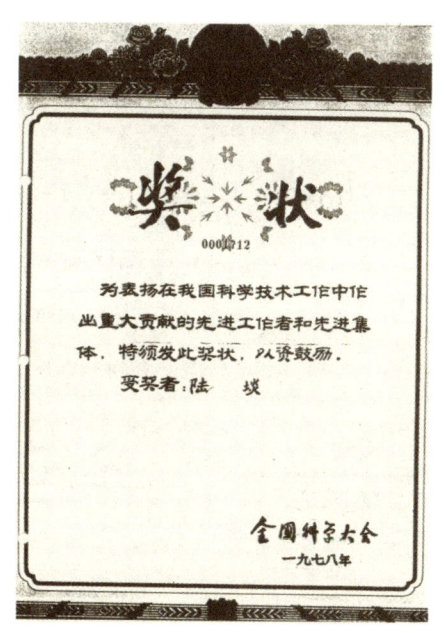

图6-5　1978年陆埈被评为"全国先进科技工作者"（图片由陆埈夫人周精玉提供）

图 6-6　1980 年陆埮与罗辽复、杨国琛在内蒙古碰面热烈讨论问题（图片由陆埮夫人周精玉提供）

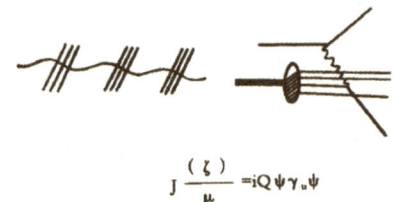

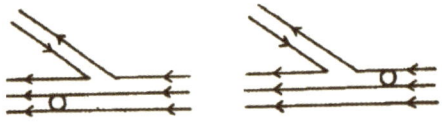

图 6-7　1978 年报告文学《奇异的书简》中的插图（图片分别源自《奇异的书简》第 2、3、14 页）

第一篇就是"奇异的书简"，而且这本文集直接以《奇异的书简》作为书名。

作为文学工作者的柯岩看过的信件不计其数，但像陆埮、罗辽复、杨国琛三人这样密密麻麻洒满信笺的字迹和各式各样复杂奇特的图表符号的信，柯岩还是第一次见到，这该怎么读？要知道这样的信不是一封、两封，而是几千封！

看着如雪花般铺开的众多书信，柯岩不禁想到了一心科研报国的三人在做好各自本职工作的同时专心致志、刻苦攻关的情景。无论是蚊虫不断的炎热南京，还是滴水成冰的寒冷内蒙古，为了我国起步较早的层子模型，三人关于基本粒子的研究从未中断。为了解决信上谈不清的公式，陆埮甚至用给孩子置冬衣的钱买了去内蒙古的车票，找罗辽复进行学术讨论。他们的这些工作，为发展我国的高能物理、天体物理、超导物理基础理论研究工作作出了贡献，受到了国内外学术界的关注和好评。[1] 最终，已不再年

---

[1]　柯岩：《奇异的书简》。成都：四川人民出版社，1980 年，第 17 页。

轻的陆埈和罗辽复在科学大会上重逢，两鬓斑白，只有丹心如故。当他们听到邓副主席在科学大会上嘱咐他们勇往直前、由他来做"后勤部长"的时候，陆埈的内心始终坚持着在科学的春天里向着科学的高峰顽强攀登的信念。因而实际上，这些奇异的书简并不奇异，它只不过记录了几个偶然相识的中国人绝非偶然的命运。①

尽管这篇报告文学是在很短的时间内写出的，采访并不深入，但随着刚刚兴起的改革开放浪潮，陆埈在衣食无着的艰难环境中仍坚持通信搞业余科研的事迹在全国各地反响热烈，特别是对青年学生有很大的激励和榜样作用，在他们之中产生了正能量。陆埈之后的两位学生赵刚和赵永恒分别回忆了《奇异的书简》带给他们的震撼与鼓舞：

"我（赵刚）也是因为看人民文学（出版社）的《奇异的书简》，才知道罗老师和陆老师这件事的。所以对他们俩也非常敬仰。我当时报内蒙古大学也是因为我在中学是个文学爱好者，看到这个受了感染才联系考的那。所以我觉得也很有幸，《奇异的书简》的两位主人翁作为我进入科学殿堂的导师，很荣幸。"②

"我（赵永恒）自己在向陆老师学习，如果有机会也希望能做到像他那个样子，最早看到科学大会上的《奇异的书简》报告文学，就讲到陆老师和罗老师通信搞科研，对我们有很大的激励和榜样的那种感觉，我们回头看，包括我们自己在做的时候，努力向陆老师学习，想追随他的脚步，我们可能还做不到，但是作为榜样总是想做得更好一些。"③

1978 年 转 向

1978 年，对全中国来说是不平凡的一年，对陆埈也是意义重大。这一

① 柯岩：《奇异的书简》。成都：四川人民出版社，1980 年，第 18 页。
② 由掌静、柏璐进行口述采集，赵刚、赵永恒、苟利军为口述者，2016 年 1 月 15 日。
③ 同②。

年，他开始作为代表参加全国人民代表大会；他在全国科学大会被授予全国先进科技工作者称号，因"基本粒子理论研究"获全国科学大会重大科技成果奖；他因"脉冲星的统计研究"获江苏省科学大会重大科技成果奖；他开始在南京大学天文学系担任副教授，踏上正式科研的道路，并且成功完成了科研方向的转向。

伯乐识千里马：调入南京大学

一次庄严的学术报告会正在进行，听讲的人一个个都瞪大双眼，全神贯注地注视着黑板上的一大串公式，我国著名天文学家、时任南京大学天文学系主任的戴文赛[①]教授也伏在课桌上，用心地记着笔记。在向天文物理工作者介绍国内外对基本粒子研究的新动向的报告人正是陆埮，此时的他还是南京电讯仪器厂的一个技术人员，业余研究基本粒子理论，发表过一系列的论文。德高望重的戴文赛先生正是读到了他的论文与他相识，戴先生对陆埮的学术水平、为人处世都很了解，爱才的他将陆埮推荐给了科学界，经常邀请他来参加各式各样的学术活动。1975 年以来，陆埮先后为紫金山天文台、南京大学、上海师范大学、复旦大学等高校和全国高能天体物理讨论会介绍和讲解基本粒子物理。

戴文赛教授对待晚辈后生的关心和爱护，使陆埮自然而然地联想到了丹麦物理学家玻尔[②]的那种风格。陆埮回忆戴文赛教授时，都会讲一个科学史上的轶闻：玻尔是诺贝尔奖获得者，被人称为原子物理学的鼻祖，而以玻尔为首的哥本哈根学派更是青年才俊辈出。玻尔应邀去苏联讲学时被问到如何将那么多有才华的青年人团结在身边，他回答说："因为我不怕在

---

① 戴文赛，我国著名天文学家、天文教育家、天文教育事业的奠基人。提出"宇观"这一新概念，阐述微观、宏观、宇观三个不同层次间的差别和联系，开创了中国天文学哲学领域中对宇观过程的特征和规律的研究，为国家培养了大量天文人才，其中许多人已成为我国各天文台站的骨干力量。

② 尼尔斯·亨利克·戴维·玻尔，丹麦物理学家，丹麦皇家科学院院士，因对原子结构理论的贡献获 1922 年诺贝尔物理学奖，哥本哈根学派创始人，对二十世纪物理学的发展有深远影响。他的小儿子奥格·尼尔斯·玻尔也是物理学家，于 1975 年获诺贝尔物理学奖。

年轻人面前承认自己知识的不足，不怕承认自己是傻瓜。"不料当时担任翻译的利夫希茨[①] 把这句话翻成了完全相反的意思——"我不怕青年人是傻瓜"，引起哄堂大笑。事后，苏联的卡皮察[②] 院士感慨万分："利夫希茨一语之差的翻译，恰恰点出了玻尔学派和苏联的朗道[③] 学派的不同特征。"

虽然南京电讯仪器厂的条件非常艰苦，但是陆埮依然能够自己编辑期刊，多年业余科研打下的坚实学术基础为他的厚积薄发提供了资本。"文化大革命"一结束，1977 年 7 月执行全国统一标准进行高等学校招生考试，简称统考，择优录取。紧接着各项政策全面落实，国家首先落实知识分子政策：知识分子归队，实行专业对口。1978 年，陆埮和周精玉调入南京大学，陆埮在天文系执教，周精玉在化学系执教[④]。陆埮从电讯仪器厂调入南京大学天文学系，除了自身的不懈努力，也与戴先生的竭力推荐和大力支持密不可分。

1978 年 4 月，46 岁的陆埮到南京大学天文学系报到，任天文系天体物理研究室教员。从这时起，陆埮恢复了安定的大学教学和科研生涯，开始了正规的、光明正大的、名正言顺的科学研究工作，科研道路风生水起，前景一片光明。1978 年 10 月 13 日，陆埮被提升为副教授，从事高能天体物理和宇宙学领域的教学和科研，开始了由国家科学研究经费支持的大项目科学研究工作；1979 年他开始担任天体物理研究室主任；1981 年 6 月，经江苏省人民政府审批，陆埮晋升为教授；1982 年开始招收第一批硕士研

---

① 叶夫根尼·米哈伊洛维奇·利夫希茨，苏联著名物理学家。利夫希茨是朗道的学生，与朗道合著《理论物理学教程》。在广义相对论领域，利夫希茨是 BKL 猜想（关于一般曲率奇点的性质）的提出者之一，这被广泛认为是经典引力课题中最重要的开放问题之一。

② 卡皮察，苏联物理学家，1939 年当选为苏联科学院院士，因对低温物理学的研究与 A.A.彭齐亚斯、R.W.威尔逊（发现宇宙微波背景辐射）共获 1978 年诺贝尔物理学奖。

③ 列夫·达维多维奇·朗道，苏联知名物理学家，凝聚态物理学的奠基人，因"关于凝聚态无知的开创性理论，特别是液氮"获得 1962 年诺贝尔物理学奖，他在理论物理多个领域都有重大贡献。

④ 周精玉在 1987 年被提为副教授，1990 年 9 月 6 日应美国大学教授邀请分别去得克萨斯州的拉玛尔大学和得克萨斯大学（在奥斯汀）做访问学者，1996 年 4 月 16 日回国，2007 年 7 月 9 日南京大学为周精玉正式办理复职、退休（实际上周精玉 1993 年复职、退休，南京大学相关领导部门询问时，她主动放弃 1993 年至 2007 年间的退休金，因此周精玉的退休金从 2007 年 7 月开始实行）。

究生；1984 年 1 月，他晋升为教育部批准的博士生导师；1985 年开始招收博士研究生，逐渐建立起自己的研究团队，研究方向也集中到高能天体物理上，特别是中子星、奇异星、脉冲星和伽马暴等方面。

陆埮在南京大学天文学系的工作主要有三：上课、做伽马射线暴的研究工作、培养研究生。他给物理系、天文系的本科生讲课，也给研究生讲课。实际上，陆埮自 1958 年 8 月份在"哈军工"走上讲台，除去中间"文化大革命"和在工厂的那一段时间，他都在从事着教书育人的工作。陆埮讲授的课程有：原子核物理（哈军工、长春防化学院，本科生）、力学（南京大学天文学系，本科生）、近代物理（南京大学物理系，本科生）、宇宙学（南京大学天文学系，本科生）、粒子物理（南京大学天文学系，研究生），等等，此外还包括一些研究生的专题报告。陆埮不仅在课堂教学中传授知识，还集中学生的智慧，在课外活动中从方方面面启发学生的思维能力，注重理论与实践相结合，扎实的理论功底和宽广的知识面使得陆埮讲授的课程既有广度，又有深度，既严谨精炼，又生动活泼。

调入南京大学天文学系后，陆埮开始探索、研究崭新的天体物理，并成功完成了科研方向的重大转向。他全力以赴地致力于高能天体物理、中子星、致密星等方面的工作，探索宇宙的起源过程与系统演化，特别注重研究伽马射线暴，简称伽马暴。陆埮一直特别关心伽马射线爆发这件国际大事，很早便开始伽马射线爆发的研究工作。在培养研究生方面，陆埮没有辜负前辈和人民的期望，三十多年的科研和教学生涯引领和推动了我国高能天体物理的快速发展，他如蚌育珠、甘做人梯，培养了一大批天文界科学研究、教学和管理部门等的领军人才，这之中既有教育部长江学者，也有国家自然科学基金委杰出青年基金获得者，还有众多敢于挑大梁的国内外知名学者、教授，甚至创建了一个科研力量强大的南京伽马射线暴团队。陆埮的工作使我国的高能天体物理研究从无到有，由弱变强，享有盛名，誉满全球，在国际上占有重要的一席之地。

Party is over：科研转向

"文化大革命"十年，国际上的粒子物理发展势头高潮迭起，不仅弱作用和强子结构物理得到迅猛发展，而且弱作用与电磁作用实现了统一，甚至粒子物理的标准模型也已经建立。等到"文化大革命"结束，粒子物理领域的高潮已经过去。面对知识分子归队的大好机遇，业余通信科研的三人却思考起了转向的问题。1978年，当柯岩的报告文学《奇异的书简》在中央台上广播，陆埮、罗辽复、杨国琛三人合作研究粒子物理的事迹在全国引起轰动，而在热闹中的三人正在反思科研出路与转向问题，因为那时做粒子理论的困难已经显示出来：高能实验的周期愈来愈长，实验资料的积累愈来愈困难，理论的推测成分也愈来愈多。陆埮在一封写给罗辽复（LF）和杨国琛（Y）的信件（LT1189）中详细阐述了自己对转变科研方向的看法。

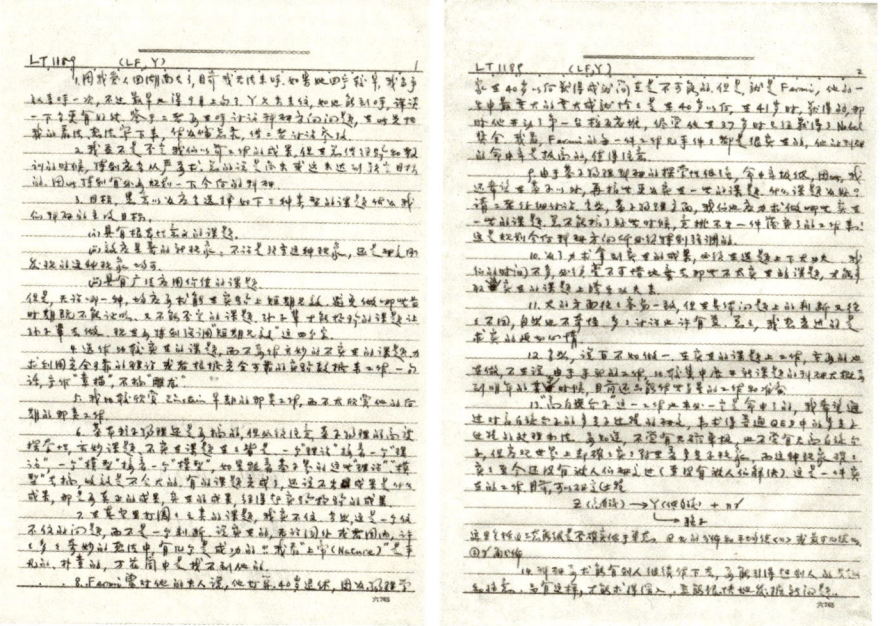

图 6-8　1978 年陆埮写给罗辽复（LF）和杨国琛（Y）的信件 LT1189（图片由陆埮夫人周精玉提供）

摘录部分原文如下：

1. 因我爱人回湖南去了，目前我无法来呼（呼和浩特），如果她回来较早，我当争取来呼一次，不过最早也得 9 月上旬了。Y 久未来信，如也能到呼，详谈一下当更有好处。鉴于二老要在呼讨论科研方向问题，在此先把我的看法、想法写下来，作为备忘录，供二老讨论参考。

2. 我并不是否定我们以前工作的成果，但在总结经验和教训的时候，特别应当从严要求。总的说是尚未或远未达到预定目标的，因此特别有必要规划一下今后的科研。

3. 目标，愚意以为应当选择如下三种类型的课题作为我们科研的主攻目标：

（i）具有根本性意义的课题。

（ii）效益显著的新现象：不论是预言这种现象，还是研究刚发现的这种现象均可。

（iii）具有广泛应用价值的课题。

但是，无论哪一种，均应要求能在实验上短期见效，避免做那些长时期既不能证明，又不能否定的课题。孙子辈才能检验的课题让孙子辈去做，现在要特别强调"短期见效"这四个字。

4. 选作比较实在的课题，而不要作玄妙的不实在的课题，力求利用完全可靠的理论或者根据完全可靠的实验数据来工作。一句话，宁作"素描"，不搞"雕龙"。

5. 我比较欣赏 Einstein[①] 早期的那类工作，而不太欣赏他的后期的那类工作。

6. 基本粒子物理还是要搞的，但必须注意，基本物理的高度探索性、玄妙课题、不实在课题比比皆是。一个"理论"接着一个"理论"，一个"模型"接着一个"模型"，如果跟着基本的这些"理论""模型"去搞，收效是不会大的。有的课题完成了，还说不出成果是什么，成

---

① 即爱因斯坦。

果，那是要真正的成果，实在的成果，经得起实验检验的成果。

7. 在真空里打圈圈之类的课题，我实不信，当然这是一个信不信的问题，而不是一个判断。说实在的，无论国外或者国内，许许多多奇妙的想法中，有几个是成功的？！我看"上帝（nature）"是平凡的，朴素的，万花筒中是找不到他的。

8. Fermi[1] 曾对他的夫人说，他打算 40 岁退休，因为物理学家在 40 岁以后获得成就简直是不可能的。但是就是 Fermi，他的一生中最重大的成就，就恰恰是在 40 岁以后，在 41 岁时获得的，那时他开动了第一台核反应堆，尽管他在 37 岁时已经获得了 Nobel 奖金[2]。我看，Fermi 的每一件工作几乎件件都是很实在的，他的科研的命中率是极高的，值得注意。

9. 由于基子物理科研的探索性很强，命中率极低，因此，我还希望在基本以外再搞些更为实在一些的课题，什么课题为好？请二老仔细讨论。当然，基子物理方面，我们也应力求做那些实在一些的课题，总不能搞了好些时候，竟挑不出一件落实了的工作来！这是规划今后科研方向所必须特别强调的。

10. 为了力求拿到实在的成果，必须在选题上下大功夫，我们的时间不多，必须毫不可惜地弃去那些不太实在的课题，才能争取为实在的课题上腾出功夫来。

11. 大的方面往往容易一致，但在具体问题上的判断又往往不同，自然也不奇怪，多多讨论也许有益。总之，我想表达的是求实的迫切心情。

12. 当然说百不如做一，在实在的课题上工作，重要的也在做，不在说。由于手头的工作，比较集中展开新课题的科研大概要到明年的某个时候，目前还只能做些尽量的工作和准备。

---

① 　恩利科·费米（Enrico Fermi），美籍意大利著名物理学家、美国芝加哥大学物理学教授，1938 年获诺贝尔物理学奖。1942 年底，费米领导小组在芝加哥大学建立人类第一台可控核反应堆——芝加哥一号堆，人类从此迈入原子能时代，费米也被誉为"原子能之父"。

② 　即诺贝尔奖。

1978 年 4 月，已经考虑转向的陆埮在给罗辽复的信件 LT1087 中提及计划写一本关于基本粒子方面的科普书，并拟好了一个包含 9 个章节的详细提纲，邀请罗辽复一同参与编写，以后的来信中他也不断提到这本书的写作。到了 1983 年 3 月至 4 月间，陆埮在信件 LT1300 中提到此书——《从电子到夸克》初稿已经完成，而这五年也正是业余通信科研的三人研究方向的转型期。从罗辽复的回忆中不难看出陆埮对三人合作的粒子物理的不舍以及这本书的写作初衷：

"这本书陆埮是花了好多工夫的。他是拉着我一块写，我觉得他花的工夫多。我也出过一些主意，有些片段、章节我也帮着写。这个情况是这样，这个年代大概是我们已经开始考虑转行了，1978 年庐山会议以后的事情，在要转行的时候，我们还有讨论粒子物理的事情。陆埮对粒子物理的兴趣一直是很浓的，我们只是觉得这方面的工作很难做下去，做一些有创新性的东西很难了，对这个领域的兴趣一直是存在的，特别是讨论粒子物理这些年有什么重要成就，得过多少诺贝尔奖金，他们是怎么做的，这个谈起来大家还是觉得非常有意思的。尽管要离别了，但这方面的科学工作也还是，对这些方面很有兴趣，这是一个动机，想写一点东西。另外我觉得陆埮对科普还是非常热心的，他比我热心，我觉得。如果让我花上那么长的时间，写一本基本粒子的话，我可能写得比他快，我动作会很快，我很快能把它写完，但是我比较草率。"[1]

陆埮将自己对原研究领域的不舍感情化为科普的动力，为粒子物理的研究画上了一个圆满的句号。

对于科研方向的转变，罗辽复曾在《回忆陆埮》的纪念文章中写过其中的困难、曲折与决心："1978 年当柯岩的报告《奇异的书简》在中央台上广播，弄得有点沸沸扬扬。而在热闹中我们正在反思，因为那时做粒子

---

[1] 掌静、柏璐、周精玉，口述采集罗辽复、杨国琛，2016 年 7 月 9 日。

理论的困难已经显示出来。由于高能实验的周期愈来愈长，实验资料的积累愈来愈困难，理论的推测成分也就愈来愈多。在 8 月的庐山全国物理学会期间，我们三个人有机会相聚和面谈。我们注意到了 Dyson 在 Physics Today（1970）上一篇题为《物理学的未来》的文章。文中回忆道，1938 年，Rutherford 去世一年后，Bragg 接替卡文迪士实验室主任。这时高能物理的领先地位已转移到伯克利去，使人们大为吃惊的是 Bragg 无意于重建。他坐在卡文迪士自己的办公室里颇为自得地说：'我们已成功地教会了全世界如何搞核物理，现在我们来教他们干些别的事情吧'。Bragg 乐于支持的是伙怪人，他们搞的那些东西在搞高能的一伙人看来很难叫做物理学的。有个叫 Ryle 的，他刚打完仗从军队里复员，带回一车乱七八糟的无线电零件，想用这堆破烂在太空中寻找射电源。另一个是 Perutz，他已花费 10 年时间用 X 射线分析血红蛋白分子结构，并颇为轻快地说，再有 15 年他就要搞出来了。还有个疯子叫 Crick，他似乎对物理学一概丧失了兴趣。于是 Dyson 说：'我象大多数搞理论的朋友们一样，感到在这里跟着这帮小丑是什么也学不到的。我决定到美国去，找个真正搞物理学的地方'。但是七年后，当 Bragg 从卡文迪士退休，这时候谁都可以清楚地看到，当年 Bragg 说他要教世界干些别的事情的时候，他并不是在吹牛皮说大话，他给卡文迪士留下了一个热火朝天的研究中心，在两个领域内居于世界最前列，这就是射电天文学和分子生物学。Bragg 受命于危难，如何把事情搞得那么好呢？我以为他之所以能搞好是遵循了以下三条：1）不试图恢复过去的荣誉；2）不赶时髦；3）不怕理论家的轻蔑。Dyson 的这篇文章在我们的内心产生极大的震撼，这是不满足已有成绩的创新的冲动，是追求卓越的求实的呼喊。"[1] 实际上早在一年前即 1977 年，罗辽复曾参加黄山基本粒子学术讨论会，在会上听到杨振宁说起"Party is over"，意思是说基本粒子理论研究的"宴会"已经结束，学术盛会即将要解散。会后罗辽复将这个看法转达给了陆埮和杨国琛，于是在 1978 年庐山会议之后，陆埮、罗辽复、杨国琛三人下定决心，准备改行。

---

[1] 罗辽复：回忆陆埮。见：中国科学院紫金山天文台编，《永恒的怀念：陆埮院士纪念文集》。北京：中国科学技术出版社，2015 年，第 3 页。

　　1978 年 5 月，天文界前辈戴文赛先生慧眼识英才，将陆埈聘请到南京大学天文学系，让这个基础研究人才回到了大学，开始转向研究天体物理。基础科学研究贵在创新，粒子物理的黄金时代过去了，不少人纷纷转到了宇宙学，陆埈也毅然放下辛勤耕耘了几十年的粒子物理，转向刚刚成长为实证科学的天体物理领域。从粒子物理转向天体物理，最自然的切入口是研究早期宇宙的宇宙学、高能天体物理或致密星[①]。陆埈选择致密星为最初切入口，研究新发现的脉冲星这种致密天体的性质，逐渐从物理转到天文。1978 年，"宇宙微波背景辐射的发现"获得诺贝尔奖，也对陆埈的转行产生了重要影响。1978 年 12 月 10 日，第七十八届诺贝尔奖颁发，苏联科学家卡皮察因发明并利用氦的液化器，美国科学家彭齐亚斯、威尔逊因发现宇宙微波背景辐射而共同获得诺贝尔物理学奖。前者"低温物理领域的发明和发现"属于"低温物理"，而后者"宇宙微波背景辐射的发现"则属于"天体物理"，两个项目的性质完全不同，却都获得了物理学领域的最高荣誉，这对陆埈转向研究天体物理是莫大的鼓舞。

　　陆埈的学生兼同事冯地清曾盛赞陆埈的这次学术转向，认为陆埈紧跟学科前沿，科研触觉敏锐。高能粒子物理研究越发艰深全面，当时的夸克理论已算顶峰，更深更新的东西所剩无几；并且，粒子理论都是从物理学逻辑推演的角度在分析，越来越难以利用高能加速器等实验设备证实。注重理论与实验相结合的陆埈坚信实践才是检验真理的唯一标准，这一信念贯彻落实到他的科学研究工作中，便体现为转向广阔的宇宙现实中，转向仍旧活跃、偏应用性的天体物理。1978 年，趁着改革开放的新气象，陆埈的学术生涯发生了重大而成功的转折，青年人也从他的身上获得了很多启迪，比如敢于放下旧的研究领域，勇于开拓新的更为广阔的平台；再比如厚积才能薄发，机会只会被有准备的人把握，等等。

　　通信合作科研的其他两人也都成功完成了各自科研方向的转变。罗辽复虽然还在内蒙古大学，但是他转向了研究生物物理；杨国琛也仍旧在河北工学院（后来改为河北工业大学），但是他转向了研究液晶物理。由于

---

　　① 包括脉冲星、中子星和夸克星（奇异星），而中子星实际上整个星体是一个特大的原子核。

时代变革、国家需求、工作调动、科研转向等种种原因，陆埈、罗辽复、杨国琛三人不再进行业余通信合作，但他们却从未中断联系，一直保持着书信往来，后来更是电子邮件不断，是令人羡慕的亲密无间的终生挚友。他们的友谊从激情满怀的青年维系至两鬓皆霜、头发全白的耄耋之年，即便进入人生暮年，仍旧壮心不已，接受新发现，研究新问题，时刻关注着未来的科学研究前景。

面临着科研方向的重新选择，调入南京大学天文学系的陆埈剑走偏锋，踏上奇异的探索之路。原本是学习和研究原子核物理的，却"半路出家"，将科研方向从"地上"搬到了"天上"，他开始专攻天体物理，特别是高能天体物理，与茫茫宇宙打起了交道，终成我国天文学界的泰斗级人物。

正式科研与教学

王国维《人间词话》中说古今中外之成大事业、大学问者，必经三种境界：（1）昨夜西风凋碧树，独上高楼，望尽天涯路；（2）衣带渐宽终不悔，为伊消得人憔悴；（3）众里寻他千百度，蓦然回首，那人却在灯火阑珊处。陆埈自从北京大学物理系毕业一直到调入南京大学天文学系期间，所进行的业余科研活动正是此处的第一重境界，没有完备的软硬件设施，没有庞大的研究团队，有的只是独自坐冷板凳，笔耕不辍地辛勤计算，与一两位好友通信科研的艰苦条件。即便如此，独上高楼的陆埈仍发表了大量学术论文，做出了不少国内外领先的科研成果。1978年开始正规的科研工作后，陆埈的科研生涯发生了四大变化，进入了第二重境界：1.从业余转入国家项目；2.从自费转入国家基金支持；3.从老同学间的个人合作转入与教学结合，与培养学生结合；4.从粒子物理转入天体物理。科研条件的大幅度改善激励了陆埈，他更加努力地钻研学术，不辞辛苦地培养学生，衣带渐宽终不悔，为国家的科研事业日渐憔悴却乐在其中。

　　一篇篇科学论文的顺利发表、一个个科学发现的成功探索、一项项世界瞩目的科研成就，昭示着陆埈走进了大事业、大学问者的第三重境界，这从他的职务升任与奖励情况便可略知一二：1981 年 6 月，陆埈晋升为南京大学天文学系教授；1984 年 1 月，经国务院批准，任博士生导师，其间于 1979–1995 年任南京大学天体物理研究室主任 [①]；1981 年，在南京大学参加中国物理学会，任《物理学进展》副主编（直至 2009 年因事务繁忙改任顾问编委），另担任《中国物理快报》《科学》《天文学进展》编委；1982 年，由中国天文学会推荐参加国际天文联合会（IAU），成为该联合会会员以及第 47 和第 48 届专业委员会成员；1986 年 5 月，参加在南京大学召开的 IAU 第 125 次研讨会"中子星起源与演化"，并在开幕式上致辞，任科学组织委员会委员和地方组织委员会两主席之一；2002 年起，担任中国天文学会第八、九届理事，并任第四届和第八两届高能天体物理专业委员会主任；2003 年，调入中国科学院紫金山天文台，同年 11 月当选为中国科学院院士；2004 年起，当选为第七届和第八届引力理论及相对论天体物理学会理事长，直至 2012 年，担任中国物理学会引力与相对论天体物理分会主任；2006 年，出任南京大学与紫金山天文台共建的"粒子—核—宇宙学联合研究中心"首任主任。

　　在科研的领域里，陆埈始终如同一位忠实的守望者，奋战在科学研究的最前沿，获得了诸多荣誉：1978 年，因"基本粒子理论研究"获得"国家重大科技成果奖"，并获全国科学大会授予的"全国先进科技工作者"称号；1980 年，"基本粒子理论和高能天体物理"研究获内蒙古自治区科技成果一等奖；1987 年，作为主要研究者之一进行的"超新星遗迹和中子星研究"获国家自然科学奖三等奖；1992 年起获国务院颁发的政府特殊津贴；1993 年被江苏省教委、省学位委评为优秀研究生教师；1996 年作为第一完成人进行的"奇异星及其观测效应的研究"获原国家教委科技进步奖一等奖；1998 年完成"脉冲星辐射级联过程和代参数的研究"获教育部科技进步奖三等奖，因其在中国天文科学研究中显著的成绩荣获 1998—

---

　　① 据陆埈夫人周精玉回忆，其间天文系曾无记名投票选系主任，陆埈的选票最多，但他以"自己不适合做天文系的领导工作，也不想做此工作"婉言谢绝。

1999 年度中国天文学会张钰哲奖；2002 年获教育部科技奖一等奖；2003 年"伽马射线暴余辉和能源机制的研究"项目获国家自然科学奖二等奖；2001 年和 2004 年两次获"全国优秀博士学位论文指导教师奖"；2007 年参与完成的"物理改变世界"项

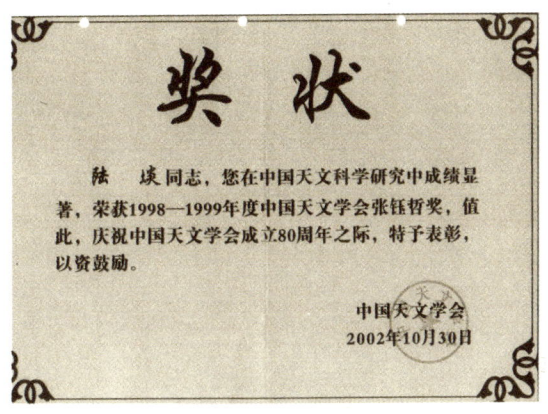

图 6-9　2002 年陆埮荣获 1998——1999 年度中国天文学会张钰哲奖（图片由陆埮夫人周精玉提供）

目获国家科技进步奖二等奖；2008 年获"何梁何利基金科学与技术进步奖天文学奖"，同年被中国科学院研究生院授予"杰出贡献教师"称号；2012 年 2 月 23 日，为表彰陆埮对天文学研究作出的贡献，国际天文学联合会小行星命名委员会将中国国家天文台于 1998 年 2 月 23 日发现、国际永久编号为 91023 号的小行星正式命名为"陆埮星"。

图 6-10　2008 年陆埮获"何梁何利基金科学与技术进步奖天文学奖"（图片由陆埮夫人周精玉提供）

法国年鉴学派大师吕西安·费弗尔说过："在动荡不安的当今世界，唯有历史能使我们面对生活而不感到胆战心惊。"人到中年，经受过各种政治运动洗礼的陆埮多多少少被人情世故磨平了棱角，唯独对科学的满腔热情丝毫未变，饱经风霜的陆埮以惊人的耐力和勇气继续发扬"坐冷板凳"的科研精神，厚积薄发，夜以继日。重新回到教学和科研岗位的陆埮更加勤奋，铆足了劲要有所建树。自从 1978 年调入南京大学天文学系，安稳的工作环境和有利的研究条件，使他的教学和科研工作进展顺利，并取得重要突破。

带领硕士生研究奇异星

陆埮敢为人师，言传身教，广泛招收各类门徒，奖掖后辈，培育了一批科研领军人才。他在 1978 年 4 月至南京大学天文学系报到，10 月被提升为副教授，1981 年 6 月晋升为教授，1982 年开始招收硕士研究生。陆埮的第一批硕士生共 3 名，分别是王青德、左林、惠小惠，后来还招收了王仲翔、王阳生等。其中王青德的 3 年硕士读得异常辛苦，他没有念过正规的大学，完全是自学之后考取的研究生。自知基础不好的他只能比别人更加努力，因此他除了学习硕士生的各门功课、做好硕士学位论文之外，还要去修读大学本科生的有关课程、参加考试等。王青德每周六都会早早地去食堂吃晚饭，然后就到陆埮老师家讨论硕士学位论文中的问题，师生二人就这样进行科学研究、开展学术讨论。陆埮不辞辛苦地耳提面命，亲手把教，通常会持续讨论 6 小时

图 6-11　20 世纪 80 年代陆埮与他在南京大学天文学系的第一批硕士研究生（左起：惠小惠、左林、陆埮、王青德，图片由陆埮夫人周精玉提供）

左右，王青德回宿舍时南京大学的边门（天文系旁边的小门）都已经关闭，他只能从外面绕道而行。自身的不懈努力加上老师的悉心指导，王青德跟随陆埮攻读硕士后进步很快，研究中子星和奇异星很有成绩。他与老师合作发表在

图6-12　20世纪80年代陆埮与他的第一批硕士研究生交流（左二为陆埮，图片由陆埮夫人周精玉提供）

1984年欧洲《物理快报B》（*PHYSICS LETTERS B*）上的一篇文章，成为奇异物质奇异星的动力学行为的开创性工作，不少外国人写信来要论文的抽印本，一直到现在该文仍被国内外学术界广泛和持续地引用。如果按编辑部收到论文的时间计算的话，他的文章比国际上奇异星的奠基人的文章还要早半个月。

1984年，有关中子星的研究已经发展到夸克层面。在陆埮给他的第一批硕士生讲了"粒子物理"的课程后，王青德就选了从夸克的角度研究恒星级的特大原子核，研究中子星的夸克核心区。由于d夸克和s夸克之间可以通过奇异数不守恒的弱过程而互变，稳定的基态夸克物质应当是u、d、s三种夸克数相近（化学势最低）的状态，因而具有很大的奇异量子数，通常称为奇异物质。如果整个星由夸克物质组成，它就是奇异星。有趣的是，当这个星体在作膨胀和收缩的振荡运动时，星体的体积或者其内的物质密度就会做周期性的变化，这种体振荡运动会导致耗散。如果星内有奇异物质，其体振荡会导致强烈的耗散，整个星体的动能甚至会在短于秒级的时间内快速地耗散掉，这表明奇异物质有极强的体粘滞性，比通常核物质的粘滞性要强好几个量级。[1] 这是奇异物质的一个特征性的动力学性质。这个性质有助于通过观测来判断某些致密星究竟是中子星还是奇

①　王青德、陆埮：《中子星核心振荡的阻尼效应》。《物理快报B》（PHYSICS LETTERS B），1984年，第211页。

异星。1984 年，E. Witten[①] 和稍后的 E. Farhi、R. Jaffe[②] 发表了他们关于奇异星的奠基性论文。8 年后，曾任 1991 年（丹麦）奇异物质物理和天体物理国际会议主席的麦德森在他发表的论文中引用王、陆的文章就有 7 处之多。

当时，整个国家一切均已走上正常秩序，开始鼓励科学论文投寄国际先进水平的权威杂志。即便如此，还是很少有人能在外国杂志上发表文章，再加上外国专家对王、陆文章的反映情况很好，南京大学特地颁发给王青德南京大学研究生最高奖"新星奖"，本来该奖项针对的是博士生，但由于王青德的硕士学位论文极其优秀，虽然是硕士生，学校还是将"新星奖"颁发给了出类拔萃的王青德。王青德、左林、惠小惠 3 人都是1982 年入学，1985 年毕业。毕业后陆埮将他们 3 人都介绍给美国大学教授去读博士学位，王青德后来到美国哥伦比亚大学深造，获美国首届哈勃博士后奖学金，后又获泛美屈伦普勒奖。而就陆埮本人来说，他与学生一起首次研究奇异物质和奇异星的动力学行为，就得出了其具有极高的体粘滞性的重要结论；此后他在奇异星物理方面还做了一些探索工作，凭借作为第一完成人进行的"奇异星及其观测效应的研究"获得了 1996 年国家教委科技进步奖一等奖。

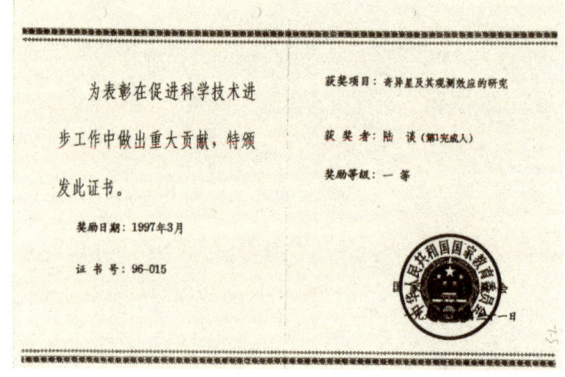

图 6-13　1996 年陆埮荣获"国家教委科技进步奖一等奖"（图片由陆埮夫人周精玉提供）

① Phys. Rev. D.30（1984），272. E. Witten，美国犹太裔数学物理学家，菲尔兹奖得主，普林斯顿高等研究院教授，弦理论和量子场论的顶尖专家，创立了 M 理论。

② Phys. Rev. D.30（1984），2379. E. Farhi，麻省理工学院理论物理中心教授，主要研究领域涉及粒子物理与场论、天体物理学、广义相对论、量子计算等。R. Jaffe，美国物理学家，麻省理工学院物理学教授，曾任麻省理工学院理论物理中心主任。

带领博士生研究代参数

1984 年 1 月，陆埈晋升为教育部批准的博士生导师。1985 年，陆埈开始招收博士研究生，学生数量逐年增多，研究队伍不断壮大。陆埈的第一批博士研究生有冯珑珑、赵刚和赵永恒。那时，陆埈的研究方向还没有聚焦，宽广涉猎于包括致密星、高能天体物理和宇宙学等领域，后来才主要集中到高能天体物理上，特别是中子星、奇异星、脉冲星和伽马暴等方面。三位博士均于 1990 年顺利毕业，冯珑珑于 1 月以"宇宙的胞状结构和引力场中自旋粒子的相位"获得博士学位，赵永恒在 7 月以"致密天体辐射与演化的研究"获得博士学位，赵刚于 12 月以"贫金属星的化学分析"获得博士学位。这批博士生之后也确实工作在相当宽的业务范围内，他们在各自的岗位上作出了杰出的贡献：赵刚和冯珑珑均获得了国家杰出青年科学基金，赵刚和赵永恒都获得了中国科学院百人计划的资助，此外，赵刚还获得过中国青年科学家奖，当选并担任过一届中国天文学会理事长。陆埈培养的博士还有戴子高（1993 年 7 月，以"中子星物态和内过程的研究"获得博士学位）、宋黎明（1994 年 7 月，以"脉冲星的伽马射线辐射研究"获得博士学位）、韦大明（1995 年 7 月，以"中子星的高能辐射"获得博士学位）、黄永锋（1999 年 6 月，以"伽马射线暴与奇异星"获得博士学位并被评选为 2001 年全国优博 [①]）、王祥玉（2001 年 7 月，以"伽马射线暴及其余辉的研究——环境效应辐射过程和能源机制"获得博士学位并被评选为 2004 年全国优博），等等。

如果说陆埈进入南大天文系带领学生科研的第一项重大成果是奇异星方面的研究的话，那么第二项成果则当属"代参数"方面的研究。中子星首先是以脉冲星的形式于 1968 年被安东尼·休伊什和约瑟琳·贝尔·伯

[①] 即"全国优秀博士学位论文评选"，是在教育部和国务院学位委员会的直接领导下，由教育部学位管理与研究生教育司组织开展的一项工作，旨在加强高层次创造性人才的培养工作，鼓励创新精神，提高我国研究生教育特别是博士生教育的质量。该评选是对博士培养质量进行监督和激励的一项重要举措，对培养和激励在学博士生的创新精神，促进我国博士生培养质量的提高具有积极作用，自 1999 年开始，至 2013 年以后不再开展。

奈尔[①]等人用射电天线观测发现，安东尼·休伊什也因此获 1974 年度诺贝尔物理学奖。射电脉冲星已被发现了千余颗，伽马射线脉冲星也已被发现了近百颗。脉冲星的辐射是在级联过程的基础上产生的。以极冠模型为例，从极冠间隙区加速而射出的高能电子在脉冲星表面附近的弯曲超强磁场中产生的曲率辐射高能光子为第一代光子，它会在电磁场中进而转化为正负电子对。这些电子、正电子又会在磁场中产生多个同步辐射光子，这是第二代光子。这些光子如果能量仍足够高，它们还会转化为正负电子对，进而再产生同步辐射第三代光子，如此发展下去，直到光子能量低于某个阈值不再转化为正负电子对而直接射出成为可观测的伽马射线光子。由于一个电子可以产生许多光子，一代一代发展下去，光子数越来越多，光子能量越来越低。伽马射线探测是以光子计数为基础的，因此，可发展的"代"数越多，越容易观测到伽马射线脉冲星。显然，这里的"代"总是整数，是对一个光子而言的。对于一个脉冲星，它有许多能量各不相同的光子，它们所能进行的"代"数也各不相同。1994 年，陆埮与学生韦大明、宋黎明在分析了这些级联过程后，首次提出了一个具有普遍意义的新概念"代参数"[②]，并通过脉冲星的周期和周期变率用一个简捷的方式表述出来。它表达了一个脉冲星级联过程的有效"代"数，成为描述脉冲星的一个特征参数。这个参数描写的是脉冲星的整体效果，可以取分数值，其值越大，伽马射线光子数就越多，光子能量就越小。因此，观测到的伽马射线脉冲星应当是代参数比较大的。这个参数有助于寻找新的伽马射线脉冲星，也有助于表述脉冲星的伽马射线能谱特征。这项成果得到了国际天文界的公认，并获中国教育部科技进步三等奖。1995 年，P. Goldoni 等人以及 P. A. Caraveo 将这个代参数公式用来研究脉冲星的多波段性质。接着，G. F. Bignami 等在 1996 年度《国际天文与天体物理年评》上撰文介绍了代参数概念以及它的主要性质和应用。1997 年，陆埮与学生进一步建立了代

---

① 1967 年，英国一名女研究生约瑟琳·贝尔·伯奈尔与安东尼·休伊什一起利用射电望远镜发现了第一颗脉冲星。他们发现狐狸星座中有一颗星发出一种周期性的电波，因为这种天体不断地发出电磁脉冲信号，人们便将其称为"脉冲星"。

② Lu，Wei，Song，A & A，290（1994），815。

参数、辐射效率和辐射能谱之间的关系[①]。2000 年，天文学家张冰和 A. K. Harding 又进一步发展了这个工作，将它应用到逆康普顿散射实验中。

---

① Wei, Song, Lu, A & A, 323（1997），98。

第七章
伽马射线暴

"世界上有两件东西能够深深地震撼人们的心灵，一件是我们心中崇高的道德准则，另一件是我们头顶的灿烂星空。"

——德国哲学家、天文学家伊曼努尔·康德

爱因斯坦曾说："提出一个问题往往比解决问题更重要，因为解决问题也许仅仅是数学上或者实验上的技能而已，而提出新的问题、新的可能性，从新的角度看旧的问题都需要有创造性的想象力。"陆埮便是这样一位富有想象力、创造力的科学家，占据他大脑的几乎全都是科研课题，而每选定一个大的研究课题都是开辟一个新领域，也是学术上的一次飞跃，必须多方面权衡利弊，慎之又慎。他坚信科学是领先者的天下，在积极填补国内空白的同时放眼国际科研前沿，伽马射线暴的研究就是陆埮除去奇异星研究、代参数研究之外，紧跟国际学术动态做出的又一项重大成果。

伽马暴^①研究

　　陆埮很早便开始关注伽马射线暴的研究动态。国际上最早的卫星记录是 1967 年，第一篇相关论文于 1973 年发表，其内容包括 16 个自 1969 年至 1973 年发现的伽马暴。1973 年，学术前沿触觉敏锐的陆埮就开始密切关注伽马射线暴的研究进展，当时仍在南京电讯仪器厂工作的他还曾与原先长春防化学院的同事冯地清就探测结果通过信。陆埮在了解到这方面内容后就一直跟踪相关动向，看国际上的最新文献，自己选题目、定方向。

　　20 世纪 60 年代，国际政治处于冷战时期，美国以监测核武器爆炸为目标发射了一系列的 Vela 军事卫星。因为核爆炸的主要特征是放射伽马射线，这种卫星上都装了伽马射线探测器。1967 年，美国洛斯阿拉莫斯实验室的克莱贝萨德尔（R. W. Klebesadel）等人在搜查 Vela-5a，b 和 Vela-6a，b 卫星的观测数据时，果然发现了若干次伽马射线短时间突然增强的现象，美国曾怀疑该现象是由于苏联或者中国进行秘密核爆炸实验而产生。但是通过一段时间的观察和分析，发现这些伽马射线不是来自地面而是来自深空，于是确认这不是核武器爆炸，而是一种新发现的天文现象，被称为伽马射线暴。此后不断有天文卫星对伽马射线暴进行观测，差不多每天都发现一两次。这种伽马暴放射伽马射线的持续时间一般有几秒到几十秒，最短甚至只有若干毫秒，最长也不过千秒，因为时间太短来不及测量距离，所以很难仔细地研究。特别是伽马射线强度起伏变化很快，在亚毫秒时间内强度往往就有了显著变化，因此，伽马暴源的尺度应小于百千米，否则从伽马暴源不同地方发来的不同强度的射线到达探测器时会被平均掉而看不到起伏。可见，伽马暴源只能是恒星级天体，甚至只能是致密星（中子星、黑洞）。但究竟什么是伽马射线暴？它来自何方？它为何会产生如此巨大的能量？由于伽马暴到地球的距离难以测定，它的性质

---

　　① "伽马射线暴"的简称。

也就无从知晓，因而长期处于神秘状态。国际上有关伽马射线暴的研究也一度处于低谷，陷入僵局，一直没有实质性的进展，发展前景不明朗，揭开伽马射线暴的神秘面纱似乎变得遥遥无期。有人开始放弃，但陆埮凭借深邃的洞察力和高度的敏感性，早已认准了这一研究方向十分重要，他坚守着这块阵地，目光从来没有从伽马射线暴移开，密切跟踪着该领域的研究情况。

自从 1967 年发现伽马射线，各个国家立即着手研究，然而苦于无法测量距离，伽马暴研究经历了近 30 年的徘徊与彷徨。这一僵局直到 1997 年才被打破，意大利－荷兰的 X 射线卫星 BeppoSAX 首次对伽马暴作出了成功的精确定位，并与地面和空间望远镜配合发现了伽马射线在短暂辐射后，甚至还可能有长达数天、数星期的 X 射线余辉和 / 或数天甚至数月或数年的光学甚至射电余辉，伽马射线暴余辉的发现成为当年世界十大科技成就之一。余辉的发现为伽马暴的深入研究提供了极大的方便，特别是很快测出了一些伽马暴的红移，进而首次直接确认伽马暴是在遥远的宇宙学距离上，离地球有几十亿光年甚至更远。因此，伽马暴释放的能量非常巨大，在几秒或几十秒钟内放出的能量竟可比太阳上百亿年放出的能量还要大很多，它应当是宇宙间最猛烈的爆发事件。此后，这个领域获得了飞速发展，很快形成了一个标准模型：伽马暴被认为产生于一个以极端相对论速度（−0.9999 光速）膨胀的火球。火球内部不同膨胀速度的各层气壳相互碰撞产生内激波会致伽马暴，火球继续膨胀并与星际介质碰撞会产生外激波而导致余辉。这个模型是在一些简化假设的基础上建立起来的，能较好地解释观测特征，被称为伽马暴和余辉的标准模型。但是，随着观测数据积累，偏离标准模型的现象便很快显现出来。这类现象通常可称为"后标准效应"。陆埮领导的南京伽马暴研究小组——主要包括戴子高、韦大明、黄永锋等博士生——正是抓住了这个机遇，冲进了该研究领域的最前沿，在余辉刚被发现不久，通过研究"后标准效应"获得了不少原创性成果。

调入南大天文系之后，陆埮看准国际科学发展方向，开始带领学生组成团队研究伽马射线暴。那时，全世界的伽马暴研究都还处于摸索阶段，大家都站在同一条起跑线上公平竞争。陆埮带领整个科研团队——由研究生、博士生以及已拿到博士学位的青年教师们形成的一个以陆埮为首的科学研究团队（即南京伽马射线研究团队）——紧紧地抓住机遇，夜以继日地努力工作，奋战在伽马暴研究的第一线。大家借助每周一次的研讨会各抒己见，集思广益，根据观测的具体情况、得到的观测数据和信息进行计算处理、分析研究、切磋讨论，充分调动起每个人的积极性。机遇总是留给有准备的人，1997 年伽马暴余辉发现之后，全世界天文学家掀起研究伽马射线暴的热潮。已经做好充分准备的陆埮团队紧紧抓住了这个研究的机遇，做出了一大批富有原创性的研究，大量的研究成果、论文源源不断地投递到国际先进水平的杂志上发表，获得了国际同行的高度肯定。

当时在国际上流行着几种争论，一部分人认为伽马射线暴起源于黑洞吞噬星体产生的伽马射线喷射，另外一部分人认为这是两个相互吸引的中子星发生碰撞产生伽马射线的喷射。伽马暴的标准模型假设其外部介质是均匀的典型星际介质（每立方厘米约 1 个质子），然而早在发现余辉的第二年即 1998 年，陆埮和学生们就发现，伽马暴"GRB970616"的 X 射线余辉能谱与标准模型不符，为了符合观测事实，要求伽马暴的环境不是均匀的星际介质，而应是密度与距离平方成反比的星风环境。[1] 随后，GRB980326、GRB980519、GRB991208、GRB000301C、GRB040106、GRB081109A 等伽马暴周边也被观测到星风环境，这种环境正是前身星的星风造成的。也就是说，南京伽马暴团队的研究工作证实原来建立的标准模型是不正确的。他们指出，这些伽马暴应当起源于大质量恒星的塌缩[2]，与距离平方成反比的介质正是由伽马暴前身的大质量恒星放出的星风形成的。这一发现引起了整个天体物理界的震动，陆埮原创的起源观点后来得到了 R. A. Chevalier 等人的进一步发展，星风模型成为主流模型，研究结果一次次地被国际上的重要论文引用。1998 年 4 月 25 日发现的伽马暴

---

[1] Dai & Lu, MNRAS, 298（1998），87。

[2] 伽马射线暴有"长暴""短暴"之分，持续时间少于 2 秒的伽马射线暴称为短暴，持续时间大于 2 秒的伽马射线暴称为长暴。一般来说，短暴起源于两个中子星的合并，长暴起源于大质量恒星塌缩。

GRB980425 似乎与超新星 SN1998bw 成协，但这个伽马暴和超新星不是很典型；直到 2003 年 3 月 29 日发现了非常典型的伽马暴 GRB030329 与非常典型的超新星 SN2003dh 成协[1]，伽马暴起源于大质量恒星的塌缩终于得到了确认和证实。

根据标准模型，伽马暴的火球是以接近光速的极端相对论的速度膨胀的。1998 年，南京伽马暴团队研究发现，这种以极端相对论膨胀的火球在几天、最多几十天后，就会显著减速而转入非相对论膨胀阶段，而余辉的可观测时间往往可以延续若干个月甚至一年以上。因此，一个有用的模型必须既适用于极端相对论，又适用于非相对论。为了解决这个问题，陆埮与学生在 1999 年提出了一个正确的动力学统一模型，该模型纠正了前人理论的错误，能够描述火球膨胀从早期高度辐射的极端相对阶段一直演化到晚期绝热的非相对论阶段整个过程。[2] 光学余辉的发现者 J. van Paradijs 等人在 2000 年的《天文和天体物理年评》（*Ann. Rev. Astron.& Astrophys.*）上撰文，以 1.5 页的篇幅详细介绍了陆埮团队这个前瞻性的模型。包括该研究内容在内，由陆埮直接指导的黄永锋博士的学位论文，2001 年被评为全国优秀博士学位论文。这是陆埮除了奇异星研究、代参数研究、伽马暴起源研究之外，得到公认的第四项科研成果。

1999 年 1 月 23 日，BeppoSAX 卫星观测到一个极强的伽马暴 GRB990123，其光学余辉的光变曲线上出现了一个突变（拐折），即在暴后约 2 天在光变的对数图上斜率从 −1.1 变陡而成为 −1.8。J. Rhoads、S. R. Kulkarni[3] 认为拐折是这个伽马暴不是各向同性而是喷流式定向暴发，喷流的侧向膨胀等因素会加快衰减而导致拐折。南京伽马暴团队曾首次指出，相对论性膨胀转向非相对论性膨胀也会导致这种突变。如果环境是致密介质，膨胀在密度高的介质中进行就会加快减速到非相对论，使在暴后较短时间（比如 2 天）就出现这种拐折。喷流机制和致密介质已成为拐折

---

[1] 这是 Ib、Ic 型超新星爆发的结果。这里的超新星（SN2003dh）是 Ic 型超新星，质量非常大，是太阳质量的几十倍。

[2] Huang, Dai, Lu, MNRAS, 309（1999），513。

[3] S. R. Kulkarni，天文和行星科学教授，加州理工学院光学观测站主任。

的两种常用解释。很可能一些伽马暴的拐折是因为喷流，而另一些则因为致密介质。比如2001年，J. J. M. In't Zand[1]等指出，观测到的伽马暴GRB010222不能用喷流机制来解释，却能很好地用致密介质机制来解释。星风环境和致密环境，都是重要的后标准效应。前者反映了前身星的性质，后者可能与星云、恒星形成区有关，两者均清晰表明伽马暴起源于大质量恒星的塌缩。

对学生戴子高来说，伽马暴研究过程中最难忘的是1999年的春节。那一年的1月23日，戴子高在国际观测网站上了解到伽马暴GRB990123在爆发时产生的能量比正常高出100倍，这一现象罕见。他预感这个伽马暴很可能会带来研究上的重大突破，于是立即与老师陆埝讨论。那年春节，师生二人都过得很辛苦，自从得知强伽马暴发生的消息，陆埝立刻与学生投入到紧张的研究之中，他们从除夕起就在电话里讨论该伽马暴的进展，每天都要查找新的资料，关注最新研究动态，几乎是一有想法就电话交流，整个寒假都在"煲电话粥"。春节后的两个月内，陆埝与学生合作首次提出了致密介质环境的观点，认为极端相对论激波到非相对论阶段的演化导致余辉光变曲线出现拐点。这一观点得到BeppoSAX卫星和伽利略望远镜等的观测支持，与先前对星风环境的研究共同开辟了研究伽马暴起源的新途径。正是由于陆埝不辞辛劳地鼓励和指导，以及学生们的不懈努力和奋斗，戴子高、陆埝、郑广生、黄永锋、王祥玉获得了2002年度教育部自然科学奖一等奖和2003年度国家自然科学奖二等奖。

1998年，陆埝团队

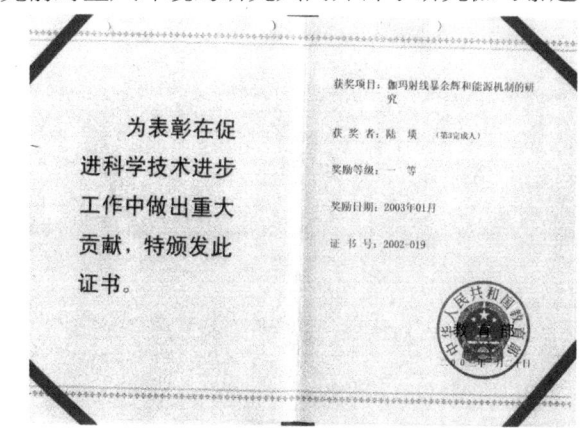

图7-1　2003年陆埝荣获"2002年度教育部自然科学奖一等奖"（图片由陆埝夫人周精玉提供）

---

① J. M. In't Zand，专攻天文学与天文物理学。

图 7-2　2004 年陆埮荣获"2003 年度国家自然科学奖二等奖"（图片由陆埮夫人周精玉提供）

在研究余辉物理时，发现在一些伽马暴生成时有可能在其中心形成了一颗强磁场的毫秒脉冲星。这种脉冲星可以在伽马暴主暴结束后以磁偶极辐射的形式持续向火球注入额外能量，使余辉的光变曲线显著变平。[1] 值得注意的是，2004 年后发射的 Swift 卫星发现了大量早期 X 射线余辉光变曲线确实存在"变平段"，美国科学院院士 Gehrels 等将 GRB070110 余辉光变曲线的平坦段视为这一持续活动中心引擎的直接证据。这个中心引擎效应已经得到了广泛应用，特别是被用来限制脉冲星的周期和磁场。Swift 卫星还发现近一半的伽马暴有 X 射线耀发。这种 X 射线耀发现象也可能与脉冲星的持续活动有关。

在标准模型中，辐射模式被假定为同步辐射。同步辐射固然是伽马暴辐射的主要形式，但逆康普顿散射在一些条件下也会对伽马暴余辉有重要作用。[2] 特别是对于谱指数比较大的、介质比较稠密的伽马暴，逆康普顿散射可以有相当重要的贡献，而且会明显影响余辉光变曲线的形状。很有意义的是，利用反向激波中电子的同步自康普顿辐射，可以很好地解释伽马暴的早期高能光子。[3]

自从极高能量伽马暴 GRB990123 被发现后，能源危机就成为伽马最突出的难题。假如它的膨胀和辐射是各向同性的，那么仅仅伽马射线的能量就高达 3.14×10^{47} 焦耳，相当于太阳静能量的近 2 倍。由于辐射伽马射

---

①　Dai & Lu，PRL，81（1998），4301。

②　Wei & Lu，ApJ，505（1998），252。

③　Wang，Dai，Lu，ApJL，546（2001），133。

线的效率往往比较低，伽马暴又是一个恒星层次的现象（总质量不过若干个太阳质量），竟会有如此高能量的伽马射线辐射出来是难以理解的。这使人们设想，这个伽马暴不应当各向同性，而应当以喷流形式辐射出来。这样，伽马暴的辐射能量就可以大为降低。不过，为保持观测到的频数，就要求伽马暴的发生率大幅增大。在综合考虑喷流张角、环境性质（包括星风环境、介质密度、阶跃变化等）、电子能量分数、磁场能量分数等各种参数影响的情况下，利用上面所说的动力学演化统一模型，可以明确给出喷流的演化规律。

简而言之，陆埮与学生共同进行的研究弄清楚了伽马暴的起源与演化。1997 年，陆埮带领他的弟子研究由国外的人造卫星所发现的伽马射线暴余辉。1998 年，即伽马暴余辉发现的第二年，陆埮和学生通过研究发现这种火球在几天、至多几十天后就会大大减速而转入非相对论膨胀阶段，而余辉的可观测时间往往可以延续若干月甚至一年以上。陆埮带领学生在伽马暴余辉刚发现不久就研究了其星风环境和致密介质环境，有力地支持了伽马暴起源于大质量恒星塌缩的观点。他们提出了伽马暴余辉动力学演化的统一模型，可描述从早期极端相对论到晚期非相对论阶段的整个演化过程。他们还进一步详细研究了伽马暴的多种环境效应、喷流机制、辐射能谱、能源机制以及是 X 射线闪等的性质和规律。从奇异星到"代参数"[1]，再到伽马暴的演化与起源，陆埮带领他的学生们艰辛而喜悦地采摘着一个又一个丰硕的果实。

伽马暴，就目前我们对它的认识，它是一种来自宇宙边缘的极端能量的爆发过程，它的能量可以达到超新星一次释放的能量，可以达到太阳在整个一生中释放的总能量，这样一个极端能量释放就意味着它是非常极端的一个物理过程，应该说伽马暴的爆发可以反映某种物理规律，这种规律在我们地球实验室里面物理条件根本达不到的，所以我们通过研究伽马暴可以深入地了解极端物理条件之下的一些规律。换言之，我们可以把伽马暴视为一个天然的实验室，目前我们在地球条件之下得到的这些资

---

① 1984 年首次提出非轻子夸克弱过程对奇异星的径向振荡有极强的阻尼作用；1994 年提出脉冲星辐射级联过程的"代参数"新概念。

料都是预设了正常的密度、磁场、温度、压力等通常情况得到的一些规律，在极端条件下不一定适用，所以我们了解到的规律只是某一种真理的近似，伽马暴提供了检验物理规律的天文实验室，能够使我们更加接近真理。

另一方面，伽马暴也反映了天文天体演化的一种规律，可以作为探针帮助我们探索宇宙的演化过程。现在认为伽马暴包括长伽马暴和短伽马暴，长伽马射线暴现在被认为是大热量恒星晚期的塌缩，并不是所有大热量恒星晚期的塌缩都能产生伽马暴，何种天体、何种条件之下能产生伽马暴仍是值得研究的课题。而对于短伽马射线暴，现有的引力波观测表明，短伽马暴产生于两个中子星的并合，中子星并合时产生引力波、中微子等。目前双中子星的形成过程尚不明确，研究短伽马暴对进一步探索天体物理、天文演化规律大有裨益。因此，研究伽马射线暴既提供了检验极端条件下物理规律的实验室，又有助于研究天文天体演化的规律，伽马暴在物理和天文两大领域都是极其重要的自然现象。

伽马暴这个领域，陆埮是看着它成长起来的，他几乎同步地参与了这个学科的发展。从国际政治冷战时期的一个监测核武器爆炸的误导信号开始，伽马暴引发了一个极高能量天文现象的兴起。今天它已经发展成为一个多波段的，甚至是全波段的高能天体物理新学科。2011 年，这个领域的研究已经获得了号称东方诺贝尔奖的"邵逸夫天文学奖"，有望在不久的将来登上斯德哥尔摩的诺贝尔奖的领奖台。

伽马暴团队

以陆埮为首的"南京伽马射线暴"团队，最初由陆埮和他的研究生组成。1997 年，陆埮曾带领学生参加第 66 次香山科学会议。该会议以探讨科学前沿和科学交叉研讨为宗旨，每次荟萃 40 余名各领域的顶尖人物，可谓群贤毕至。名师出高徒，陆埮与学生一道出席这一高层次科学讨论会令学术界欣喜不已：一方面老科学家继续发挥威力，另一方面后来者已能派上大用场。陆埮在招收了一批又一批的博士生之后，团队慢慢地由几个人迅速发展到十几人、几十人。几批博士生毕业分配时都已留校任教并晋升为教授，黄永锋、王祥玉两位博士先后获得 2001 年、2004 年"全国一百篇优秀博士学位论文"奖；戴子高、韦大明、黄永锋都先后获得过"国家杰出青年基金"；戴子高还成为"长江学者奖励计划特聘教授"，等等，他们的年龄多为三四十岁，是一批正处上升期、敢于挑大梁且实力雄厚的学术带头人。再加上源源不断新加入的学生，整个团队红红火火、蒸蒸日上，接连完成国家自然科学研究大项目，获得国家自然科学基金支持，大家齐心协力，团结一致，充分发挥着集体智慧。陆埮创建和领导的这个"南京伽马射线暴"团队平常没有上下班之分，大家都努力奋斗，不辞辛苦，日夜奋战，一步一个脚印踏踏实实地往前走，不断开创新局面、解决新问题、获得新成果，成绩显著，于 2002 年获得了"教育部自然科学奖一等奖"。

图 7-3　左图：我国著名化学家、吉林大学唐敖庆院士与其门生在第 65 次香山科学会议上。右图：我国著名天体物理学家、南京大学陆埮教授与其弟子在第 66 次香山科学会议上[1]。（摄于 1997 年，图片由陆埮夫人周精玉提供）

---

① 来自《中国科学报》1997 年 1 月 27 日第 1044 期（总第 1961 期）。

图7-4　2001年陆埙与南京伽马暴研究团队成员（前排左三为陆埙，图片由陆埙夫人周精玉提供）

图7-5　2001年与南京伽马暴研究团队成员在一起讨论研究计划和研究课题（左起：王祥玉、黄永锋、韦大明、戴子高、陆埙，图片由陆埙夫人周精玉提供）

　　自1958年至今，陆埙在国内外重要刊物上发表文章达300余篇。这些工作在国际上已得到广泛重视，已经被他人文章引用1000多篇次。除了强调理论要联系实验，陆埙还主张无论做哪一个方面的研究，一开始总要先看到整体框架，不能刚开始就集中到某一个点上，只有进行了全面的了解才能进一步地深入某一个方面。2002 年，陆埮领导伽马射线暴团队将近期①世界各国最具权威性的刊物上所刊登的最优秀论文——其中当然也包括该团队自身的优秀论文，共 60 余篇整理成册，交由南京大学印刷厂印成《揭示伽马射线暴的奥秘——"南京伽马射线暴团队"自用论文集》，这是一部三百多页的大开本，是一部极其厚重的科研论文集，是做伽马射线暴科学研究工作的一部入门书，也是南京伽马暴团队成员人手一本的必读文献和参考资料。陆埮组织整理的这本书为全面、深入地了解伽马射线暴大开方便之门，展现了目前伽马射线暴研究的前沿阵地、主要成就和急需解决的问题，有助于快速、准确地确定研究方向和研究课题，俨然成为伽马射线暴科研工作者的指路明灯。

十年树木，百年树人。陆埮本人为这个团队倾注了大量的精力和心血，几十年如一日呕心沥血，殚精竭虑，用心呵护，培养人才，如蚌育珠。如今这个团队人才辈出、硕果累累、兴旺发达、相当强盛，在世界上占有重要的一席之地。基于陆埮带领的南京伽马暴研究团队在国际上的影响力，两次国际伽马射线暴大会得以在南京成功举办。2008 年 6 月 23 日至 27 日，南京大学的伽马射线暴团队作为东道主举办"国际伽马射线暴学术研讨会"，吸引了众多国内外知名专家学者前来参加，包括青年学生共有 100 余人，大会报告、小会分组报告等学术交流形式多样，会议举办得颇具规模而且很有成效。国内外知名的科研人员都报告了自己的最优秀成果，充分展现了处于世界领先地位的科学前沿课题，真正做到了百花齐放、百家争鸣，大家相互交流、相互启迪，相得益彰。陆埮在大会上致开幕词并做了学术报告。

2010 年 6 月 12 日至 14 日，南京中国科学院紫金山天文台伽马射线暴团队再次组织召开"国际伽马射线暴学术研讨会"，到会的国内外学者 60 余人，陆埮在会上致开幕词并进行学术报告。大会上的学术报告时长从 15 分钟到 45 分钟不等，报告的内容范围很广，既有目前最先进的科研新成果与最前沿、最热门的科学话题，例如暗物质、暗能量、黑洞等，也有综

---

① 主要是从 1997 年到 2001 年，也包括了该领域最早的一篇论文——1973 年发表的文章和两篇 2002 年上半年发表的文章。

图 7-6　2008 年南京国际 GRB（伽马射线暴）会议合影（前排左十二为陆埮，图片由陆埮
夫人周精玉提供）

合性的研究论文，如评述性的报告。大会自始至终都安排得井井有条，节
奏紧密，气氛严肃而活泼。陆埮科研团队作为东道主在南京成功地举办了
两次国际伽马暴学术研讨会，获得了中外科学界的一致好评，开创了伽马
射线暴国际学术交流的新局面。

　　陆埮为我国的伽马射线暴研究作出了不可磨灭的贡献，建立了不朽的
功勋。从选定新的研究方向、确定研究领域、开展新的研究课题、选定研
究项目，到申请研究经费、争取支持，他都倾注了大量心血。他领导的伽
马射线暴团队精明强干，这
个团队的每一位成员都努力
学习，开创新局面，能团结
一致、齐心协力地攻克科学
堡垒。大家热火朝天，有重
大贡献的论文一篇接一篇在
国际知名杂志上发表，可谓
一飞冲天，一鸣惊人，独树
一帜，独占鳌头。外国科学
家开始将他们的研究成果写

图 7-7　2008 年南京国际 GRB 会议期间陆埮及学
生与 Peter Meszaros 教授合影（左三为陆埮，图片
由陆埮夫人周精玉提供）

进教科书。在伽马射线暴的发展史上，中国科学家浓墨重彩地写就了光辉灿烂的篇章，令外国人对中国科学家刮目相看，证明了在科研领域，中国人能够与外国人平起平坐，甚至更胜一筹，中国人完全有能力探求真理、揭开宇宙的奥秘。并且，凡是南京伽马射线暴团队的成员，无论是教师、研究员，还是读博士学位的学生或者做博士后的研究人员，当他们联系到国外的高等学校、研究院或者研究所进行学术交流、合作科研时，对方都

图 7-8　2001 年南京伽马暴研究团队与来访的美国纽约州立大学 R.A.M.J.Wijers 博士，摄于南京大学（前排左三为陆埃，图片由陆埃夫人周精玉提供）

图 7-9　2001 年南京伽马暴研究团队与来访的 Pawan Kumar 教授（前排左四为陆埃，图片由陆埃夫人周精玉提供）

欣然接纳，大开方便之门。这些在半个世纪之前是连想都不敢想的事情，现在却成为事实。在我国伽马射线暴科研领域的创建与发展中，陆埮作出了不可磨灭的贡献。在他的领导下，南京伽马射线暴科学研究团队的力量不断壮大，科学研究成果日益增多，国内国际交往频繁，闯出了一片新天地，这是大家有目共睹的。

宇宙学团队

调入紫金山天文台

大学毕业后，陆埮先后到中国科学院原子能研究所、哈尔滨军事工程学院、长春防化学院、南京电讯仪器厂等单位工作，1978 年调入南京大学天文学系。2003 年 7 月，他又被调入中国科学院紫金山天文台，这已经是服从国家需要进行调动的第六个单位。

2003 年 7 月，因工作需要，陆埮从工作过 25 年的南京大学天文学系被调入中国科学院紫金山天文台任研究员，从事天体物理教学和科研，主要仍在研究伽马射线暴的余辉，也涉及伽马射线暴的起源，对于伽马射线暴与中子星 kick 的可能关系以及伽马射线暴理论在其他领域的可能关系也进行了研究。同年 11 月，陆埮当选为中国科学院数学物理学部院士。2004 年他开始做"最大的宇宙学"的研究，研究宇宙的起源与演变、暗物质与暗能量。对于在宇宙学上的研究转向，陆埮曾解释道：

图 7-10　2004 年陆埮与夫人周精玉摄于紫金山天文台（图片由陆埮夫人周精玉提供）

"人在宇宙里位于一个普普通通的星系，就是银河系，一个普普通通的恒星，就是太阳，在一个普普通通的行星，就是地球上。在地球上的人居然可以对整个宇宙研究得这么清楚，现在的宇宙不是像以前那样，仅仅是一个哲学上的东西，宇宙也不是思辨性的东西，也不是猜想性的东西，都是一个活生生的，可以定量计算的。现在的宇宙学已经是定量哲学，宇宙学确实很重要，也很吸引人。我相信研究宇宙学对基础科学，特别是基础物理和基础天文，会取得意想不到的突破。"①

即便调入了紫台，陆埮仍旧不忘关心、照顾以前的学生们。好在中国科学院紫金山天文台与南京大学相隔不远。不管有多忙，陆埮一直坚持参加每星期半天的南京伽马射线暴团队的学术研讨会。调入紫台一年多后，为了培养青年接班人、奖掖后辈，陆埮把伽马暴科学研究团队的领导权转交给他当年的博士生、现今的南京大学天文学系"长江学者奖励计划特聘教授"戴子高。自 2005 年之后，由于经常外出开会，实在忙不过来，陆埮才没有继续参加每周一次的伽马暴学术讨论会。

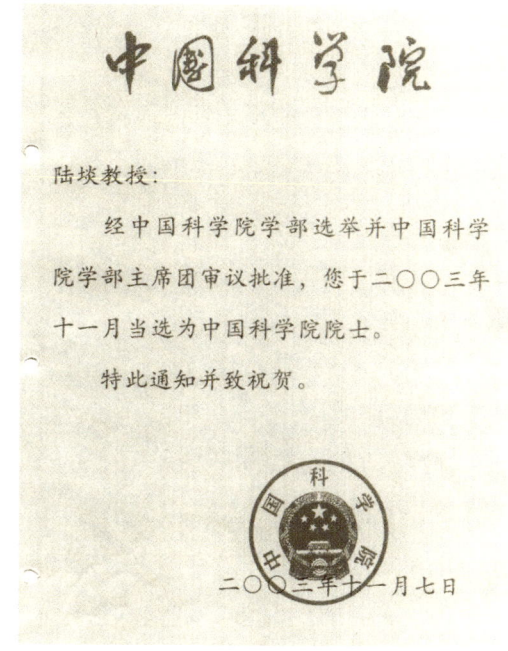

图 7-11　2003 年陆埮当选为中国科学院院士
（图片由陆埮夫人周精玉提供）

"2003 年，因工作需要，先生由南京大学调到中国科学院紫金山天文台工作，并于同年当之无愧地荣获中国科学院院士称号。由于不

---

① 院士访谈录：陆埮先生视频回忆。

再在一个单位，我和先生直接见面机会略少了些，但我们仍保持着非常紧密的联系：无数的电话和电子邮件，时常的会面，经常一起去外地出差开会，还有每年元旦雷打不动的饺子宴。此外，在科研上也和先生继续保持着密切的合作关系，不时还有合作的论文发表出来。"[1]

从学生黄永锋的回忆中，那位将学生视作自己子女般疼爱、培养的陆埫老师又浮现在我们的眼前。

成立宇宙学团队

调入紫金山天文台不久，已经在伽马射线暴方向取得巨大成就的陆埫就前瞻性地指出宇宙学是个有意义的研究方向，于是牵头倡议南京大学物理学院和中国科学院紫金山天文台联合建立一个"粒子—核—宇宙学"联合研究中心。陆埫兴趣广泛，从来不怕改行，只要认定某个领域有潜力，他就会不断变换研究方向和重点。伽马暴领域在当时面临着很好的机遇，所以他的精力一直放在伽马暴上，但同时他也没有忘记很早就感兴趣的宇宙学。为研究中心成立之事，陆埫还找过当时的南京大学校长蒋树声先生，并得到了蒋校长的大力支持。2005年3月，陆埫申请的中心已获批准，文件下达。12月19日，粒子—核—宇宙学联合研究中心召开成立大会预备会议，陆埫以中心主任的身份主持会议，讨论拟订中心召开成立大会、第一次学术委员会会议以及学术研讨会的会议议程和各项事宜，其间宣读了《南京大学—中科院紫金山天文台共建"粒子—核—宇宙学"联合研究中心协议书》。2006年1月6日，中心正式成立，挂靠在南京大学物理学系（即现在的物理学院），每年招收博士研究生。陆埫担任该中心的主任，物理系年轻的宗红石教授任副主任。陆埫花费了大量精力培养优秀的青年人才，除了在紫金山天文台招收博士生以外，还在南京大学物理系任兼职教授，担任中心主任的同时又亲自指导了数名优秀的博士生，为南京大学

---

[1]　黄永锋：奇异的星星。见：中国科学院紫金山天文台编，《永恒的怀念：陆埫院士纪念文集》。北京：中国科学技术出版社，2015年，第57页。

也培养了众多相关领域的研究生和科研人才，陆埮常常笑称自己用这种方式回到了南京大学。每个星期陆埮都会在南京大学物理楼三楼的办公室召集所有的研究生开半天学术研讨会，每个人汇报上一周的科研进展情况以及接下来准备开展的工作，有时也根据文献调研总结报告的具体情况提出自己的新思路、新见解，开辟新的研究课题，大家相互启发、相互促进，致力于写出达到国际先进水平的学术论文。

值得一提的是，1月8日在南京大学举行的"粒子—核—宇宙学联合研究中心成立大会、学术委员会会议暨学术研讨会"结束后要举行晚宴，陆埮还特意嘱咐工作人员，晚宴一定要让中心的所有学生都参加，"以后中心的工作都要中心的师生来做，学生很辛苦。晚宴要招待与会的领导、嘉宾和老师，也不能漏了学生。如果会务经费不够，我可以自己掏钱"。当天晚宴，整个宴会大厅坐得满满当当，气氛极为热烈融洽，中心成立大会圆满结束。

陆埮老当益壮，年逾七旬时联合南京大学与紫金山天文台共同筹办了粒子—核—宇宙学联合研究中心并亲自挂帅担任中心主任。那时，南京大学校长蒋树声教授与中国科学院紫金山天文台的台长严俊研究员正响应着

图7-12　2006年1月"南京大学—中国科学院紫金山天文台粒子—核—宇宙学联合研究中心成立大会、学术委员会会议暨学术研讨会合影留念"（前排左五为陆埮，图片由陆埮夫人周精玉提供）

国家提出的高等学校与科学院进行强强联合，有利于合作科研项目的进展，快出成果、出大成果等号召，在陆埈的提议下，两个单位一拍即合，克服了各种困难与重重阻力，经过一番细致全面的筹备后，终于在 2006 年 1 月成立了该中心。后来有一次，在宗红石的陪同下，陆埈和南京大学王凡教授一同前去拜访蒋树声校长。交谈中，蒋校长特意提到陆埈参加院士评选一次成功，评价陆埈"厚积薄发"①。后来，南京大学—紫金山天文台粒子—核—宇宙学联合研究中心顺利成立，并取得了一系列重要成果，陆埈在其中厥功至伟。

除了南京大学和紫金山天文台领导部门的大力支持，中心取得的累累硕果中研究人员同样功不可没。该中心既有如陆埈、王凡一般年过七旬的老年专家，也有宗红石、任中洲、孙伟民等正处事业上升期的中年学者，还有一批学成归国的青年科学家和一大批研究生。老中青三结合②，既适应了当下发展现实，也提供了更多的创造机会。整个中心生机勃发、欣欣向荣、前景广阔，要知道 Barldeen，Cooper 和 Schrieffer③ 也正是因为老中青相结合，才奏响了一曲超导之歌，获得了诺贝尔奖。

老年

1. 陆埈教授：每周半天的学术研讨会雷打不动。陆埈坚持参加讨论会，带领学生了解科学发展前沿，及时把握科研动态，拓宽国际学术视野，增强科研创新能力。讨论会中大家畅所欲言，各抒己见，高度民主，完全自由，碰到学术研究中的难题，大家便集思广益，充分发挥团队的力量，攻坚克难。陆埈带学生也讲究"一个中心、两个基本点"：一个中心是做好科学研究取得世界领先地位；两个基本点是上好课，带好研究生。

---

① 此处根据陆埈夫人周精玉回忆。

② 早在 1998 年 7 月，陆埈参加在呼和浩特召开的张衡天体物理研讨会时，他就曾统计过与会人员的年龄分布，提出了我国科学家年龄结构的"两峰夹谷"现象，"文化大革命"后的第二峰可以称为"邓峰"，与邓小平恢复高考密切相关，年龄分布的现实决定了我国很长一段时间内科研必须依靠老中青三结合。

③ 1957 年，美国三位物理学家 John Bardeen，Leon Cooper 和 Robert Schrieffer 对超导电性的起源给出了令人信服的解释，被称为 BCS 超导电性理论，并于 1972 年获诺贝尔物理学奖。该理论指出两个具有相反动量和相反自旋的电子通过与晶格振动相互作用可以结成电子对，称为 Cooper 对，超导电性来源于这些电子对在动量空间中的凝聚，超导态是 Cooper 对的凝聚态。

在这一思想的引领下，陆埃的学生不仅遍及中国，而且影响世界，其团队也从最初的只身一人带着三个研究生夜以继日地辛勤工作，发展到现在已有第三代、第四代学生……一代接一代地承前启后。

2. 王凡教授：南京大学物理学系核物理教研组教授，是陆埃在北京大学读书时的同班同学，在50多年的教学生涯中桃李满天下。虽然已经退休，但是仍然坚持经常去办公室。

中年

1. 宗红石教授：粒子—核—宇宙学联合研究中心的副主任，1963年生人。他一方面要上课，带10多名研究生，教学效果显著；另一方面做科学研究，每年发表论文10余篇，硕果累累。每天起早贪黑，忙忙碌碌，没有上、下班之分。对工作兢兢业业，对学生认真负责，为国家培养了许多精通物理的优秀人才。

图 7-13　2006 年陆埃与宗红石（粒子—核—宇宙学联合研究中心副主任）、平加伦合影（左二为陆埃，图片由陆埃夫人周精玉提供）

2. 任中洲教授：南京大学"长江学者奖励计划"特聘教授，1962年生人。他工作努力，每年培养10余名研究生，既保证教学质量，又出色地完成科学研究大项目的任务，成绩卓著。不但科研论文接二连三地发表在国际权威杂志上，还为国家培养了许多敢于挑大梁的杰出人才。

3. 孙伟民副教授：为人诚恳，待人友善，对待教学与科研勤勤恳恳。周末和节假日也经常性地出现在办公室。

青年

1. 几位从德国和美国回来的青年科学家精力充沛，工作努力，一丝不苟。他们把从国外学到的先进经验和前沿知识用来解决科学研究中出现的困难问题，无论是进行实验研究，还是做理论研究，他们都全力以赴，一心一意地扑在科学研究工作上，同时也认真地做好教学工作。

2. 一大批正在成长的研究生，生气勃勃，对新鲜事物最敏锐，好奇心强，豪情满怀，希望一飞冲天，一鸣惊人。他们是今天的科学研究生力军，很可能就是明天的科研领导、栋梁之材。

陆埮经常勉励学生："我们老一辈的人是从时代的暴风雨中、战乱中长成的，我们应该赞美你们现今的幸福，因为你们的青春正好落在这样美好的日子里，你们可以不受任何扰乱地专心学习和科学研究，要好好珍惜。"[①] 继伽马射线暴团队之后，陆埮又不辞辛劳地建立起一个宇宙学科学研究团队，引导年轻一辈走进宇宙学的科研领域。尽管自己也很忙，陆埮平常仍尽可能多地帮助学生分析思考，给学生提供优质服务，创造条件使学生独当一面，同时注重学生信心和责任感的培养。人才得一个一个地培养教育，这个由老中青三个年龄段组成的团队最初只有 10 余人[②]，七年的光阴见证了这个团队的成长，科学研究的实际水平逐渐提高，科学研究的队伍日渐壮大。而今，陆埮等人的辛勤耕耘结出了累累硕果，该中心一代又一代的年轻科学家们不断迎接着日益激烈的国际学术竞争和挑战，在更高、更广阔的国际舞台上大放异彩。陆埮本人也在 2008 年 5 月被中国科学院研究生院评为"杰出贡献教师"。

图 7-14　2008 年陆埮与粒子—核—宇宙学联合研究中心的学生们在一起（左三为陆埮，图片由陆埮夫人周精玉提供）

陆埮很敬佩世界著名物理学家、诺贝尔物理学奖获得者玻尔的为人和培养人才的方式，尤其是他那谦虚的美德促使众多优秀青年团结在他的周围，相互影响，合作科研，很多人都以成为玻尔的学生而感到光荣。20 世纪 30 年代，玻尔在哥本哈

---

① 此处根据陆埮夫人周精玉回忆。

② 南京大学 4 人，紫金山天文台 4 人，在读研究生 10 余人。

根创建理论物理研究中心，吸引了各国优秀青年学生，始终走在科学研究的前沿阵地，做出了惊人的成绩，培养教育出十多位诺贝尔奖获得者。陆埮也以玻尔为榜样，先后组建伽马暴和宇宙学两个团队，为我国的天文事业走上国际竞争的舞台作出了突出贡献。

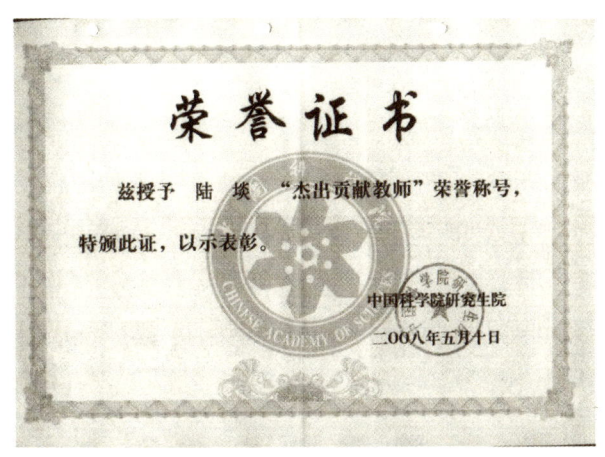

图 7-15　2008 年陆埮获"杰出贡献教师"荣誉称号（图片由陆埮夫人周精玉提供）

培养研究生

　　陆埮不仅是一名优秀的科研工作者，还是一名优秀的老师。培养研究生是陆埮除了教学和科研之外的又一项重要任务，刚开始的几年他主要带硕士生，后来则多为培养博士生。在陆埮培养出的 10 余名博士中，5 名获国家杰出青年科学基金[①]；2 名为国家杰出青年群体基金项目首席；2 名成为"国家自然科学基金委员会创新研究群体项目负责人"；3 名成为"973[②]

[①]　此基金的获得十分不易，很多大学都没有人能够获得这项基金，而陆埮培养的博士却有 5 人获得，体现了他在人才培养方面的不凡能力和良苦用心。

[②]　即国家重点基础研究发展计划，旨在解决国家战略需求中的重大科学问题，以及对人类认识世界将会起到重要作用的科学前沿问题，坚持"面向战略需求，聚焦科学目标，造就将帅人才，攀登科学高峰，实现重点突破，服务长远发展"的指导思想，坚持"指南引导，单位申报，专家评审，政府决策"的立项方式，以原始性创新作为遴选项目的重要标准，坚持"择需、择重、择优"和"公平、公正、公开"的原则，坚持项目、人才、基地的密切结合，面向前沿高科技战略领域超前部署基础研究。

首席科学家"；1 名获中国青年科学家奖①；1 名获中国青年科技奖；1 名被聘为长江学者特聘教授②；3 名获中国科学院百人计划资助；4 名进入中国科学院创新工程，3 名成为首席研究员；2 名获得总理基金；6 名担任 973 项目组长；1 名获何梁何利基金科技进步奖天文学奖、2 项国家自然科学奖；2 名获全国优秀博士学位论文奖③；1 名曾任中国天文学会理事长，1 名任副理事长；1 名任国家天文台副台长；1 名任南京大学天文与空间科学学院副院长；1 名承担国家重大项目 "LAMOST"④并任总经理。他们发表了大量论著，文章引用率很高，在国内外的影响力十分深远。如今，陆埮培养出的 10 多位博士正在天体物理的舞台上崭露头角、大放异彩，在各自不同的岗位上担当 "挑大梁" 的重任，这在我国天文学界都是屈指可数的。他们作为国家的学术带头人投身于天文学的研究，活跃在国际天文学界，为我国天文学的研究做着重要的工作，成为骨干力量。或许对于陆埮来说，最使他骄傲的并不仅仅是他的科研成果，还有他培养出的优秀博士生。

1993 年，因为在研究生教育工作中成绩显著，陆埮荣获江苏省教育委员会和学位委员会授予的 "优秀研究生教师" 称号。陆埮培养研究生有着自己的独特心得，2004 年 10 月，他的文章《谈谈研究生的培养》也荣获了由国务院学位委员会办公室、中国学位与研究生教育学会和《学位与研

---

① 全国天文界总共只有 3 名。

② 到目前为止天文界只有 2 名。

③ 全国优秀博士学位论文评选工作开始于 1999 年。这是教育部《面向 21 世纪教育振兴行动计划》的一个重要内容。其目的是加强高层次创造性人才的培养工作，鼓励创新精神，提高我国研究生教育特别是博士生教育的质量。截至 2009 年，全国优秀博士学位论文评选工作进行了 11 届，总共评选出获奖论文 1082 篇，按原定计划本该为 1100 篇，为了保证提高博士生培养质量，促进博士生教育整体水平以及高层次人才脱颖而出的重要作用，仅仅评选出这 1082 篇论文来代表我国在 11 年内所培养出的博士生的最高水平。而其中陆埮的博士生就占 2 名，分别于 2001 年和 2004 年获奖。

④ 天区面积多目标光纤光谱天文望远镜（LAMOST）是一架视场为 5 度横卧于南北方向的中星仪式反射施密特望远镜。由于它的大视场，在焦面上可以放置四千根光纤，将遥远天体的光分别传输到多台光谱仪中，同时获得它们的光谱，成为世界上光谱获取率最高的望远镜。它将安放在国家天文台兴隆观测站。项目投资 2.35 亿元。它使我国天文学在大规模光学光谱观测、大视场天文学研究上，居于国际领先的地位。

究生教育》杂志社联合举办的第三届《学位与研究生教育》优秀论文评选一等奖。

这篇文章详细讲述了他所认为的在人才培养工作中的重点以及方法。陆埌指出，使学生树立事业心是最重要的一点。科研工作往往没有明显的经济收益，甚至有时候是寂寞和艰苦的，但是基础科学研究有着重要的意义，它的作用虽非立竿见影但却长远有效，需要科研人才真的热爱科研工作，全身心投入到工作中，才能抵住诱惑，专心做好工作。

图 7-16　1993 年陆埌被评为 "优秀研究生教师"（图片由陆埌夫人周精玉提供）

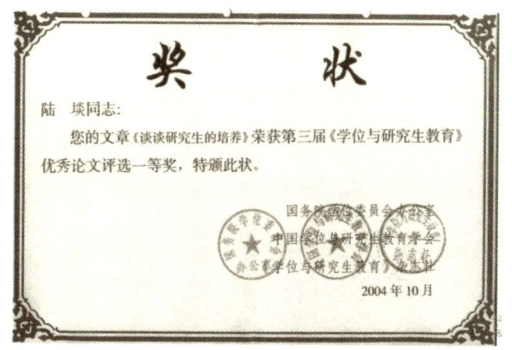

图 7-17　2004 年陆埌《谈谈研究生的培养》荣获优秀论文评选一等奖（图片由陆埌夫人周精玉提供）

"今天之所以有这么多高科技的产品，使我们得以享受现代化的生活，确实应该感谢历史上的那些从事基础研究的先驱人物。将来高科技的发展，也会仰仗我们今天的基础科学研究。"[①]

自然科学以认识世界为目的，技术科学以改造世界为目的，技术科学是以自然科学的理论为依据创建、形成的，因而打好自然科学的基础十分重要。

陆埌培养研究生，还着力于培养他们的创新能力。对于刚招进来的研究生，陆埌授之以知识，传之以智慧，悉心指导，热忱鼓励，循循善诱，

---

① 陆埌：谈谈研究生的培养。《学位与研究生教育》，2002 年 04 期。

以润物无声的尽情付出助其开拓研究思路，培养科学精神。在学生跟着他学习了一段时间之后，陆埪便会转变培养方式，注重培养学生从前人的旧知识中发现新知识的本领。因为他深知授人以鱼不如授人以渔，创新是科研的灵魂。

> "基础科学本身就意味着人们对客观世界的认识范围，基础科学研究就在于从已知范围向未知范围的扩展，这本身就意味着需要创新。不仅范围需要扩大、深度需要增加，而且方法和途径也经常需要更新。"①

陆埪认为，有时候学历并不是特别重要，改行也不会是障碍，从某种意义上讲，跨学科跨专业是优势，关键要看学生的创造力。陆埪经常鼓励研究生自己找课题，通过自己的努力跨出第一步很重要，这一步跨出去就"天地宽"了。他的学生中有些原先不是学天文的，本科毕业的专业五花八门：机械、地质、热处理、地理、生物、半导体、物理等。比如赵刚原来是学工程的，后又学粒子物理；戴子高本来是搞原子核物理的，二人师从陆埪攻读博士才转向天文，研究成果都卓有成效。甚至如王青德都没有读过正规的大学，靠着自学考上陆埪的研究生，跟随陆埪攻读硕士后不久就在国际著名杂志上发表文章，一直到现在还被学术界引用。

正人须先正己，身教重于言教。陆埪不仅在学术上指导学生，在思想和道德建设方面也一直没有放松，在与学生的交往中，凡是要求学生做到的，首先必须自己做好，时刻注意以身作则和言传身教。陆埪要求学生做学问之前要先学会做人，尤其是要有团队合作精神，因为现在的交叉学科、大项目均是由很多单位和人员参加，共同努力完成的。并且年轻人要想有所成，就必须树立远大的目标，在此基础上，实实在在做事。除了这些方面，陆埪还分别从思考与能力、直觉与判断、历史与前沿、聪明与毅力、基础与研究、机遇与准备等进行了全面的分析和说明，将成功培养人

---

① 陆埪：谈谈研究生的培养。《学位与研究生教育》，2002 年 04 期。

才所需要的条件都一一列举出来，不仅说明了自己在人才培养中取得成功的原因，也为后来人的人才培养指出了一条清晰的道路。

教学有方

陆埮治学有个著名的"四快一慢"原则，即构思快，推导公式快，计算快，写文章快，投稿慢。这是陆埮从部队里的军事战术学来的，从调研、立论，到分析、成文，均要紧迫、快速，但最后投稿要慢，方方面面都要考虑周全，要经过反复核对，仔细推敲，必须慎之又慎，小到一个标点符号也要注意到，不能马虎，做到尽善尽美，严谨的治学态度是做研究工作的最基本要求。陆埮的学生、全国优秀博士论文获得者黄永锋清楚地记得，有一次，他写的一篇论文经过反复推敲终于定稿，准备投寄，便来到自己的导师陆埮家里借用打印机打印文稿。打印出三份后，突然无意中发现文中一个逗号用错了。他试探着征询陆老师的意见："您看这个逗号不要紧吧？"陆埮说："文章就像泼出去的水，一旦投寄出去就收不回来。这是非常严肃认真的事。既然我们自己已经发现了这个错误，就一定得改过来。"[①] 下笔千钧，发表的论文多年后都将成为历史文献，陆埮谆谆告诫学生要对自己负责任，更要对科学研究的历史负责任，一定要认真对待每一步，千万不能急于求成。

说到治学严谨，陆埮非常佩服吴健雄的科学思想，并经常用她的故事教育自己的学生。当年吴健雄在证明杨振宁和李政道提出的宇称不守恒定律时，对自己的实验结果不满意，还要反复再验证。这个实验的消息传到她单位的另外一个研究组，他们就马上用另一种实验方法去证明宇称不守恒定律，第二天就得出了结果，很快写成了论文，准备发表。这个研究组的人找到吴健雄，希望她赶快发表文章，然后他们紧接着也能发表自己的论文。严谨认真的吴健雄却没答应，她认为自己的论文暂时还不能发表，需要再做一遍实验才能验证。研究组的等待非常痛苦，因为他们的实验只

---

① 邢春燕. 天体物理学家陆埮长期超负荷工作，从"地上"转到了"天上"［EB/OL］. https://www.thepaper.cn/newsDetail_forward_1283104，2014-12-04。

要 24 小时就能得出结论，而吴健雄的实验花费了半年时间，要知道当时全世界至少有 8 个实验室具备做这个实验的条件，一旦别的实验室抢先发表了结果，他们的研究就没有意义了。终于等到了吴健雄再次验证结果正确，他们才一起投稿，论文先后发表在同一本期刊上。每每讲到这个故事，陆埮总跟学生说，科学是严肃的，来不得半点虚假。天体物理的研究领域是探索性的，即便现在的理论是正确的，将来还会有更正确的，必须一直处在追求更新、完善的状态中，机遇才会留给有准备的人，只有扎实细致，才能有所收获。陆埮不仅这样要求学生，也这样要求自己。

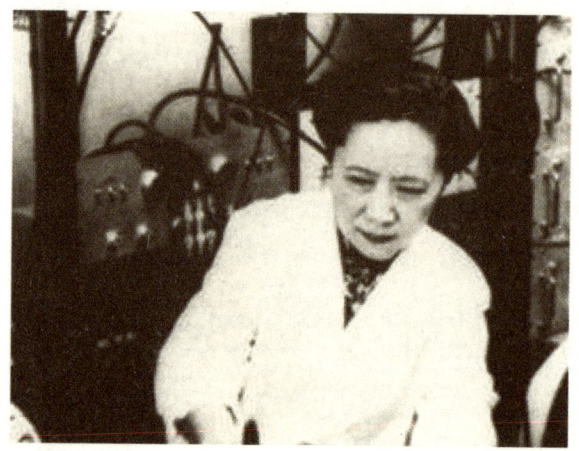

图 7-18　工作中的吴健雄（图片源自网络）

所谓"初战必胜"就是：第一篇科学研究论文一定要成功。这主要是为了鼓舞学生做科学研究的兴趣，慎重出击，初战必胜，尝到了成功的滋味，有了成就感，建立了足够的自信心，才敢于向科学前沿冲刺，敢于创新。正所谓好的开头就是成功的一半。就像初上战场的新兵，赢得了第一场胜利，就能激发他的士气，使之在更大程度上努力，创造出更多更好的佳绩。陆埮带学生非常有耐心，他说得少听得多，总是耐心地倾听学生自己的观点和想法。当学生稍显离经叛道或者有些偏离正轨时，他不会立即打断或更正。因为他知道由于科学本身研究周期长、研究过程反复的特性，重大的科学发现往往需要一些科研触觉特别敏感的人，当然这种敏感在陆埮看来也有缺点，就是很容易受到外界的影响，因而若没有一个宽松的科研环境，没有导师耐心的倾听与鼓励，会很容易丧失科研的信心，所以陆埙愿意给这些学生时间和空间去摸索、探求，而非一味地否定、批评。此外，陆埙始终认为每一个学生都是有潜力的，他的学生也并非都是一开始就学天文，而是各个学科都有。尽管学生们的水平参差不齐，陆埙却总坚持鼓励的教育方式：对于基础较好的学生，陆埙会向他们介绍科研前沿，鼓励他们自己找课题自主研究；对于基础稍差些的学生，他会给他们一个问题，鼓励其研究、调研；而对于基础并不那么好的学生，陆埙会手把手地教他们研究问题，解决问题，勉励他们以达首战必胜。

在培养学生方面，陆埙非常佩服玻尔，玻尔倡导的平等、自由讨论和相互紧密合作的浓厚的学术气氛是陆埙努力的方向。陆埙经常向学生们说起苏联的两个学派，一个是朗道学派，一个是塔姆学派。朗道和塔姆两位都是诺贝尔奖获得者，前者要求学生首先要精通朗道和列夫希芝编的一套相当完整的理论物理教程，然后才允许开始做科研；而后者采用边学习边做科研的办法，他们都为苏联培养了大批人才。陆埙说他倾向于后者，主张要与学生交流。几十年如一日，他一直坚持主持每周半天的学术研讨会，这已经成为一个传统项目，在国内外都有很大的影响。学术讨论会上大家面对面地交流心得、汇报进度、讨论课题，在宽松、平等的讨论与交

图 7-19　陆埙每周一次与研究生在一起的学术研讨活动
（摄于 2001 年，右上角处为陆埙，图片由陆埙夫人周精玉提供）

流中迸发灵感，激发学生们的创新研究。师生一起交流最近看的文献，阐述自己的新想法，极大地开阔了学生的眼界和思路，大大地激发了学生们的创造热情。老师完全把学生看成朋友，充分体现了学术民主。这种讨论会上经常有思想火花的碰撞，为学生提供了锻炼创造性思维的良好机会。

1980年起，陆埮多次参加国际学术研讨会，对国际前沿的学术研究进展和动态早已了如指掌，于是在1990年，他在南京大学天文学系建立和领导了一个后来在国际上都占有重要一席之地的著名科研团队——"南京伽马射线暴"研究团队。每周整个团队集中进行半天的学术研讨会，充分调动每个人的积极性，畅所欲言，主要汇报各自上一周所做的工作，包括看文献、做实验、写论文等，大家平等地交流上一周的启发和收获，提出自己的困难和问题，计划下一步的打算和安排等。有时陆埮也会带领学生对某些学术问题开展学术探讨，对重大的前瞻性问题、前沿问题进行反复的研究，最后得出正确的认识。总而言之，在学术研讨会上，大家各抒己见，展开充分的讨论，完全自由，正面建议和反面意见都可以大胆提出来，真正做到了知无不言，言无不尽。

几十年来，陆埮和他的学生们一直坚持不懈地开展这一学术研讨会，即使陆埮调出南京大学、开始在紫金山天文台工作后，他还是坚持每周抽出时间参加科研团队的学术研讨会。尽管工作繁忙，却毫无倦怠之意。在坚持了一年多后，因为经常出差外地实在无法按时参加，陆埮将南大团队的领导权转交给他亲手培养教育的学生戴子高。即便已经调到紫金山天文台工作，他与南大团队也从不分彼此，有什么问题总是共同商量、妥善解决，积极提出自己的建议。2006年1月，在陆埮的积极促进下，南京大学和紫金山天文台联合共建了"粒子—核—宇宙学联合研究中心"，挂靠在南京大学物理学院。经过几年的努力奋斗，陆埮再次建立起一个"研究宇宙学"的科研团队，并已初见成效。在这里，每周半天的学术研讨会依旧雷打不动。陆埮经常说本科生阶段的讨论，题目由老师定，答案老师也是知道的；而到了研究生阶段，题目可以老师出，也可以学生出，师生共同研究，但答案谁都不知道。这就需要大家瞄准一个目标努力奋斗，孜孜不倦地探索追求，而学术讨论会正提供了这样一个集中团队智慧的场所。

陆埮坚持的学术研讨会，基本策略是让学生尽早直接参与科学研究工作，鼓励学生按时聚集在一起讨论，达到了解、熟悉科技前沿的目的，在此基础上选择好自己感兴趣的科研课题、学术方向，把握一切有利的机遇，积极开展科学研究。做科学研究要有一种"初生牛犊不怕虎"的精神，青年人头脑清晰、思维活跃，正是做科研的最佳时期，陆埮鼓励青年学生大胆尝试、小心验证，因为胆大心细更容易做出创新的成果。通过每周一次大家聚集的研讨会，陆埮也在告诫学生避免孤军作战，科学研究不仅需要独立思考，也需要通力合作。国际上的一些"大科学"项目，如1983年发表在国际刊物《物理快报》上的测定中性Z粒子性质的文章，作者名单就占了将近3页，包括近40个单位，450位作者，由此可见合作是科学研究的必然趋势。除了每周一次的师生讨论会，陆埮还鼓励学生多参加国内外的各种学术研讨会，了解前沿，交流思想，互通信息，开阔眼界，并从中得到启发。

我不是严师

俗话说"严师出高徒"，但是，培养出众多高徒的陆埮在学生们的眼中却一点都不严厉。他与学生与其说是师生关系，倒不如说是朋友关系，和蔼可亲，平易近人。陆埮关心学生的全面发展，每当学生有缺点、错误时他从不声嘶力竭地严厉批评，而是像对待知心朋友一样，总是和风细雨地说服教育、轻言细语地诚恳相劝，清楚地指出其缺点的危害性，讲明白道理和利害关系，使学生乐于接受并尽快改正。他常说自己不是严师，从不说重话，生怕伤害年轻人的自尊心。他将学生视若掌上明珠，捧在手上怕摔坏，揣在怀里怕挤碎，旨在让学生愉快地做研究工作，轻松地面对现实生活。当然，日常生活中的陆埮幽默风趣、宽容大度，一旦涉及科学研究却要求极为严格。陆埮经常强调做自然科学研究工作，特别是做物理科学研究工作，要遵守两条法则：（1）实验证明；（2）逻辑推理。要经得起实验的检验，符合逻辑推理。对于做天文科学研究工作，同样也要遵守两条法则：（1）观测证明；（2）逻辑推理。要符合所观测到的事实真相，符合逻辑推理。陆埈的教育思路是让学生首先弄清楚物理概念，对一切天文问题和物理问题都能进行独立思考，要知道很多物理学的重大突破就是通过天文观测和宇宙学来实现的，即所谓的"以天之语，解物之道"。论文写成之后不能急于发表，必须仔仔细细修改，半点马虎不得，即便是一个标点符号也不能弄错，尽力做到完美无缺。这种意义上的"严师"更能获得学生的尊重和爱戴，因为它体现的是陆埈对科研慎重、对学术负责的严谨态度。科研于陆埈而言是一件很享受的事情，比如他的电脑硬盘分区都是用牛顿、哈勃、爱因斯坦这些科学家的名字命名的，他在科研方面是一个非常纯粹的人。

陆埈还经常给学生讲科学发展史，讲科学家奋斗不息的故事，他对物理学和天文学等自然科学的发展过程了然于胸，对著名科学家如数家珍，对科学家的奋斗故事了如指掌，他通过一个个鲜活的故事激发学生对科学的兴趣，让学生了解前人如何取得重大突破、获得伟大成就，如何从失败中吸取教训最后获得新的成功。各个时代具体条件有所差别，但凡是在科学发展进程上具有里程碑意义的成就，都要付出艰苦卓绝的努力，才能有所发现、发明和创造。陆埈经常敦促学生珍惜当下优越的科研条件与科研环境，努力奋斗，做出成果。他也给学生介绍一些名家进行科学研究时值得借鉴的方法，例如诺贝尔物理学奖获得者史蒂文·温伯格[1]就曾给科学家提出四条黄金忠告：（1）没有人了解所有的知识，你也不必；（2）应该到波涛汹涌澎湃的地方去，在最混乱的环境中做出大成果；（3）原谅自己虚掷时光，例如你做成 10 个问题，可能只有两个或者一个是有重要意义的；（4）学一点科学史。有时也有学生寻根问底，询问陆埈做科学研究应该如何选题，是做大题目还是做小题目？对此，陆埈往往引用诺贝尔物理学奖获得者费米（Fermi）非常"实在"的话回答，"大题目、小题目都可以想，都可以做，不过多半的时候应该做小题目。如果一个人专门做大题目的话，成功的可能性会很小，而得精神病的可能性会很大"。这是大师对青年一代的有益忠告，也是陆埈自己几十年如一日的努力奋斗得出的经

---

[1]　史蒂文·温伯格，美国物理学家，因独立提出基于对称性自发破缺机制的电弱理论而与格拉肖、萨拉姆分享了 1979 年的诺贝尔物理学奖。

验教训之总结。当下有年轻人写书、写文章扬言"牛顿错了，爱因斯坦错了，牛顿力学和相对论通通都错了，早就应该废弃"，但是为什么错，究其根源在哪里，却没有人能够说清楚。一心只做大问题，花了不少时间和精力，结果什么问题也没有解决。陆埮始终告诫学生千万不要钻牛角尖，决不能做那些玄之又玄、难以把握的问题，也不能做那些无法用实验检验的科学研究难题，必须使最终的研究结果具有明确而深刻的物理意义。前人的经验和教训对后人特别是对年轻的科技工作者来说更加重要，这可能也是陆埮喜欢向学生们讲科学史故事的原因，它们能使青年学生们以极其饱满的热情投身于科学研究事业，全神贯注、全力以赴地从事科学研究，少走弯路，尽快走向成功的目的地。

教书育人，他帮助学生开启知识探索之门，一点一滴默默无闻地付出，即使是陆埮当时没有教过的有关量子力学、广义相对论的一些科学前瞻性、理论性强的课程，学生也纷纷前来请教，师生关系质朴而持久。陆埮的教学坚持严肃的科学态度、严谨的治学方法、严密的工作作风，与学生的关系就像父母与孩子一样亲密。他平常没有任何架子，平易近人，学生有问题都愿意主动找上门来与他讨论、征求意见。"文化大革命"中陆埮被打成资产阶级反动学术权威之后，他的学生和青年同事也是最早站出来为他平反的人。

正式科研后，他不忘奖掖后进，鼓舞青年学生。陆埮爱惜人才，善于发现人才、提拔青年人，敢于让青年人参加重大的科学研究课题。陆埮充分信任学生，从各方面调动学生的积极性，比如平常师生合作写论文，投寄发表时，陆埮总是将自己的名字放在最后，把学生的名字放在前面，无微不至地关心照顾学生；而与学生一起拍照时也丝毫没有大科学家或院士的架子，有时甚至直接与学生们一起坐在地上。这些对当时论资排辈已经习以为常的中国学术界可以说是破天荒的惊人之举。当他看到青年科学工作者的某些合理要求得不到应有的回应时，他毫不犹豫地站出来仗义执言，为学生排忧解难。平常他对学生也总是热情鼓励、真诚帮助、耐心引导、有求必应，例如请陆埮写推荐信的学生和青年人几十年来数以百计，去国外深造，攻读学位、进修、访问等都需要专家的推荐信，一般说来一个人会同时申请数家单位，而每家单位都需要三封不同专家的推荐信，凡是请陆埮写的推荐信，每一封他都必然根据申请人的具体情况、按照对方单位的规定写得恰到好处，往往在申请中起着决定性的作用。每每给远在大洋彼岸的学生发邮件，陆埮总要嘱咐他们首先保重身体，信尾的"念念"二字至今仍令不少学生感动非常。

陆埮的基础理论知识扎实，功底很深，这也使他能够站得高、看得远。曾经，天文系一名学生申请到美国一所大学读博士学位。临行前，他特地到陆埮家与老师告别，师生二人谈论学术，研究探讨各种前沿问题、基本问题、重大问题等，讨论得十分深刻，陆埮和学生都很高兴，几小时后师生二人亲切地握手告别。两年后该生从美国给陆埮写了一封热情洋溢的感谢信，信的主要内容是汇报他在美国的大学里顺利地通过了博士学位的资格考试，巧的是导师出的考题正是那次临行前陆埮所谈的内容，足见陆埮的睿智眼光！

陆埮是一位始终爱好探索新问题、思索解决老问题且重视创新的前沿科学家。他坚信路从来都是人走出来的，第一次走进科研崇山峻岭的陆埮总要首先披荆斩棘，挥汗如雨，他用自己辛劳的汗水为后辈铺设平坦的康庄大道，在科学研究和教育事业贡献了毕生精力，甘做人梯。陆埮将科学研究成果融会贯通，凝聚成了300多篇论文。他写的文章和书一般没有华丽的辞藻，却在字里行间透射出指路人的光芒，迸发着智慧的火花，给人以深远的启迪。"生命是作为一种基因的装置而存在。对人来说，除了生物基因，还有另一种酷似基因，可复制可传播并进化着的东西，这就是文化基因。我们每一个人为传播文化基因而作的种种努力，都是美丽动人的。"① 这是陆埮的老朋友罗辽复说过的一段话，他非常喜欢并在自己的教学生涯中不断实践着，将文化基因一代又一代地传承下去。探讨前沿课题、主讲学术报告、参加学术会议、申报国家基金……陆埮的每一种努力，都和他满头醒目的银发一样，带给人无限的敬意，也流淌出岁月的华彩。

---

① 罗辽复：回忆陆埮。见：中国科学院紫金山天文台编，《永恒的怀念：陆埮院士纪念文集》。北京：中国科学技术出版社，2015年，第3页。

是学生也是子女

陆埈非常关注自己的学生，他几乎把所有的心血都花在学生和事业上，比对自己的孩子更甚。陆埈对学生关怀备至、有求必应，始终将自己与学生的相遇、相处视作一种缘分和福分。大家有什么困难需要帮忙，他总是伸出援助之手，从不计较任何得失。比如有学生借用相机、扫描仪等当时还很昂贵且少见的设备时，陆埈都是二话不说就拿给学生，从不在这些小事上计较。陆埈平时生活朴素，吃饱穿暖即可，对他来说钱财乃身外之物，别人有了困难，他总是力所能及地伸出援助之手，对于亲朋好友、同事学生更是慷慨解囊，有求必应。犹记得 2008 年 5 月 12 日，汶川发生了里氏 8 级特大地震，死伤无数，经济损失巨大。身处南京的陆埈心系国家与百姓，三次捐款给予帮助——通过紫金山天文台捐款 2000 元，通过母校北京大学校友会捐款 1000 元，直接捐给四川大学 10000 元。

陆埈时刻注意关心爱护学生。学生所在的办公室灯坏了，他会亲自帮忙登记报修；办公室里没有钟表，不方便看时间，陆埈就自己给学生买了一个钟挂上。学生生病了，年迈的陆埈会偕夫人亲自爬楼梯到宿舍看望；学生一个电话，陆埈就可以跟他聊上半天，与学生关系密切，既是师生，又是朋友，甚至与学生成为挚友。陆埈跟不少学生长期保持联系，还经常书信往来，他对研究生总是轻言细语，重话从不说一句。除了经常约谈

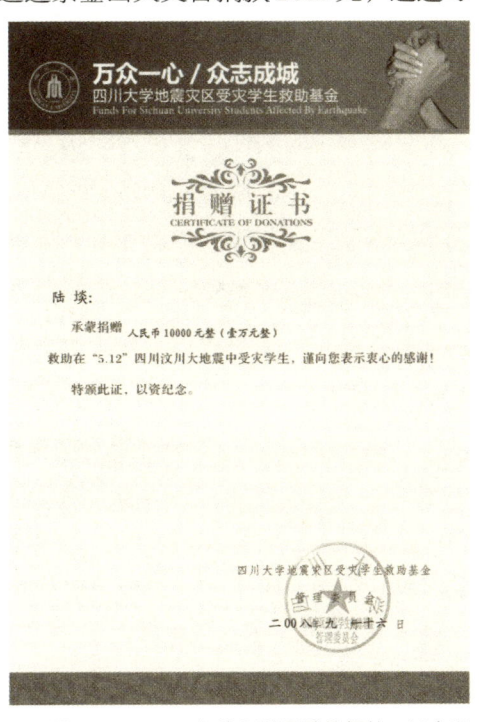

图 7-20　2008 年汶川地震陆埈捐给四川大学地震灾区受灾学生一万元整（图片由陆埈夫人周精玉提供）

学生，平时更是打电话、发电子邮件忙个不停，由他推荐出国的学生早已达到数百名，各式各样的推荐信不计其数，简直比对待自己的子女还要上心。有时学生来到家中讨论学术研究问题，他总是十分开心，从学术研究到日常工作再到生活习惯等，面面俱到了解详细，滔滔不绝说个不停。同样搞科学研究的妻子周精玉对此表示理解，陆埮的事业心很强，对他来说事业高于一切，当然期望他的学生将来能够继承、发展科学研究事业。

陆埮的关怀备至换来了学生对老师的倾心相待，学生们都非常尊敬这位父亲般器重、照顾自己的老师，大家都敞开心扉，什么事都和老师谈。陆埮儿女不在身边时，他的学生都会尽心尽力地帮忙。还记得"文化大革命"中陆埮被打成资产阶级反动学术权威时，也是他年轻的同事和学生们第一个提出平反，使他在困境中得到温暖，在黑暗中看到光明。2000 年 3 月初，因为经常性开夜车做科研，陆埮犯了头晕病，一动就恶心呕吐。他的四个研究生用担架把陆埮抬上汽车，并跟随汽车一直护送到了南京脑科医院，办理好一切住院手续后才离开。

与对学生的关怀备至相对的是，陆埮对自己子女的教育基本是放养式的。2010 年 5 月，陆埮应中国科技大学天文系张扬教授的邀请参加童明雷的博士学位论文答辩，周精玉也应邀同行。6 日坐火车抵达合肥，答辩会结束后，陆埮又马不停蹄地给中国科技大学天文系和物理系的本科生和研究生做了题为"从物理角度看宇宙"的学术报告，直到 9 日才有空闲与当时在中国科技大学工作的次子陆轻铀见面，父子二人一同讨论物理问题，陆轻铀还买了一本书《爱因斯坦你错了！上帝在掷骰子》送给父亲陆埮。得知自己三岁多的孙子陆原尘因感冒咳嗽正在医院输液，周精玉叮嘱儿子孩子最重要，一定要照顾好孩子。陆轻铀笑着指了指自己的父亲说道："有的人就认为事业比小孩子重要，例如爸爸就认为他的事业比我们这些小孩子们重要。"[1] 陆埮笑笑算是默认。陆埮实在太过忙碌，无论是小学、初中还是高中，三个孩子的家长会他几乎从未参加过。三个孩子考大学时，他

---

[1]　此处根据陆埮次子陆轻铀回忆。

都出差在外开会。长子陆轻锂高考时档案失踪，周精玉费尽周折后才知被录取学校调走，松了一口气；次子陆轻铷考大学时平平稳稳还算顺利；女儿陆轻铱高考时天下大雨，周精玉因为还要给本科生上课脱不开身，结果轻铱淋成落汤鸡回了家，进

图 7-21　20 世纪 90 年代陆埮与小儿子轻铷、女儿轻铱合影（图片由陆埮夫人周精玉提供）

门就哭，说别人都有人送雨伞，就我一个人没人送伞。结果陆埮的三个子女都是大专毕业，但后来他们经过努力也都考取了研究生。在现代人看来，孩子考大学是一个家庭的头等大事，恨不得把所有时间与精力投入到孩子的学习考试之中，哪里还有心思出差外地、上班工作。但在那时，陆埮总把工作看得非常重要，他也常常劝慰妻子："我读书时，从来没有让家里父母亲烦过心，一切都自己自觉自愿地努力完成，根本出路在于自己，而不在于父母亲来管理学习。"[1] 当然，在陆埮的心目中孩子还是很重要的，只不过他希望自己的孩子像自己一样独立自主，真是可怜天下父母心。

元旦饺子宴

　　学问之外，陆埮与学生们的关系更像是朋友，一年一度的饺子宴是陆埮与弟子们的一大乐事。每一年的元旦，所有的研究生都会来到陆埮家，师生一起包饺子吃。陆埮与学生们的饺子宴，自 1983 年的元旦起一直到 2013 年元旦，在这三十年的时间跨度里从来没有中断过。1982 年 12 月下旬，陆埮与妻子周精玉商量，元旦虽然放假，但研究生还在学习、工作，下午应当让他们休息放松一下，请研究生们下午 3 点钟来家包饺子吃，改善改

---

　　[1]　此处根据陆埮夫人周精玉回忆。

善生活，大家聚集在一起还可以聊天、沟通，相互了解、相互促进。对陆埮的这个提议，妻子周精玉欣然同意。于是，在1983年元旦的前几天，陆埮对研究生发出邀请，周精玉买进大量的食材，其中包括新鲜好吃却清洗费时的荠菜，吃完晚饭后，她就开始一根一根地择洗干净，为包饺子做准备。元旦清晨，周精玉买来新鲜猪肉。大概下午3点钟，所有的研究生都按时到陆埮老师家来，大家分工协作：揉面、剁馅、擀皮、烧水、包饺子。电视机一直开着，播放着陆埮平时录下来的电视剧等节目。大家围坐在一起，一边包饺子，一边天南地北地聊着天，小小的屋子里充满着欢声笑语，热闹极了！饺子好了，大家就一边吃，一边谈科研、谈人生，像一家人一样其乐融融，一直到晚上10点多钟才各自回宿舍。

饺子宴最初只有约8个研究生，除了陆埮自己的研究生之外，还邀请了天文系其他方向的部分研究生。随着时间的推移，陆埮的学生也有了自己的学生，再加上他们的家属和孩子，参加聚会的人越来越多，有一年元旦，饺子宴大约有30人参加，大家吃完饺子合影时，由于房间太小，前排一部分人坐凳子，第二排中间一部分人脱掉鞋子、盘着腿坐在床沿上，第三排也脱掉鞋子半蹲在床上。由于人多，木板床发出"咔嚓"的响声，声音很大，还往下一沉，学生们都被这突如其来的动静吓了一跳，赶紧让开，原来是一块床板被压断了。陆埮和学生们哈哈大笑，他笑言这充分反映了人多力量大、兴旺发达，根本没把床板断裂当回事，这也成为陆埮的一个美谈。拍好照之后，大家建议第二年的元旦饺子宴到外边的餐馆去，只因陆埮的学生太多，家里已经容不下那么多人了，于是每年元旦才改到外边的餐馆吃饺子。仍旧在元旦当天下午3点钟聚集，大家在一个大厅里看精心挑选出的电影，陆埮和学生们一起看过《西南联大》《美丽心灵》《大国崛起》《建国大业》《爱因斯坦与艾丁顿》等，看完电影，师生还会一起交流心得体会，再去南京大学鼓楼校区的南方园餐厅吃饺子，一直过了晚上8点钟才各自心满意足地回家。

20世纪80年代和90年代，不少研究生到国外去深造或工作，多年以后他们还来信回味每年元旦大家动手包饺子的味道和气氛，想念大家聚在一起高高兴兴吃饺子的场景。

图7-22　2001年饺子宴（二排左三为陆埮，图片由陆埮夫人周精玉提供）

　　"说到南京的生活，不得不说饺子宴。我在南京的时候，师母还在美国[①]，所以那几年饺子宴都是陆老师小女儿陆轻铱为主力，我们的主要任务是和陆老师看录像，再就是消灭饺子，当然餐后的一片狼藉也要小师妹收拾，现在想起来真应该请小师妹好好吃一顿，以补偿当年的付出。我记得有一年看的是《西游记》的最后一集，陆老师对师徒四人最后获得的封赏分析得头头是道，让我对陆老师有新的认识和发现，令人难忘。"[②]

　　陆埮的学生宋黎明这样回忆道。戴子高是陆埮的博士生，饺子宴他每

────────────

　　① 1990年9月6日至1996年4月16日，共5年多的时间，周精玉应美国大学教授的邀请访问拉玛尔大学和得克萨斯大学，参加教学活动，合作科学研究项目。

　　② 宋黎明：怀念导师陆埮院士。见：中国科学院紫金山天文台编，《永恒的怀念：陆埮院士纪念文集》。北京：中国科学技术出版社，2015年，第51页。

年必去，唯一的一次缺席是 2001 年他远在台湾。那年元旦，身在异地的戴子高因没能参加这次聚会而有些失落，可当他晚上打开电子邮箱，却惊喜地看到了陆老师发来的聚会照片，他顿感温馨，思乡的情绪得到了莫大的慰藉。

"陆老师还曾经在每年元旦组织大家先进行学术交流和讨论，然后观看一些国际上著名的富有正能量的电影或纪录片，并鼓励大家科研上要勇于创新，人生要积极向上，周老师（陆埮老师的夫人）也会发表精彩的讲话，周老师的讲话给人留下了非常深刻的印象，最后所有老师和研究生大家一起吃饺子，庆贺新的一年开始。"[1]

"我第一次到访先生家里，根本就想不到几年后我会和同门的老师以及师兄弟们一起挤在先生家的小厨房里包饺子，更想不到以后会挤在先生的卧室里围在一起边吃饺子边欣赏音乐会，有一年大家还把先生的床给坐坏了。这个饺子宴的传统，随着伽马暴团队规模的不断扩大，以及先生在紫金山天文台建立了宇宙学研究团队，特别是 2006 年在紫金山天文台和南京大学物理学院联合成立'粒子—核—宇宙学联合研究中心'，不得不移师到附近的饭店举行。先生的事业，包括年年举办的饺子宴，也离不开先生的夫人周精玉老师毫无保留的支持。"[2]

"成为陆老师的学生是幸运的。每年元旦，大家都能聚在一起看电影，吃饺子，像个大家庭……我去德国的那两年，每年元旦，陆老师和师母都会邀请我的未婚妻罗丹参加饺子宴。罗丹每每想起这些，都会说那是在南京寒冷的冬天让她觉得最温暖的事情。"[3]

"说起陆老师，不得不说'饺子宴'。这个在圈内是很有名气的。

---

[1] 任中洲、许昌：怀念陆埮院士。见：中国科学院紫金山天文台编，《永恒的怀念：陆埮院士纪念文集》。北京：中国科学技术出版社，2015 年，第 77 页。

[2] 吴雪峰：与先生的第一次见面及其他点滴回忆。见：中国科学院紫金山天文台编，《永恒的怀念：陆埮院士纪念文集》。北京：中国科学技术出版社，2015 年，第 74 页。

[3] 侯臻：怀念陆老师。见：中国科学院紫金山天文台编，《永恒的怀念：陆埮院士纪念文集》。北京：中国科学技术出版社，2015 年，第 100-101 页。

关于它的来历要追溯到许久之前了，在陆老师刚转方向做伽马暴并开始招收学生的时候。每到元旦放假，他都会邀请学生去他家里，大家一起包饺子，吃饺子，说说一年的得失、下一年的计划。大家畅所欲言，天文地理，时事政治，什么都聊。于是，这也成了一个惯例，年年如此。唯一不同的是学生越来越多，学生的学生也越来越多，陆老师的家里已经容不下了。所以每到元旦，就到外面找个餐馆举行饺子宴。"[1]

2004 年元旦的饺子宴就设在紫金山天文台的紫金山上，由紫台派车自天文台总部鼓楼亭出发，直接送到紫金山的山顶上，大家趁此机会还参观了整个天文台的所有新、旧望远镜以及其他各种观测设备。2009 年、2010 年和 2011 年元旦都在南京大学的南方园餐厅，2009 年总共 7 桌，每一桌坐 10 个人，2010 年、2011 年都有 8 桌。2012 年、2013 年在华达宾馆，两次都是 9 桌，2013 年是陆埮的研究生元旦饺子宴三十周年（自 1983 年至 2013 年）纪念活动，三十年间陆埮的学生一代接一代薪火相传、人才济济。

陆埮的一生中大部分时间都在从事大学教学和科学研究，他执教数十年，奖掖后学，为国家培养了一大批杰出人才。陆埮的教学生涯大体上可分为两个主要时期："文化大革命"前，陆埮在部队大学本科教基础课，主要教授原子核物理，学生中有 4 名成长为将军；"文化大革命"后，陆埮来到南京大学天文学系任教，开始培养研究生。2003 年调到中国科学院紫金山天文台任研究员后，主要带博士，培养了一代又一代的国家栋梁之材。桃李芬芳，香飘万里。陆埮的学生中既有驰骋疆场的高级将领，也有科学研究的世界精英，他培养的高素质人才遍布世界各地。

几十年来，陆埮以发展祖国的科学事业为重，唯才是用，一视同仁。他一代接一代地培养教育学生，呕心沥血，殚精竭虑，为国家贡献并且留住了一批又一批的高层次人才。每当谈到自己的学生，陆埮都感到欣慰和自豪，因为他培养的博士生大多都在国内工作，为国家天文事业的发展贡

---

[1]　杨玉鹏：纪念陆老师。见：中国科学院紫金山天文台编，《永恒的怀念：陆埮院士纪念文集》。北京：中国科学技术出版社，2015 年，第 103 页。

献着自己的光和热。他们都曾出国学习过、访问过，但他们又都把自己的事业放在国内发展。例如他的学生赵刚在国外访问时，有家外国单位曾重金聘请，但赵刚说，是陆老师送他出来的，一定要回去为祖国服务。陆埮的博士生大多选择了学成归国，成为天文界挑大梁的重要人物，在不同的工作岗位上发挥着领军作用。

国内外交流

1980 年，陆埮开始参加各式各样的国际学术会议。只有抓住处于国际领先地位的科技前沿、做出具有前瞻性的科学研究成果，才能在国际上立于不败之地。既有的学术成就使陆埮在国际学术界享有盛誉，1980 年起就应邀赴美国、欧洲各国和日本的著名高等学校和研究机构交流访问，多次应诺贝尔奖提名委员会邀请，提名诺贝尔物理学奖候选人。

1983 年，陆埮第一次到乌鲁木齐开会，在宇宙学讲习班讲学半月，介绍关于宇宙学的知识。参会的约有 50 人，其中包括何泽慧院士、龚树模等著名学者，会议主要是由陆埮等人作报告，介绍、讲授关于宇宙学的知识。1992 年，陆埮参加吴健雄的学术报告会并与之交谈讨论。1999 年，陆埮应邀与众多国内外天文学界著名学者共同参观乌鲁木齐天文站。

陆埮还多次应邀来到中国香港，出席国际会议。后来一直与香港年轻有为的天文学家郑广生教授合作科研，互派学生交流学习。2001 年上半年，陆埮应"台湾中央大学"天文研究所

图 7-23　1992 年陆埮在吴健雄的学术报告会后与她交谈，中部左为黄昆、陆埮、冯端，中部右为吴健雄、袁家骝（图片由陆埮夫人周精玉提供）

图 7-24　1999 年陆埈与 H.C.Spruit[①]在乌鲁木齐天文站合影（图片由陆埈夫人周精玉提供）

图 7-25　1999 年陆埈与 Meyer 在乌鲁木齐天文站合影（图片由陆埈夫人周精玉提供）

邹志刚教授的邀请去做访问学者，合作科研，其间还应邀参观了台湾大学、"台湾清华大学"等，大家通过学术报告和经验交流相互启迪，互相促进。

图 7-26　2000 年左右陆埈出席天文学理事会期间与香港大学郑广生合影（图片由陆埈夫人周精玉提供）

　　陆埈的学术访问足迹几乎遍布全世界，美洲、欧洲、大洋洲、亚洲都留下了他的身影。他曾多次访问美国，相继访问过德国、意大利、加拿大、日本、澳大利亚、南斯拉夫、印度等国，其中还成功与德国联合举办国际天文学术会议。该会议第一次于 1982 年 4 月在中国南京召开，每隔 3 年召开一次，中国、德国轮流做东道主，一直持续到现在。根据档案资料列举陆埈的部分交流访问经历如下：

　　1980 年 12 月访问美国芝加哥、普林斯顿、费城、巴尔的摩和纽约并讲学，参加在美国巴尔的摩召开的第 10 届国际得克萨斯相对论天体物理会议；

①　Hendrik C. Spruit，德国天文物理学教授，IAU 成员。

图 7-27 1980 年陆埮在美国芝加哥大学的费米塔
（蘑菇状烟云）旁（图片由陆埮夫人周精玉提供）

图 7-28 1980 年陆埮与北京师
范大学刘辽摄于普林斯顿大学的
爱因斯坦故居前（图片由陆埮夫
人周精玉提供）

图 7-29 1980 年 12 月陆埮与陈金全在费城
（图片由陆埮夫人周精玉提供）

图 7-30 1980 年 12 月陆埮
在美国纽约孔夫子大厦旁
（图片由陆埮夫人周精玉提供）

　　1982 年 4 月参加在南京召开的中·西德高能天体物理会议，任科学委
员会委员；

　　1982 年 9 月参加在上海召开的第 3 届格拉斯曼（M.Grossmass）国际广
义相对论会议；

　　1985 年 11 月访问印度新德里，参加为期半月的第 19 届国际天文联合
会（IAU）大会，会议期间做学术报告，同时广泛地接触各国天文学家，
开展国际交流，任超能星环组会议组织委员会委员；

1986 年 5 月参加在南京召开的 IAU 第 125 次国际"中子星起源和演化"会议，任科学组织委员会委员和地方组织委员会主席；

1986 年 6 月访问日本东京、仙台、京都，参加在仙台市召开的第 12 届中微子物理和天体物理国际会议，完成两篇论文；

1986 年 8 月参加在北京召开的国际观测宇宙学会议（IAU No.124）；

1986 年 9 月—1987 年 4 月在意大利 Trieste[①] 国际理论物理中心（ICTP）进行学术访问，参观天文台，参加学术会议和科研工作；

1988 年 8 月访问澳大利亚悉尼、墨尔本、佩斯，参加在佩斯（Perth）召开的第 5 届格拉斯曼会议相对论天体物理国际会议并宣读论文；

1990 年 7 月访问美国洛杉矶、陶斯、图桑、费城和纽约，参加在陶斯召开的关于伽马射线暴的洛斯阿拉莫斯（Los Alamos）国际研讨会，宣读论文；

图 7-31　1985 年陆埮在 Agra（阿格拉，印度北部城市）（图片由陆埮夫人周精玉提供）

图 7-32　1986 年 5 月陆埮在南京大学召开的国际天文联合会（IAU）第 125 次研讨会"中子星起源和演化"的开幕式上致辞（图片由陆埮夫人周精玉提供）

① 的里雅斯特（Trieste），意大利东北部边境港口城市。

图 7-33　1986 年陆埮访问意大利里雅斯特国际理论物理中心（图片由陆埮夫人周精玉提供）

图 7-34　1986 年陆埮与 D.W.Sciama 在意大利里雅斯特的国际高级研究生院（图片由陆埮夫人周精玉提供）

图 7-35　1990 年陆埮与吴健雄教授摄于美国纽约哥伦比亚大学普平物理楼前（图片由陆埮夫人周精玉提供）

1990 年 8 月—9 月访问加拿大阿尔加莱大学并讲学；

1991 年 5 月—11 月访问香港城市理工学院，讲学并合作科研，完成两篇论文；

1993 年 5 月访问德国慕尼黑、凌伯、哥廷根、波恩并讲学，参加在凌伯召开的第 4 届中德双边高能天体物理和宇宙学讨论会，宣读论文；

1993 年 12 月—1994 年 1 月访问香港大学，讲学并合作科研，完成一篇论文；

1995 年 11 月—12 月访问香港大学并讲学；

1996 年 7 月—8 月访问中国香港，出席 21 世纪全球华人天文国际会议，应邀作大会报告。

香港回归后，陆埮多次应邀出席国际会议：

1997 年 8 月访问中国香港，出席 1997 年度环太平洋恒星天体物理国际会议，应邀作大会报告；

1999 年 8 月访问中国香港，出席 1999 年度环太平洋恒星天体物理国际会议，应邀作大会报告；

2000 年 7 月—8 月访问中国香港，出席第 3 届全球华人物理国际会议，应邀作天体物理报告；

......

1980 年 12 月，陆埈前往美国巴尔的摩出席第 10 届 Texas[①] 相对论天体物理国际会议。这是陆埈首次应邀参加国际水平的会议，在与罗辽复和杨国琛的通信 LT1235 中，他提到了为此次会议提交的论文所做的准备：

"最近还必须有相当的精力集中在天体上，因为要为 Texas 会议做准备，也要为明年中德会议做准备，至少，我必须花相当精力。Texas 会议是相对论天体物理会议，这方面我们过去没有搞过，没有搞过的，却是要去参加国际会议的，因此必须特别准备，不可大意。如果我们做出成果，提交会议，就可以直接列入会议录（proceedings）。但是，会议 12 月开，至少提前四个月就得报提要（和文章），而目前状态我们还没有任何一篇可以提交。单单宇宙早期的强磁场是不够的，怀疑的人很多，也很容易怀疑，Sato 即为一例。当然，我并不是说此工作不可搞，也是可以继续搞下去的。提出去的论文必须理由充足。既然相对论我们没有搞过，我们就要发挥基子方面的特长，将基子渗入进去，看来也就只有宇宙早期了。搞这个内容，目前最有利的条件是中微子有质量，这对宇宙学有重大的甚至是全部的影响。而且，中微子有质量，这与左右对称理论（右中微子存在）密切相关，这样就与我们的基子工作联系起来了（但还没有找到具体的，落实到量的联系）。中微子对宇宙学的影响，可研究的很多。不过，等到今年 12 月开会时，上述大部分问题国外一家已经详细做出来。我们要做，必须输入特别的新想法，特别是结合我们过去的工作，把过去工作的一些内容输进去，把基子上我们的一些独到见解输进去。这无疑是一件艰巨的工作，也是一件极为紧迫的工作。总之，这次会很可能去，如果去，也是个机会，应力争做出一些成果，拿出一些文章去。但文章一定要有足够的分量，否则，宁可不拿出去。"

---

① 得克萨斯州，此处仅为该会议名称，会议召开地点不局限于该地。

在 LT1236 中，陆埮又一次提到此次会议提交论文的准备工作：

"我想，Texas 会议上是否争取提出一篇《宇宙早期演化的若干问题》，把中微子问题、磁场问题以及左右对称大统一问题拉在一起，这样内容就可以丰富些。"

紧接着 LT1237 再次强调：

"目前必须全力为 Texas 会议准备文章，舍此几乎无别的选择可能。至少得拿出一篇文章去，而且必须有一定的水平和质量。"

从这些信件内容不难看出，陆埮对自己的学术要求十分严格，态度非常严谨，没有一定分量的文章绝不会拿出去。毕竟这是在国际舞台上的较量，陆埮明确表达了自己对这次会议的重视，绝对要给中国人争气。会议结束后，因为陆埮的杰出表现，众多国外高等院校纷纷邀请陆埮前去交流访问，他用实力证明了在天体物理领域，中国人同样不可小觑。

自 1980 年首次参加国际会议之后，陆埮又多次被邀请参加国际学术研讨会，并在会上作为特邀代表进行学术报告，与处于国际领先地位的专家学者交流科研成果和工作经验。而且每次学术会议结束后，陆埮总被国外教授邀请到大学或研究院所进行学术交流，少则三个月，多则半年。考虑到国内还有众多研究生需要关照，所以他总是只进行短期访问。参加国际会议、进行学术访问使陆埮认识了不少处于世界领先水平的著名科学家，有的还成为挚友，经常书信往来。当然，陆埮也曾邀请数位国外著名教授来华访问。1980 年 12 月，陆埮参加了在美国巴尔的摩召开的第十届国际得克萨斯相对论天体物理研讨会，会议期间他认识了科罗拉多大学教授理查德·玛克瑞（Richard McCray）。会后陆埮便邀请玛克瑞教授来南京大学访问，进行科学研究成果交流。在访问期间玛克瑞教授还专门拜访了陆埮的家，并且在那里与陆埮的三名硕士生王青德、左林、惠小惠以及天文系黄克谅教授的硕士生黄家声等一起进行学术交流。陆埮的夫人周精玉买来糕点和水果，大家边吃边谈，讨论学术前沿问题，无边无际、无拘无束，极大地开阔了学生们的眼界。玛克瑞教授还问了几位研究生各种类型的问题，极大地引起了学生们的兴趣，师生之间谈笑风生，交流得津津有味。几位研究生初生牛犊不怕虎，大胆地各抒己见，给玛克瑞教授留下了深刻印象。座谈会从下午6点多钟开始一直持续到晚间将近11点钟，由于时间太晚才不得不结束。就在座谈会结束之前，玛克瑞教授当面对陆埮说："你的这三个硕士生我全部要了，等到他们硕士学位拿到手之后就到美国去读博士学位，到时候我发邀请信和录取通知书，另外黄家声硕士学位拿到手之后我也要了。"[①] 一年之后陆埮的三位研究生顺利通过硕士论文答辩，获得硕士学位之后不久，都收到了玛克瑞教授发来的攻读博士学位的录取通知书。玛克瑞教授把这些硕士生分别介绍给他的同事，王青德进入哥伦比亚大学，左林进入加州理工学院，惠小惠进入哈佛大学，陆埮的三位研究生都进入美国一流大学攻读博士学位。黄家声也被玛克瑞教授介绍到科罗拉多大学，但由于一些原因未能成功，后来他凭借自己的努力申请到了哈佛大学读博士学位。

玛克瑞教授当选美国科学院院士之后多次来访南京大学，并被南京大学聘为名誉教授。陆埮致力于扩大学生眼界，总是抓住宝贵的机会，多次带领学生与之见面交谈。

> "当时在南大外国专家学者的来访并不是特别多，比如有时外国专家来了，他（陆埮老师）就会带着我们几乎组里的所有的人前去拜访，交流讨论。我印象非常深刻，科罗拉多（州立）大学Richard McCray，1999—2000 年在南大访问的时候，有一天晚上陆埮老师就带着我们所有人，差不多七八个人与 McCray 见面，所有老师和学生都去南大外国专家的住所，一下子房间就显得非常小，师生一进去基本上就挤满了。"[②]

---

① 此处根据陆埮夫人周精玉回忆。
② 由掌静、柏璐进行口述采集，赵刚、赵永恒、苟利军为口述者，2016 年 1 月 15 日。

陆埮星闪耀

陆埮的科学研究工作，经历了从重点挨批判、写检查到被评选为全国先进科技工作，从修正主义的自留地到名正言顺的科学研究，从节衣缩食的自费到自然科学研究经费资助，从辛苦繁重的手写笔算到灵活多样的计算机操作，从业余爱好、单打独斗到正式科研、成立团队，从最小的基本粒子物理学到最大的天体物理宇宙学，从国内杂志到走上国际舞台，从曲折的羊肠小道走上了平稳的康庄大道。陆埮很欣赏《聊斋志异》的作者蒲松龄的名言，"性痴，则其志凝；故书痴者文必工，艺痴者技必良。世之落拓而无成者，皆自谓不痴者也"。陆埮是一个性痴志凝者，他将自己所有的精力都投入到天文和物理中，放弃了一切业余爱好，甚至牺牲自己的睡眠时间，夜深人静无人打扰之时，他就加班加点"开夜车"做科研，不屈不挠的意志表现为对事业的执着，80岁高龄仍旧活跃在工作岗位上，在宇宙世界中尽情徜徉，探索着自然科学的无限奥秘。正如蒲松龄所言，性痴志凝者其技也必良，回报日复一日、年复一年努力工作的，是陆埮对科学前沿的了如指掌，是在科学研究中的登峰造极，是在教书育人中的栋梁辈出。

爱人者人恒爱之，敬人者人恒敬之

陆埮不仅学问做得精深，而且人缘极好，无论是同事还是学生对他都赞不绝口。2002年适逢陆埮七十华诞，5月22日至25日 [①]，他的学生和天文学界的朋友在南京钟山宾馆发起"当代天体物理及相关物理前沿研讨会"，包括北京大学、清华大学、北京师范大学、南开大学、中国科学院物理研究所、中国科学院理论物理研究所、中国科学院高能物理研究所、

---

① 当时陆埮还在南京大学天文学系工作，为了与5月20日南京大学100周年校庆大型活动相配合，庆祝活动和学术会议推迟到5月22日至25日进行。

原子能科学研究院、中国国家天文台、北京天文馆、中国科技大学、上海交通大学、上海师范大学、广州大学、香港大学、上海天文台、上海科技出版社、苏州大学、南京大学、南京师范大学、东南大学、紫金山天文台、云南天文台、厦门大学、内蒙古大学、华中师范大学、美国麻省理工学院、科学时报等多家单位参与庆贺，包括国际友人在内共200多位嘉宾汇聚一堂。在场的中国科学院院士就有五位，最年长者是88岁高龄的何泽慧院士，其余绝大部分是青年人，长者们个个鹤发童颜、气韵饱满、精神矍铄，年轻人们生机勃勃、充满活力、极富创造性。整整三天的学术会议时间紧凑，气氛活跃，秩序井然，举办得很成功。寿宴上何泽慧先生动情地说道："我最佩服的几个人，其中一个就是陆埮。"[1] 这位年轻时留学德法、为科学事业作出了不可磨灭的贡献、为中国人赢得了国际荣誉和地位的女科学家，被人们尊敬地称为"中国的居里夫人"。她盛赞陆埮的成就足以评选院士，可见陆埮在学术界的地位。陆埮的挚友、与其合作通信科研的罗辽复也动容地说道：

> "我们这一批北大的学号5302的人，是对科学最执着、最有兴趣的一群人。大学基础打得好，但科研无人指导，没有一个是研究生，又逢政治运动、'文化大革命'浩劫，所以是离开全球科学大军的一小队人，凭着他们的勤奋，在不断失败中探索，终于找到了一条路，知道自己该如何做，并且获得了一些成绩。"[2]

研讨会的最后，以戴子高为代表的陆埮弟子对三天会议用十个数字作了大会总结：

> "一根主线"即庆祝陆埮师七十华诞，"两大领域"即天体物理和相关物理，举办"三天会议"，嘉宾来自全国"四海五湖"，汇聚"六

---

① 此处根据陆埮夫人周精玉回忆。

② 罗辽复：回忆陆埮。见：中国科学院紫金山天文台编，《永恒的怀念：陆埮院士纪念文集》。北京：中国科学技术出版社，2015年，第8-9页。

朝古都"，然而我们心中仍然"七上八下"，担心接待不周，陆埈老师的"九个弟子"祝愿所有嘉宾幸福安康、"十全十美"！①

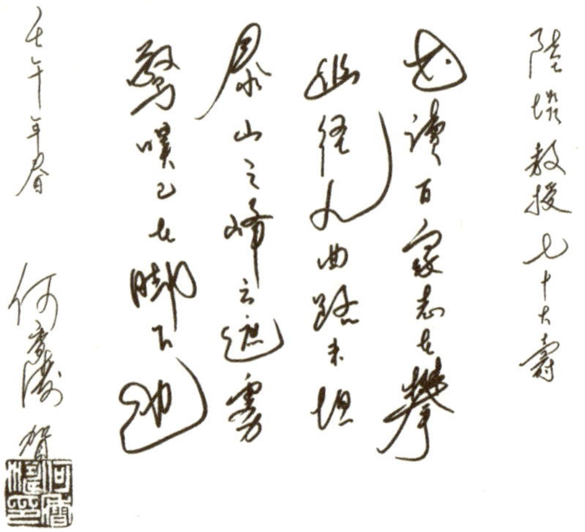

一个人的成功，不光要学问做得好，为人也要好。"爱人者人恒爱之，敬人者人恒敬之"，这也是与会人员的共同心声。同样是在这次研讨会上，人们将陆埈比作中国天文学界的"奇异星"。奇异星的概念虽然很难用一两句话解释清楚，奇异星的行踪也让人觉得神秘，但大家都愿意把陆埈看作是自己身边的奇异星。因

图 7-36　2002 年何香涛教授为陆埈七十大寿题诗
（图片由陆埈夫人周精玉提供）

为他德才兼备、真诚善良，有着非凡的人格魅力；因为他实事求是、思维敏捷，具有求真的创新精神。他取得的成就令人瞩目，他独到的育人之道令同行敬佩，赢得了同事和学生的尊重和爱戴。

陆埈星命名

2012 年 2 月 23 日，经国际天文学联合会（IAU）小行星提名委员会批准，1998 年 2 月 23 日由中国国家天文台发现、国际永久编号为 91023 号的小行星正式被命名为"陆埈星"，以表彰其对天文学研究作出的杰出贡献。陆埈星绕太阳的运行轨道在火星与木星之间，绕太阳一周为 4.16 年，其绝对星等为 14.9 等。1 等到 6 等的星平常人们用肉眼都能看到，用大的望远镜可以观察到 20 多等的星。陆埈星是一颗小行星，本身不发光，当太

① 戴子高："陆埈星"永远照耀着我们前进。见：中国科学院紫金山天文台编，《永恒的怀念：陆埈院士纪念文集》。北京：中国科学技术出版社，2015 年，第 49 页。

阳光照耀在陆埮星上时就可用大望远镜看到。

2月23日这天正是他的80岁生日，23日至25日，9个主办单位即中国科学院紫金山天文台、中国科学院国家天文台、江苏省天文学会、南京大学天文与空间科学学院、南京大学物

图7-37　2012年陆埮星命名仪式（图片由陆埮夫人周精玉提供）

理学院、中国科学院高能物理研究所、中国天文学会高能天体物理专业委员会、中国科学院理论物理研究所、中国物理学会引力与相对论天体物理分会联合在南京维景国际大酒店举办"天体物理与相关物理前沿研讨会"，以庆贺其八十华诞。会议吸引400多名听众参加，参加会议的成员来自各个单位，如国内外知名大学[①]、天文台[②]、研究所[③]、研究中心[④]、出版社[⑤]、编辑部[⑥]，等等，几乎与全国天文学年会规模相当。热闹的八十华诞可谓群英荟萃，少长咸集，参加会议的中国科学院院士就有11位[⑦]，与会人员不

---

① 　北京大学、清华大学、香港大学、中国科学技术大学、复旦大学、上海交通大学、北京师范大学、武汉大学、国防科技大学、哈尔滨工程大学、华中科技大学、华中师范大学、河北师范大学、河北工业大学、内蒙古大学、四川大学、东南大学、贵州大学、南京大学、南京师范大学、苏州大学、广西大学、广西师范大学、广州大学、云南大学、云南师范大学、厦门大学、南昌大学、浙江工业大学、西南交通大学、西华师范大学、辽宁师范大学、海南大学、湘潭大学、美国密苏里大学、美国内华达大学拉斯维加斯分校、美国唯兹曼科学学院、美国耶鲁大学、西藏大学、江西财经大学、重庆邮电大学、北京联合大学、东北大学、上海第二工业大学、郑州电子专科学校、西安交通大学、南开大学附属中学。

② 　中国科学院紫金山天文台、国家天文台、上海天文台、云南天文台、新疆天文台。

③ 　中国科学院理论物理研究所、中国科学院高能物理研究所、中国科学院物理研究所、中国原子能科学研究院、中国科学院数学与系统科学研究院、中国科学院地质和地球物理研究所、中国科学院南京地理与湖泊研究所、中国科学院国家天文台南京天文光学技术研究所。

④ 　国家空间科学中心、中国科学院文献情报中心、新疆海雅科学技术研究中心、上海超级计算中心。

⑤ 　高等教育出版社、上海科学技术出版社、上海科技教育出版社。

⑥ 　《自然杂志》编辑部、《天文学进展》编辑部、《物理学进展》编辑部。

⑦ 　他们是：周又元、李惕碚、熊大润、张家铝、崔向群、吴月良、王广厚、罗俊、张肇西、伍向平、陆埮。

仅来自全国各地，还包括众多国际友人。众多嘉宾汇聚南京维景国际大酒店，在共同庆祝陆埮八十华诞的同时，就"两暗（即暗物质、暗能量）一黑（黑洞）一新（新物理）三起源（生命、天体、宇宙）"，简称"2113之谜"，进行了深入的研讨。在中国科学院紫金山天文台台长杨戟研究员致欢迎词后，八十岁的寿星陆埮院士第一个作了题为"百年宇宙学回顾与展望"的学术报告。三整天的会议期间，44个大会邀请报告安排得满满当当，而且全都是综合性的学术研究报告，内容涉及天文、物理、生物三大领域以及众多交叉学科。报告人老中青三结合，中青年是主力军。即便会议日程安排得如此紧凑，仍有不少科学研究成果优秀的青年科学家、著名大学教授由于时间原因没能作报告。

学术研讨会的目的不仅在于讨论目前最前沿的科学研究问题，而且还通过交流，促进大家了解各自的情况，互相学习，取长补短，以期达到一个新的更高的学术水平；通过拜访老朋友，认识新朋友，大家打破常规，加强合作，互利共赢，相得益彰。现代科学技术的发展，攻关项目需要多学科多方面齐心协力才能完成，单枪匹马闯天下的时代已经一去不复返。这场百家争鸣、百花齐放的大规模学术研讨会，既总结了过去的工作，也开辟了新的前沿阵地；既有理论的发展，也有新的实验与观测；既有开拓创新，也有综合评述。可以说是面面俱到、丰富多彩。

这次大会召开得相当隆重和成功，许多嘉宾对陆埮都给予了高度评价，如张双南教授盛赞其"学问贯宇宙，桃李满天下；长寿比南山，人品誉华夏"；张冰教授评价其"有脉冲星之精确，有伽马暴之能量；如粒子般深邃，如宇宙般博大"……在这场隆重而盛大的学术研讨会上，陆埮虽

图7-38　2012年"天体物理与相关物理前沿研讨会"合影（前排左二十三为陆埮，图片由陆埮夫人周精玉提供）

图 7-39　2012 年陆埮和夫人周精玉与培养的部分博士合影于"天体物理与相关物理前沿研讨会"期间（图片由陆埮夫人周精玉提供）

已八十高龄，但仍思路开阔，精力旺盛，对新物理充满热情，学术报告精彩动人，讲话富有幽默感；即便是开会休息期间，他也爽快地答应众多参会者的签名请求，一笔一画地认真题字，鼓励大家勇攀科学高峰，还笑呵呵地与大家合影留念。他提携后进、平易近人的态度和精神，令参会者感触极深。短短几天的时间，陆埮的人格魅力就给来宾留下了深刻的印象。

第八章
热心科普

陆埮——这颗中国天文学界的"奇异星"，不仅科研精深、成果卓著，被许多博士、教授私下称为祖师爷，是我国天文学界的泰斗级专家，他还是深受普通老百姓欢迎的科普工作者。他的科普著作和报告既形象生动、通俗易懂，又深刻厚重、不失专业水准，总能让人及时了解到天体物理等相关领域的最新科研进展，满足人们对宇宙起源、演变和发展的好奇心，激发人们学习科学知识的激情，深受大众的喜爱。

写科普著作致敬伽莫夫

陆埮爱写学术论文，也喜欢写科普文章，科普报告更是开遍全国各地。在科学的普及工作上，陆埮受美国核物理学家、宇宙学家乔治·伽莫夫的影响很大，他十分敬佩伽莫夫，常常说伽莫夫如果健在，是一位可以得三次诺贝尔奖[1]的伟大科学家。确实，伽莫夫是一位了不起的理论物理学家，他在短暂的一生中写出了大量科学论文，发表了140多篇开创新领域的学术成果。不仅如此，他还格外重视科学普及工作，在他出版发行的25部著作中，就有18部是科普书，其中不少都脍炙人口，例如《汤普金斯先生游历奇境》《物理世界奇遇记》《从一到无穷大》《太阳的恒星》《物质、地球和天空》《汤普金斯先生认识生命真相》《汤普金斯先生在自身里面》，等等。他写出的科普读物基本概念清晰、文笔流畅易懂，既遵循基本规律又放眼科学前

图 8-1　伽莫夫（1904—1968）（图片源自网络）

沿，学术意义深刻，深受广大读者欢迎。这些科普读物也使伽莫夫获得了由联合国教科文组织颁发的1956年卡林伽科普奖。

在中国，孔子也曾说过"有教无类""因材施教"，重视普通公众的素养提升。因而在中西两位前辈的感召下，陆埈从20世纪60年代起就经常在报纸杂志上发表科普文章，向大众传播科学知识。而且早在1978年，开始考虑科研转向的陆埈就计划邀请罗辽复一同写一部关于基本粒子方面的科普书，一方面向大众介绍粒子物理的研究现状，一方面为转向之前的科研工作画上句号。这本科普书的主题从物质的最小单元分子、原子、原子核、质子、中子、电子、光子、电磁波（包括无线电波、微波、远红外、红外、近红外、可见光、紫外、X射线、伽马射线）一直讲到夸克、胶子。1983年三四月间，《从电子到夸克》的初稿已经完成。1986年，陆埈与罗辽复合著的科普著作《从电子到夸克：粒子物理》正式由北京科学出版社出版发行。同年，唐敖庆院士来南京大学化学系讲学，陆埈将该书送给他，唐院士看了之后对陆埈说："这本书写得很好，真不容易，你们站得

---

① 分别指其在"贝塔衰变""大爆炸宇宙学""遗传密码"上作出的杰出贡献。伽莫夫未能获得诺贝尔奖，但后来有人用实践证明伽莫夫的大爆炸宇宙学是正确的：美国贝尔实验室的威尔逊和彭齐亚斯发现了来自宇宙的微波背景辐射，强有力地证明了伽莫夫的大爆炸宇宙学理论是正确的，二人因此得到了1978年的诺贝尔物理学奖。

图 8-2　2007 年"物理改变世界"丛书获得
"国家科学技术进步奖二等奖"（图片由陆埮夫
人周精玉提供）

高、看得远。"① 因读者反响热烈，该书在 1992 年再版。后来，依据学科发展情况，此书做了一些修改，增加了一些近代科学研究前沿的新内容，作为"物理改变世界"丛书由科学出版社于 2005 年 7 月第三次出版。2007 年，这一整套丛书获得国家科学技术进步奖二等奖，这是目前科普类图书获得的最高奖项。

合作写书的罗辽复对此回忆道：

"陆埮是一位理想主义者，在科学的追求中度过了不凡的一生。他的一生就是'工作，工作，再工作'，这是他女儿对他的评价。陆埮在大量紧张的科研工作之余，还特别关注科普著作。他认为一本好的科普著作对科学发展的贡献绝不亚于一部专著。在他的约请下，我们合作写了《从电子到夸克》。他对写作极度认真，书中每一个图表中的粒子数据，都要查最新的原始数据进行核对。去年初，他想利用这套丛书再版的机会做一次全面的修改，和我详细讨论了修改计划。可以告慰陆埮的是：尽管由于他不幸过早去世，未能亲手执行这个计划，我已依据他的想法，完成了这一工作。陆埮写科普有一个特点，愿意收集科学史的故事写在书中。《从电子到夸克》这本小书就体现了这个风格。"②

---

① 此处根据陆埮夫人周精玉回忆。
② 罗辽复：回忆陆埮。见：中国科学院紫金山天文台编，《永恒的怀念：陆埮院士纪念文集》。北京：中国科学技术出版社，2015 年，第 10 页。

史蒂芬·霍金的出版商曾经告诫霍金，"书中每出现一个方程，书的销售量就会减半"。一篇好的科普文章、一本好的科普作品必须做到深入浅出、鞭辟入里，才能达到向广大读者传播科学知识、方法和思想的目的。当然，深入不易，浅出更难，写作科普作品从来不是一件信手拈来的简单事情，它要求作者必须站得高才能看得远，而且语言文字务必通俗易懂，让各个领域的科技工作者都能看懂。即便是在《自然》与《科学》等世界级重要杂志上发表过科研论文的陆埮也经过了长期的摸索，花费了很多时间和精力，才在我国的《自然杂志》《现代物理知识》《物理》《中国国家天文》等刊物上面写出了为大众所欢迎的科普读物。

陆埮长期工作在物理、天文教学第一线，除了《从电子到夸克》外，他在1994年还著有另一部科普性质的书——《宇宙：物理学的最大研究对象》，向大众介绍宇宙的诞生演变、年龄特征，物质的形成、各种元素的起源，各类星系团、星系、恒星、行星以及暗物质、暗能量等内容。在当下，科学普及已经被提高到与科技创新同等重要的地位，一个国家越早重视科普，其科学技术水平将越早得到提高，这已经成为一个不争的事实。陆埮的工作无疑领先并顺应了这一潮流。

办科普杂志《物理之友》

早在1983年，陆埮就曾参与《科学画报》举办的"1983年世界十大科技进展"的评选与咨询活动，旨在介绍一年来世界科技发展的动向和趋势，以引起广大读者对当代科技发展的关注和兴趣。作为一位具有强烈责任感和爱国情怀的科学家，陆埮心中始终盼望着国家繁荣昌盛、百姓幸福安康，而这一愿望实现的前提当仁不让的是提高国家的科学技术水平，提高国人的科学文化素质，科教兴国。因此，科普成为陆埮实现心愿的重要途径。

参与了"1983年世界十大科技进展"的评选与咨询活动之后，陆埮意识到杂志作为科学在大众中传播的媒介意义重大，再加上以前在南京电讯

图 8-3　陆埮参与"1983 年世界十大科技进展"的评选
与咨询活动（图片由陆埮夫人周精玉提供）

仪器厂工作期间成功创办《电子技术与数字化》的亲身经历，寻找机会创办一份科普杂志的想法逐渐在他的心中播下种子。陆埮将科普工作视为自己作为一名科学家的社会责任，在调入南京大学天文学系成为博导几年之后，陆埮被聘请为南京师范学院（即后来的南京师范大学）物理系的兼职教授。那时，他还被选举为南京市科协物理学会理事长，该学会的秘书长正是南京师范学院物理系的夏琦教授，陆埮当即提出与南京师范学院物理系合作创办一个名为《物理之友》的科普期刊，面向大学生，更主要是面向中学教师和学生。陆埮知道，"少年强则国强"，青少年的科学素质直接关系到国家的发展、民族的前途，首先要使青少年对科学技术产生浓厚兴趣和好奇心。二人一拍即合。《物理之友》的内容主要包括历届高考物理试题的正确解答、中学物理教学中的重难点、教师工作经验的交流，等等，挂靠在南京师范学院物理系并由南京师范学院物理系负责承办及具体安排。1985 年 1 月，由南京物理学会、南京师范大学物理系主编的第一期《物理之友》正式出版发行，陆埮为杂志创刊号题了词——"审天地之美，穷万物之理"，并亲笔题写了杂志名称"物理之友"四个大字。《物理之友》因其内容丰富多彩，文笔流畅，质量高，极受广大读者欢迎，对提高中学物理学科的教学质量也很有帮助，很快全江苏省的各个中学甚至外省的读者都纷纷前来订购，发行量很大。南京师范学院物理系也因此积累了一定资金，顺利解决了该系教职工每月奖金的发放难题，可谓是一举多得。从 1985 年创刊至今，《物理之友》已 30 多岁了，始终办得红红火火，朝着具有国内外先进水平的著名科普杂志的目标稳步迈进。

年轻时东奔西走，求学、科研、教书、育人，陆埮的经历传奇而丰

图 8-4　1985 年 1 月《物理之友》杂志创刊号（图片由陆埈夫人周精玉提供）

图 8-5　20 世纪 80 年代陆埈担任《物理之友》顾问（图片由陆埈夫人周精玉提供）

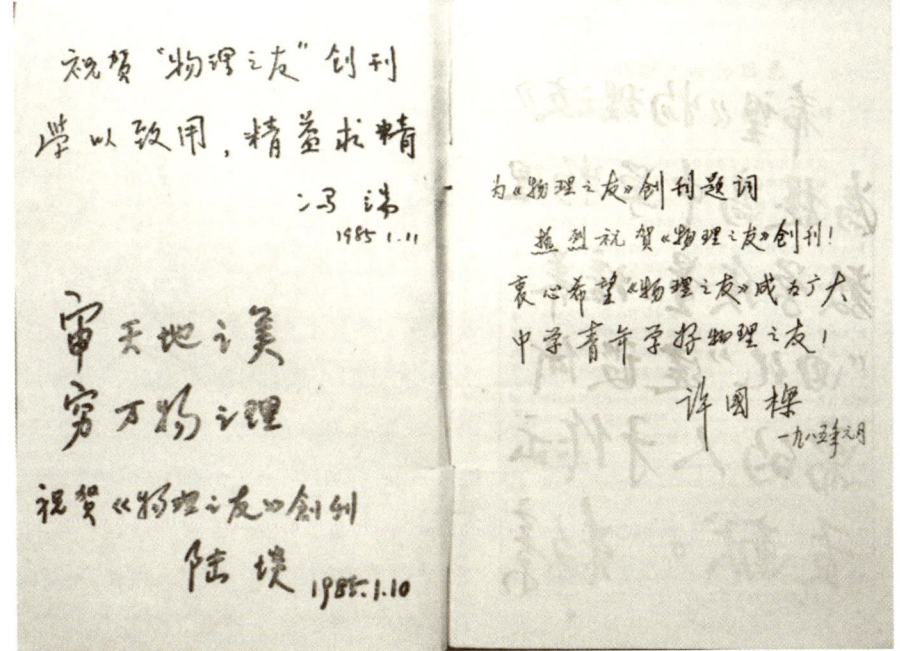

图 8-6　1985 年 1 月 10 日陆埈为《物理之友》创刊题词（图片由陆埈夫人周精玉提供）

富。如今，已年过八旬的他本可以含饴弄孙，安度晚年，尽享天伦之乐。然而生有涯，而知无涯，鹤发童心的陆埁院士不但没有离开工作岗位，而且还继续与他热爱的科研和教学事业相携相伴，为国家的天文事业培养输送着一批又一批的优秀人才。他始终怀着一颗赤子之心，怀着对科学的好奇与敬畏，引导更多人进入他钟爱的科学世界中尽情邀游。他一边从事宇宙学的研究，一边在科普工作中不断贡献着自己的力量。老当益壮，宁移白首之心。一生的坎坷与奔走，从来都没有消磨他对科学与知识的热爱与追寻，反而因着"共患难"的情分，使他对自小钟爱的科学研究事业有着任何事都无法取代的执着与珍惜。

作科普报告，遍及全国

不仅写作科普读物、创办科普杂志，热心科教事业的陆埁还将科普报告会开遍全国，为我国的科普事业尤其是对天文学领域的科普作出了巨大贡献。

报告受众多元

陆埁的科普报告会大多面对高校的本科生、研究生、研究人员、学校教师，少数面向国家公务员、企业领导、年轻干部、大专生、中小学生等，受众类型多种多样。陆埁的每次讲座报告厅里总是座无虚席，甚至厅前的空地上不少人席地而坐，厅后还有许多人站着听讲。陆埁2小时的报告深入浅出、图文并茂，演讲抑扬顿挫、睿智风趣，他那不失深度的言辞始终吸引着在场的每一位听众，现场时而鸦雀无声，时而笑声迭起，时而掌声雷鸣，气氛异常热烈活跃。每次主持人宣布报告结束时，会场总会响起经久不息的掌声，大家争先恐后地提出各种问题，无论天文还是物理，陆埁都一一耐心作答，直到提问人满意为止。由于时间有限，总有听众来不及提问，于是每次报告结束都有不少人跑到前台继续问问题，陆埮总会被热情的听众层层叠叠包围。还有一些听众前来拷贝报告内容，邀请陆埮签名留言、合影留念、留下联系方式等，陆埮总是尽量满足学生的要求。直到最后，有关领导向大家保证以后还要再请陆

图 8-7　讲座结束后陆埮继续为学生们答疑（摄于 2000 年左右，图片由陆埮夫人周精玉提供）

埮来作学术报告，已经超时很久的科普报告才结束。

陆埮平易近人，他那和蔼的态度、儒雅的风范、渊博的知识、清晰的思维，以及严谨的治学精神赢得了听众的一致好评，经常被邀请单位当场再次预约作报告。在有的中学，陆埮的报告激发了学生对物理学、天文学以及天体物理学的兴趣。曾聆听过陆埮报告的张志彬回忆道：

"第一次有幸与陆先生谋面是在 2002 年秋中国科学技术大学天体物理中心二楼报告厅，那天先生向全校师生作题为'宇宙学与诺贝尔奖'的学术报告，报告厅座无虚席，就连过道处都挤满了师生，场面之热烈让人震撼。他详细介绍了当时刚被授予诺贝尔物理学奖的两大成果：宇宙 X 射线的发现和宇宙中微子的俘获，这两大成就分别导致 X-射线天文学和中微子天文学的诞生。这是我第一次聆听天文学专业的学术报告，虽然那时对宇宙学公式并不理解，但先生的讲解十分浅显易懂、声情并茂，精彩至极的报告使我对天文学产生了浓厚的学习兴趣，从而选择天文学为自己长远的发展方向。"[1]

甚至有本来打算读工科的学生改变方向决定学物理、学天文，将来准备从事宇宙学、天体物理等方面的研究。在陆埮看来，基础学科的强盛将

---

① 张志彬：宇宙中最亮的星斗。见：中国科学院紫金山天文台编，《永恒的怀念：陆埮院士纪念文集》。北京：中国科学技术出版社，2015 年，第 121 页。

带动应用科学的发展，今天的基础科学也许就是明天的应用科学，二者是相辅相成的。奠定好基础科学的基石将更有利于应用科学的学习，因而陆埮也支持学生们改换专业，强调首先应该打好基础的重要性。

报告主题多样

陆埮报告的主题既包括基本粒子、高能天体物理、伽马射线暴、宇宙学等学术进展，也包括学习与科研、研究生培养、科普作品创作等的方法介绍，还包括爱因斯坦与物理学、广义相对论、诺贝尔物理学奖等的发展沿革。除了一些单位的专程特邀①，绝大部分的报告都是陆埮出差开会之余顺便被邀，为附近的大学、研究院所作的。马寅哲回忆陆埮关于诺贝尔奖的科普报告谈道：

> "最初认识陆老师是我上大一那一年的下半学期，当时我是南京大学物理系的本科生。物理系举办了'物理学与交叉学科论坛'活动，经常

---

① 邀请陆埮作过学术报告的单位有：北京大学、清华大学、复旦大学、中国科技大学、浙江大学、上海交通大学、南京大学、四川大学、兰州大学、厦门大学、武汉大学、广州大学、贵州大学、广西大学、华中科技大学、苏州大学、上海师范大学、北京师范大学、华中师范大学、四川师范大学、东北师范大学（长春）、河北师范大学（石家庄）、湖南师范大学（长沙）、南京师范大学、吉林师范大学（吉林四平）、西华师范大学（四川南充）、天津师范大学、南昌大学、东南大学（南京）、山东大学（济南）、华东理工大学（上海）、上海大学、三峡大学（湖北宜昌）、湖北民族学院（湖北恩施）、南京航空航天大学、西南交通大学（四川成都）、沈阳航空工业大学、重庆邮电大学、国防科技大学（长沙）、哈尔滨工程大学（国防部）、哈尔滨工业大学、福州大学、内蒙古大学（呼和浩特）、河北工业大学（天津）、河海大学（南京）、河南大学（开封）、河南师范大学（河南新乡）、中国人民解放军理工大学（南京月牙湖）、广西壮族自治区科技情报研究所（南宁）、河池学院（广西河池）、香港大学、澳门科技大学、湖州师范学院、吉林大学珠海学院、北京理工大学珠海学院、深圳市南山北京师范大学附中高中（北京院士局组织）、深圳市宝安区西乡中学高中（北京院士局组织）、"台湾中央大学"、"台湾清华大学"、台湾大学、南昌航空大学、华东交通大学（江西南昌）、高能物理研究所（北京）、理论物理研究所（北京）、国家天文台（北京）、上海天文台、上海市小卫星研究中心、南京图书馆、金陵中学（南京）、南京五中（全南京市物理学教师）、成都外国语学校、成都第七中学、北京市第十二中学（北京市院士工作局组织）、成都市第四中学、成都市第九中学、四川大学物理系、菏泽学院（山东菏泽）、南京师范大学附属中学、江苏教育学院附属中学、深圳市红岭中学（北京市院士工作局组织）、南山中学（四川绵阳）、普明中学（四川绵阳）、绵阳中学、成都航空职业技术学院、中国科学院新疆天文台（乌鲁木齐），等等。

请一些国内外知名的专家学者给本科生作科普性质的报告。当时陆老师来讲的时候，正值 2002 年诺贝尔物理学奖揭晓，他就以此为题作了一个'中微子失踪之谜与 2002 年诺贝尔物理学奖'的报告。他说 2002 年的诺贝尔物理学奖获得者之一小柴昌俊（Masatoshi Koshiba），其实做学生的时候成绩并不是很好，但是东京大学物理系最后还是接受了他。相类似的，2012 年的诺贝尔生理学或医学奖给了一个叫 John Gurdon[①] 的英国人，而此人在高中时期的生物学成绩是最差的，但后来终究通过自己的努力取得了很大的成就。这个事实再次验证了陆老师的话。"[②]

不要因为暂时的成绩不好而气馁，找到自己感兴趣的方向不断努力，就一定能做出相应的成果。陆埮的报告始终激励着听众们奋发向前，马寅哲就从中受益良多。

报告量多质优

就职于中国科学院紫金山天文台后，应邀写科普文章、作科普报告更是成了陆埮的家常便饭。自 2006 年起，紫金山天文台需要统计陆埮作科普报告的数字，这些才逐年记录在案，而在这之前陆埮已经在全国各地进行了无数场科普报告。根据陆埮妻子周精玉的仔细统计，陆埮在 2012 年总共作了 29 个科普报告，2011 年 27 个，2010 年 26 个，2009 年因为国际天文年的缘故，全年总共作了 32 个科普报告，年初陆埮为一家科普刊物撰写的文章——《解开宇宙之谜的 10 个里程碑》被数十家报刊及网站转载，而预约的活动已经安排到几个月后。邀请他作科普报告的不仅有本省的，还有外省的，不仅有大专院校的师生，也有市民学堂的普通公众和中小学的青少年。2008 年作了 19 个科普报告，2007 年 22 个，2006 年 37 个。2005

---

① 约翰·伯特兰·格登爵士，英国发育生物学家，主要以在细胞核移植与克隆方面的先驱性研究而知名。2012 年获诺贝尔生理学或医学奖。

② 马寅哲：沉痛悼念我的科研启蒙老师陆埮院士。见：中国科学院紫金山天文台编，《永恒的怀念：陆埮院士纪念文集》。北京：中国科学技术出版社，2015 年，第 124 页。

年是国际物理年，也被称为爱因斯坦年，陆埮也作了很多科普报告，但没有统计具体的数目。这些在许多人看来很"浪费时间"的事，陆埮却像对待教学和研究一样认真而热情。他把科普看成展示科研成果和科学思想的舞台，也把科普当作自己义不容辞的责任。

陆埮无论何时何地作学术报告，时长都在两小时左右，而且中间不休息。每次报告结束后，都会有一小时左右与听众互动的时间，主要是回答大家提出的问题，通常都是主持人体谅陆埮连续三个多小时没能休息不得不宣布报告结束，听众们才恋恋不舍地渐渐散去。陆埮的科普工作获得了非常好的效果，他将关于宇宙的基本知识、研究进展等以通俗易懂的形式讲解出来，生动形象又不失专业水准，深受人们的喜爱。

科普是未竟的事业

（一）出差科普两手抓

简单梳理一下陆埮调入紫台后的活动就会发现，年过七旬的陆埮很多时候都是在开会、出差之余受邀作科普报告。行程安排十分紧张，有时甚至连续十几天出差在外，开会讨论和科普报告两手同时抓，而且两手都很硬，这一点十分令人敬佩。从下面这个部分活动略览的表格，可以一窥陆埮日常紧凑的生活节奏。

表 8-1　陆埮部分会议、讲座活动略览

时间		行程
2003 年	5 月	参加在云南西双版纳举行的"恒星物理研讨会"。
	中秋	在南京大学浦口校区作"暗物质和暗能量"报告。
	9 月中旬	参加"庆祝北京大学物理学科 90 周年活动"。
2004 年	4 月	参加丽江"粒子天体物理与空间天文研讨会"。
	夏天	参加武汉华中科技大学举行的"引力理论及相对论天体物理学会"并当选为第七届和第八届理事长。

时间		行程
2005 年	8 月	被国家科学技术奖励工作办公室评为"2005 年度国家科学技术奖评审专家"。
	9 月	参加在呼和浩特召开的"垃圾 DNA 和暗能量相关基本问题研讨会"并为会议致开幕辞。
2006 年	4 月	出席"厦门大学理论物理与天体物理研究所"揭牌仪式。
	6 月	参加由中国天文学会、中国国家天文台主办,西华师大、阆中市政府承办的"阆中·落下闳·天文学术研讨暨中国天文学会第六届张衡学术讨论会"。
	10 月	在澳门科技大学参加科技大师系列讲座,为听众带来科普报告"解开宇宙之谜的十个里程碑"。
2007 年	5 月	参加在云南丽江高美谷举行的"24 米天文望远镜落成仪式"。
2008 年	10 月	应邀出席在哈尔滨市召开的"极地会议",给全校学生作了学术报告,并与夫人一起回访原哈尔滨军事工程学院三系。
2009 年	10 月	参加在河南开封召开的"全国天文学会年会",并在会上作了一个题为"探索宇宙"的公众大报告。
	11 月	在由四川大学主办的"全国第五届大学物理课程论坛"上作报告,500 多名全国各个大学的物理教师前来参加。
		参加在北京召开的全国院士大会。
		与罗辽复合写文章"科学作品的影响力和科学家的舛运"呼吁公众关注,发表于《科学》杂志 2009 年第 61 卷第 6 期。

2009 年作为国际天文年,陆埈的科普工作较往常显得更为忙碌,全年又进行了数十场科普报告。由于科研、教学、出差、科普等各类事务繁多,分身乏术,陆埈由《物理学进展》杂志的副主编改任顾问编委。伴随着陆埈科普报告的遍地开花,一个

图 8-8　2003 年陆埈参加恒星物理研讨会,与卢炬甫（左一）、周文元（左二）、黄润乾（左三）合影于云南西双版纳（图片由陆埈夫人周精玉提供）

图8-9 2003年9月中旬陆埮参加"庆祝北京大学物理学科90周年"活动，与大学同学王凡、高崇寿在北京大学合影（左一为陆埮，图片由陆埮夫人周精玉提供）

图8-10 2005年陆埮被评为"2005年度国家科学技术奖评审专家"（图片由陆埮夫人周精玉提供）

好消息是我国开始逐步重视科学普及工作，自2009年9月16日，陆埮在上海华东理工大学作"爱因斯坦与物理学革命"的科普报告以来，北京"超星数字图书馆"都派人专程前去录像，通过网络将视频资料提供给全国各地的大学生和青年教师学习使用，由此陆埮的科普工作效率倍增。

常常有人问陆埮，每年要参加的会议这么多，哪里还有时间进行科普活动呢？对此陆埮总会提及鲁迅的那句名言，"时间就像海绵里的水，只要愿意挤，总还是有的"。陆埮是这样说，也是这样做的。每次开会后回家前的间隙时间，陆埮都会被会议组织者或提前或临时安排各类讲座、报告等，而对于这样的安排，陆埮总是欣然前往，从不推辞。因为在他的心目中，科普是件大事，对我国科学事业的发展有着重大意义。举个简单的例子，2010年4月23—26日，陆埮在厦门参加"第五届全国黑洞天体物理年会"，妻子周精玉陪同前往，原本已买好了会议结束后回南京的飞机票。谁知4月25日会议还未结束，陆埃突然接到南京大学物理学院臧文成书记的长途电话，请他们夫妻二人在厦门市开完会后直接飞往四川成都，为成都外国语学校和成都第七中学分别作科普报告。这两所高中是全国有名的重点中学，让陆埃前去作科普报告是为了帮助南京大学在 2010 年招收到优质的本科新生。陆埃立即答应下来，27 日飞往成都，28 日就在两所中学作了题为"从物理的角度看宇宙"的报告，时长均为两个多小时。无论是在成都外国语学校，还是在成都第七中学，报告厅里不仅座无虚席，而且厅内前后的空地上、走廊

图 8-11　2006 年 6 月 19 日陆埃在"阆中国际天文盛会"上进行学术报告（图片由陆埃夫人周精玉提供）

图 8-12　2006 年 10 月 11 日陆埃在澳门科技大学参加"科技大师系列讲座"（图片由陆埃夫人周精玉提供）

里、过道上都挤满了人，几百名渴求新知的学生早早便等在报告厅里，激动地期待着陆埃的到来。他走进报告厅时全体起立，热烈的掌声经久不息。报告全程大家都全神贯注，跟随着陆埃的思路了解国内外最先进的科研发展动态。报告结束时，陆埃不忘对青年学生提出他殷切的期望——诺贝尔奖将由在座的各位通过刻苦学习、努力奋斗去获得，激发了青年学子投身科研事业的热情与信心。提问环节更是热闹，各种不同类型的学术问题一个接着一个，大到宇宙，小到基本粒子，天文的、物理的样样俱全。报告持续了将近四小时。陆埃的这次科普报告对 4 个多月之后的南京大学招生工作贡献良多，那年的南大物理生源质量极优，原计划招满之外还扩

招了不少名额。看到这喜人的场景，陆埮笑着回答院系领导多作科普报告的诚邀，"无论何时，如果有这个需要，我一定招之即来"①。果真如他所承诺的那样，2011年4月，陆埮再次抵达四川成都，为南京大学物理学院的招生工作作科普报告。27日，陆埮来到作为省级重点中学的成都市九中，也就是大名鼎鼎的成都树德中学，为300多名高中生作科普报告。报告结束后很多学生来到前台请陆埮留下联系方式，他带的名片全部发完，好多学生几人共用一张。28日，陆埮又来到成都四中，即历史悠久的"石室中学"，为400多名高中生作题为"宇宙物质人类知多少？"的科普报告。这次报告同样持续近3小时。连续几天的报告会虽有些辛苦，但陆埮仍感到十分愉快，尤其当他看到那么多的高中生求知欲极其旺盛，对科学有着浓厚兴趣，总有问不完的问题，他便欣慰中国的科学研究事业后继有人。

陆埮能够在全国各地进行科普报告，不仅得益于他服务科研的赤子之心，好身体也为他的科普工作助益良多。身体是革命的本钱，无论何时，陆埮都精神矍铄，丝毫看不出已是七八十岁的老人。举个简单的例子，2010年5月1日—10月31日，中国上海成功举办了世界博览会。6月1日上午，陆埮随江苏省委组织部和南京院士分局联合组织的江苏省所有院士及家属参观团抵达上海，连续三整天参观世博会，6月5日上午乘车返回南京。由于行程安排得略紧，平均年龄70多岁的院士们大多深感疲惫不堪，陆埮却始终精神抖擞，手持相机尽情拍照，丝毫看不出他已年近八旬。8月8日，陆埮在北京高能物理研究所开完会，下午6点多就马不停蹄地飞往成都，参加9—13日在四川大学召开的"暗物质理论及实验进展研讨会"。参加此会的成员约120人，陆埮在会上作了题为"宇宙元素的起源与暗物质"的学术报告，其间还参观了四川省"锦屏山极深暗物质实验室"、水电站大工程、西昌卫星发射基地和嫦娥奔月展览馆。在四川大学理学院院长龚敏教授的邀请下，陆埮还给四川大学新校区的全体本科生作了一个题为"怎样认识宇宙"的学术报告。因为面对全校学生，报告会选在晚间进行。原定晚上7点至9点的报告，因为学生的提问一直持

---

① 此处根据陆埮夫人周精玉回忆。

续到了晚上 10 点多，回宾馆时新校区的大门都已经关闭，只能绕道而行。陆埮回到宾馆已经是半夜 11 点多。虽然辛苦，但陆埮很高兴地对龚敏教授说："从这些青年学生如此积极主动提问题的劲头来看，中国的科学研究事业将会兴旺发达，后继有人，赶上和超过发达国家、成为世界科学大国是指日可待的事情，我充满信心。"[①] 陆埮每次的学术报告加上提问环节总要持续 3 小时左右，而且中间不休息，寻常人都会十分劳累，何况是一位八十多岁的老人，但陆埮对此从不抱怨，看到听众尤其是学生们那渴望知识的热切眼神，他觉得自己再辛苦都是值得的。

热心指导天文建设

2009 年到 2014 年，贵州大学曾四次特邀陆埮来校讲学并指导天文学科建设，陆埮每次都欣然接受邀请并为学校的发展积极献计献策，他还向贵州大学赠送了他的专著《物质探微—从电子到夸克》和《宇宙学I／II卷》等。陆埮多次建言贵州大学应该抓住 FAST 在贵州建设的大好机遇，把天文专业作为贵州大学的拳头学科进行重点扶持，依托五百米口径球面射电天文望远镜（FAST）做出具有世界影响的研究成果，从而大力提升学校的竞争力和知名度。2012 年 11 月 2 日，陆埮再次受邀在贵州大学作了题为"探测宇宙"的天文科普报告，这也是陆埮在贵州大学进行的最后一次面向全校师生的精彩演讲。2014 年 4 月，贵州大学计划召开一次小规模"天体物理前沿专家报告会"，会议组织者考虑陆老的身体状况，再三犹豫下拨通了电话，没想到陆埮当即表示乐意参加，并作了一个关于"伽马暴研究"的学术报告。

2010 年 10 月 14—15 日，陆埮参加在云南天文台举行的"张钰哲奖评选会暨中国科学院天体结构与演化重点试验室揭牌仪式"，针对云南天文台，特别是天体结构与演化试验室的发展战略，提出了很多建设性意见。在云南，陆埮还随组织者参观了位于大理的小湾水电站。该水电站建

---

① 　此处根据陆埮夫人周精玉回忆。

图 8-13　2014 年 4 月陆埮参加"贵州大学天体物理前沿专家报告会"（图片由陆埮夫人周精玉提供）

图 8-14　2010 年 10 月 14—15 日陆埮参加"张钰哲奖评选会暨中国科学院天体结构与演化重点试验室揭牌仪式"（图片由陆埮夫人周精玉提供）

在澜沧江上，设计装机容量为 420 万千瓦，是取之不尽、用之不竭的绿色能源。

2012 年 7 月 4—6 日，陆埮参加了在新疆乌鲁木齐举行的香山会议（北京的香山会议移到乌鲁木齐举行），与来自全国各地的约 40 名专家学者专题讨论了国家将要在新疆维吾尔自治区建成一台口径 110 米的高能波段全方位可调的、世界最大的射电望远镜计划，中国科学院新疆天文台将承担此项重任。会后陆埮偕夫人周精玉一同参观了天池。他曾 4 次来乌鲁木齐开会，其中有 3 次到过天池，每次的感受都不一样。参观的过程中，陆埮不禁回想起 1983 年自己第一次到乌鲁木齐开会的场景，那时新疆还没有建成天文台，东道主是新疆天文观测站，为期半个月的宇宙学讲习班主要由陆埮作报告，介绍、讲授关于宇宙学的知识，何泽慧院士、龚树模等约 50 人参会。那时，陆埮住在整个乌鲁木齐市最高大楼的八楼。2012 年再次到乌鲁木齐开会时，当年住宿过的"高八楼"已经摇身一变成为四星级的"昆仑酒店"，整座城市高楼大厦林立，鳞次栉比；街道宽敞笔直，整齐有序；百姓安居乐业，一派欣欣向荣的景象。

2012 年 10 月 20 日，陆埮参加了在浦东上海科技馆举办的第 19 届"上海科普论坛"，并在论坛上作"宇宙中的暗物质与暗能量"的科普报告。10 月 27—28 日，陆埮参加了"上海 65 米射电望远镜落成、中科院上海天文台成立 50 周年暨建台 140 周年庆典"。这台 65 米可以旋转的射电望远镜高 70 米、重约 2700 吨，矗立在直径为 42 米的方位轨道上，通过接收天体的射电波来测定遥远天体的结构，是当时亚洲口径最大、波段最全、全方位可动的高性能射电望远镜。望远镜的主反射面面积为 3780 平方米，相当于 9 个标准篮球场，由 14 圈共 1008 块高精度实面板拼装而成，每一块面板单元精度达到 0.1 毫米。该望远镜的整体性能在当时仅次于美国的 110 米射电望远镜、德国的 100 米射电望远镜以及意大利的 64 米射电望远镜，位居世界第四。2013 年 5 月，由于在科普工作中的突出贡献，陆埮被上海科普大讲坛管理办公室授予

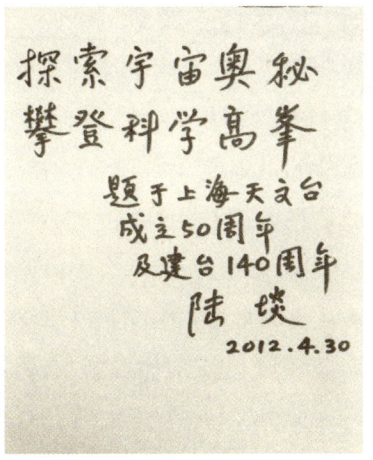

图 8-15　2012 年 4 月 30 日陆埮为"上海天文台成立 50 周年及建台 140 周年"题词（图片由陆埮夫人周精玉提供）

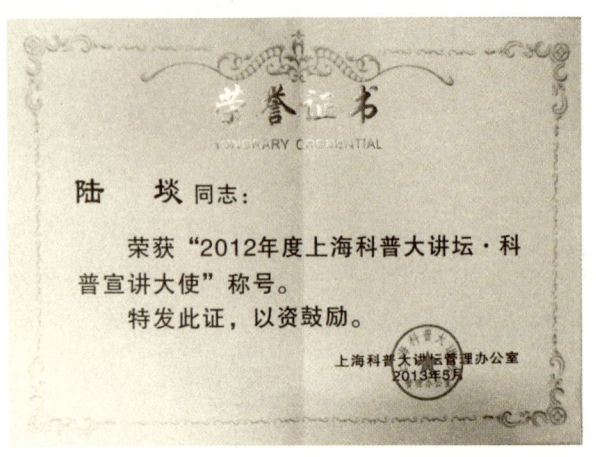

图 8-16　2013 年 5 月陆埮被授予"2012 年度上海科普大讲坛·科普宣讲大使"称号（图片由陆埮夫人周精玉提供）

"2012 年度上海科普大讲坛·科普宣讲大使"称号。

2012 年 10 月 30—31 日，陆埮在贵阳参加第一届"射电天体物理前沿及（FAST）早期科学"国际研讨会，讨论国家重点基础研究发展计划（973 计划）项目——"射电波段的前沿天体物理课题及（FAST）早期科学研究"，以及国家重大科技基础设施项目——500 米口径球面射电望远镜（Five hundred meters Aperture Spherical Telescope，简称 FAST）工程。这是 FAST 开工以及 973 项目实施以来首次重大国际科学研究讨论活动，所有学术报告自始至终全部用英语。参加此次国际会议的天文学专家及学者约有 100 人，来自世界各国的大专院校、研究院所和天文台等，绝大多数都是青年人，学术报告的内容均涉及国际前沿问题，不仅有逻辑推理，还有观测事实。整个会场既严肃认真，又灵活多样，气氛相当活跃，最后会议举办得非常成功。11 月 1 日，陆埮与夫人周精玉一起参观正在施工建设的位于贵州平塘大窝凼洼地的世界最大口径射电望远镜 FAST 台址。据介绍，FAST 工程光选地址就花费了十多年的时间，最初在全国各地选出 300 个地点，从 300 个中筛选出 30 个，在 30 个中再筛选出 5 个，再筛选出 3 个，都在贵州省，最后从这 3 个中由中国科学院国家天文台南仁东研究员拍板定在大窝凼，因为这里属于喀斯特地貌，有着不积水、地质结构不变的天然优势。陆埮一行人参观时 FAST 正在施工中，预计 2016 年 9 月才能全面完工，大家头戴安全帽站在 FAST 的边沿合影留念。11 月 2 日，应贵州大学物理学院张志彬教授的邀请，陆埮给贵州大学师生作题为"探索宇宙"的学术报告。整个学术报告厅总共 280 个座位，不少学生都是站着听完报告，并且自始至终没有一人中途离开会场。11月9日下午，陆埈又应四川大学物理学院的邀请，在新校区水上报告厅给物理系大一、大二的本科生作题为"宇宙中的暗物质与暗能量"的学术报告，听众除了物理系学生之外，还有其他各系的学生，总数有500多人。这次出差从10月27日直到11月9日，一共在外奔波14天，开会、参观、报告忙个不停，几乎没有休息的时间。

2013年5月22日，陆埈与夫人周精玉第二次参观贵州省平塘大窝凼FAST，了解项目进展情况并就地取材开会。当天晚上，由贵州师范大学组织，在贵州省罗甸县青少年活动中心，陆埈又不辞辛苦地为数百名国家干部、企业家、中学生作题为"探索宇宙的奥秘"的学术报告，反响热烈。

陆埈不仅在全国各地热心指导天文建设，对于最后就职

图8-17　2012年11月1日陆埈携妻子摄于世界最大口径射电天文望远镜FAST台址（贵州平塘）（图片由陆埈夫人周精玉提供）

图8-18　2013年5月24日"500米口径球面射电望远镜（FAST）与地方发展"论坛合影
（前排左十三为陆埈，图片由陆埈夫人周精玉提供）

的单位——中国科学院紫金山天文台，他也格外上心，每年坚持向全体研究生新生作报告，鼓励大家努力学习知识，为国增光添彩。还记得 2013 年 7 月 19 日上午，陆埮正在为紫金山天文台暑期夏令营的 40 名营员作首次科学报告，突然会议室的灯灭了，投影黑了，天文台停电了！当时的组织者和营员都有些慌乱，但陆埮却显得很平静。他告诉大家虽然停电了，但是他觉得可以继续报告。就这样，他的报告有条不紊地正常进行，营员们也全神贯注，听得津津有味。因为停电的缘故，报告结束后陆埮的后背都被汗水浸湿，即便如此他也毫无怨言。

2014 年 5 月初，小病初愈的陆埮立即开始为他领导的紫台暗能量、高能天体物理研究队伍寻找新的突破口。5 月 28 日陆埮开始与暗物质卫星科学组进行每周联合组会，增进相互的了解，以便在机会成熟时展开合作。组会上陆埮精神矍铄，以自己数十年来坚持不懈开拓创新的经历鼓励小组的青年成员们与时俱进、勇攀高峰。基于多年科研的心得，陆埮建议大家要沉心静气、重视数据处理及科学研究队伍的建设、注意其他可能的重大突破苗头。他特别指出历史上很多重要的物理实验项目，最重大的突破往往来自"副产品"，甚至完全是意料之外的发现。他还简单回顾了自己当年冒着被批判的危险、通过与本科同学通信的方式自费做粒子物理研究时的艰辛，鼓励现在的研究生们不要荒废年华，珍惜难得的研究环境，努力学习与工作，积极投身于蒸蒸日上的中国空间天文事业，力争做出重大成果。尽管组会几乎所有成员都在不同场合听过陆埮的报告，但对绝大部分成员尤其是研究生而言，这还是首次与陆埮进行深入的直接的交流。陆埮的"现身说法"极大地鼓舞了这支平均年龄仅二十七八岁的年轻科研队伍。2014 年 6 月，陆埮再次参加联合组会，交流讨论

图 8-19　2014 年 4 月 22 日陆埮与严军、董建石、李建铭在紫金山天文台门口合影（左三为陆埮，图片由陆埮夫人周精玉提供）

最近暗物质、暗能量研究的进展。只要有机会，陆埈一定不会错过组会上与大家的热烈讨论。尽管后来因为出差、身体等原因，陆埈没能继续参加联合组会讨论，但暗物质卫星科学组的负责人仍清楚地记得，陆埈曾多次委托祁石、余波等人向联合组会"请假"，为不能参加表示歉意，这也从侧面表现出陆埈对组会、对科研认真负责的态度。

助力家乡建设发展

2012 年 9 月 13 日上午，陆埈在苏州市会议中心参加苏州籍院士回乡服务活动。这次受邀回乡的苏州籍院士有钱易、范滇元、唐孝炎、沈倍奋、陆汝铃、王志珍、陆埈、吕达仁、翁宇庆、陈祥宝、田禾等 11 人，其中中国工程院院士 7 人，中国科学院院士 4 人。9 月 14 日至 16 日，陆埈参加在常熟沙家浜阳澄湖酒店召开的"苏州物理学会年会暨苏州市第七届学术会物理分会（2012 年）"，其间为大会作题为"百年宇宙学"的学术报告。连续两小时的报告中间不休息，陆埈丝毫不显疲惫，反而精神焕发、谈吐风趣。陆埈同时还参加了"常熟籍院士家乡行暨第二届学术年会"，

图 8-20　2012 年 9 月 13 日 "苏州籍院士回乡服务活动" 合影留念（左七为陆埈，图片由
陆埈夫人周精玉提供）

图 8-21　2012 年 9 月 14 日"常熟籍院士家乡行暨第二届学术年会"陆埮发言（图片由陆埮夫人周精玉提供）

与范滇元、吕达仁、翁宇庆、陈祥宝、田禾等其他五位院士一起被常熟市人民政府聘请为常熟市人民政府顾问，为家乡科学发展出谋划策。

2014 年 9 月 10 日，陆埮再次应约赴家乡常熟作科普报告并指导常熟天文馆的建设，准备与夫人周精玉一起乘坐 9 点 12 分去苏州北站的高铁。然而当天上午 9 点，陆埮在南京南站不幸跌倒，救护车立即将他送到江苏省人民医院急诊室，CT 检查显示左脑出血要立刻手术。意外跌倒住院后，陆埮一直昏迷不醒，夫人周精玉不得不帮其婉言谢绝了已经约定好的 9 月至 12 月底全国各地的 12 个报告，而在此之前的 3 月至 8 月，陆埮已经在全国各地作了 6 个科普报告。

陆埮的一生坚持把科学前沿知识传播给公众，引导青少年的科学兴趣，鼓励年轻人投身科学研究事业，他的学术报告和科普著作在年轻学子中享有盛誉。2014 年，陆埮还与王绶琯一起主编《中国大百科全书·天文

图 8-22　"常熟籍院士家乡行暨第二届学术年会"合影留念（前排左五为陆埮，图片由陆埮夫人周精玉提供）

卷》，一直到病倒前，这一工作都有序推进从未间断。离世前，其主编的《现代天体物理》（上、下册）也才刚刚定稿。

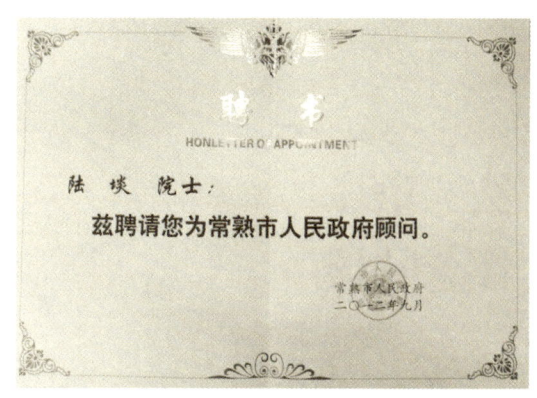

图 8-23　2012 年陆埮被聘请为常熟市人民政府顾问（图片由陆埮夫人周精玉提供）

　　2014 年 12 月 3 日上午 11 时 12 分，陆埮经抢救无效在南京辞世，享年 83 岁。12 月 7 日上午，南京殡仪馆举行了陆埮的遗体告别仪式。中国共产党中央委员会总书记、中华人民共和国主席、中共中央军事委员会主席习近平，以及李克强、胡锦涛等党和国家领导人发来唁电、唁函，送来花圈，对陆埮院士的逝世表示深切哀悼与纪念。中国科学院系统各单位，南京大学等高校，科学研究机构同事和同行，家乡常熟市代表，陆埮生前的同学、同事、学生、朋友以及社会各界人士敬献花圈、花篮，陆埮生前最重视、最亲近的学生们更是满怀悲痛。追悼会由紫金山天文台党委书记张丽萍主持，约 300 人参加了追悼会。紫金山天文台台长杨戟研究员介绍了陆埮的生平事迹，陆埮的女儿陆轻铱作为家属代表表达了对陆埮的怀念。

结　语
怀念陆埈

独特的养生之道

　　陆埈从小就多灾多难，在战乱中长大，又受尽疾病的折磨，体弱多病的他曾期望自己能够活过 40 岁，没想到转眼他已成为自己口中的"八零后"。虽然或多或少有些老年病，但总的说来陆埈身体还算硬朗，一直到 2014 年意外跌倒之前，他走路都从来不哈腰驼背，而且头脑清醒，思维敏捷。陆埈从不锻炼身体，全部时间都奉献给了科研与教学，要说唯一的锻炼，可能就是每天上班从家走到办公室，再从办公室下班走回家。实际上，陆埈的养生方法就是始终保持大脑的高速运转。他积极参加天文界、物理界的各种学术研讨会，不断更新科学知识，与时俱进，始终站在国际科研最前沿，坚持产出优秀的科研成果，用大脑带动身体，保持身心的年轻状态。

　　正式科研之后，陆埈很多时间都在外出开会，由于成功地进行了科研方向的转变，天文和物理两大领域的会议都留有他的足迹。除了辛苦的科学研究和繁重的教学任务，更新教材、出差开会都已经成为陆埈的家常便饭。天文界和物理界的会议都来邀请陆埈出席，每年仅北京和上海两地就有几十次大大小小的会议需要他参加。尤其是在北京开的会极多，家住南京的陆埜每次都要耗费很多时间和精力，遇到飞机晚点的情况常常一等就是数个小时。但是陆埜对此从不抱怨，经常"打飞的"的他还被同事开玩笑"去北京开会比寻常人去超市还要频繁"[①]。对辛勤工作的陆埜来说，从来没有节假日，也没有任何科学研究之外的业余爱好，一年到头他总是忙忙碌碌，对祖国、对事业、对学生始终怀着一颗赤子之心，有求必应。

1981年，陆埜开始担任中国物理学会刊物《物理学进展》的副主编，后来因工作繁忙，2009年起改为担任该刊物的顾问编委。另外，他还曾经担任过《物理》《天文学报》《天文学进展》《中国物理快报》《科学》等刊物的副主编或编委，以及其他的学术兼职；从1999年开始参加中国天文学会天文学名词审定委员会，直到去世，做了15年的天文学名词审定工作；兼任多所大学特聘教授，担任多省、市发展顾问、咨询专家，等等。当然他的主要精力仍然放在科学研究和教学上，陆埜长期从事高能天体物理、致密星物理、伽马射线暴和宇宙学等方面的研究工作，一直坚持研究生的培养，桃李满天下，为我国的天体物理事业作出了巨大贡献。

陆埜酷爱读书，时时刻刻手不释卷，笔耕不辍。外出开会时，无论是在飞机上还是在火车上，只要有点滴空隙时间，他都用来看资料、读书、写邮件等，决不浪费时间。每次出差开会他都随身携带笔记本电脑，到宾馆住宿首先关心房间能否上网。每天晚间只要不开会，他总是如同在家里一样工作到深夜。从青年学生时代专心读书，一直到老年潜心科学研究与教学工作，他很少在晚上12点之前睡觉，一般都会学习、工作到凌晨1点，早晨7点起床，又开始一天繁忙的工作。陆埜通常在中午会稍微休息一下，躺在办公室的长沙发上睡半个小时左右，但如果要处理的事情很多，他就干脆牺牲休息时间，吃完午饭一直工作到晚上，晚饭后又继续工作到深夜。一年365天，天天如此，从不间断，即使节假日也不例外。陆埜的办公室有一块醒目的白板，上面记录着各式各样的行程，写得密密麻麻，每天都排得很满，看过这块白板的人都印象深刻。据妻子周精玉回忆，有一年春节前陆埜收到49份评审材料，于是整个春节他没有休息一

---

① 此处根据陆埜夫人周精玉回忆。

天，大年三十和初一都在工作。就这样年复一年。

在别人眼里，陆埮的生活简单得不能再简单，除了吃饭睡觉就是在电脑上干活，从来没有周末和节假日一说。退休以后陆埮也没闲着，仍然在科学这块广袤而寂寞的园地里辛勤地耕耘。谈及当年商潮涌动，多少人弃学从商的情景，陆埮笑笑说："我认定自己是干科研这一行的了，以前工资少，一个月五十几块钱拿了十多年，生活相当清苦。但自己有兴趣，有了兴趣，就不觉得枯燥，不觉得苦了。"①

20多年来，无论是在艰难困顿的日子里，还是在改革开放的大潮中，陆埮始终将探求知识的触角伸向科学的最前沿。他不属于任何一个固定的研究领域，也不屈从于任何狭小的专业范围，从最小的基本粒子——夸克，到最大的太空——宇宙，都是他感兴趣的研究对象。从物理到天文，从奇异星到代参数再到伽马暴的起源与演化，陆埮都精力充沛地投入。他在事业上不仅有强烈的进取精神，而且还有顽强拼搏的毅力，不会因外部环境而改变自己的初衷。"文化大革命"期间进行业余科研吃尽了苦头，然而白天上班写检讨、挨批判，下班回家后陆埮照样看书、写论文，也正因为他在任何环境中都能一直坚持不懈，才有了如今的累累硕果。

回顾陆埮生前，无论是开学术会议、进行科普报告，还是参观游览，他总是精力充沛，究其原因主要是他睡觉的效率很高。出差时，无论是在汽车、火车还是飞机上，他都能很快入睡，不会被任何的嘈杂声打扰。正因为陆埮能充分利用一切零散的空闲时间休息，他才能弥补过于忙碌造成的晚间睡眠的不足。因为事务繁忙，陆埮只能不断提高自己的工作效率，所以不管是教学还是科研，他都能合理利用时间、尽可能多地节省时间，白天电话多、事情杂，他便在晚间开夜车，挤时间编教材、搞科研、写论文、著书立说，而诸如听古典乐、打乒乓球、下棋等业余爱好全部割舍。夜以继日地努力工作就是陆埮独特的养生之道。2000年初，陆埮因头晕住院，CT检查表明头晕的主要原因是颈椎的某个微血管堵塞了，需要住院输液疏通血管，陆埮在医院住了20多天才痊愈。这次住院陆埮吃尽了

---

① 此处根据陆埮夫人周精玉回忆。

苦头，也给了他一个教训——熬夜做科研要当心，决不能过度。出院时医生对他说，平常睡觉撤掉枕头有利于血液循环，以防大脑缺氧、头晕，同时也告诫他不要熬夜。陆埮回应他能做到不睡枕头，然而要他放弃开夜车他怎么也办不到，因为自己做科研、写论文基本都是靠开夜车挤时间，白天要和同事、学生讨论学术，而且杂事太多——单位开会、外地出差、接打电话十分繁忙；晚上则要安静得多，连电话都很少，基本上没有任何干扰，正是集中精力思考问题、写文章的黄金时间。不开夜车是办不到了，但陆埮听从了医生的另一条建议——撤掉了枕头，要知道他以前的枕头都是加厚、加高的，否则容易睡不着。妻子周精玉拿来一个薄枕头给他中间过渡一下，陆埮连连摆手说没有必要。经过一段时间的适应，陆埮再也不睡枕头，即使出差在外，他也把枕头拿掉。他是一个很有毅力的人。

陆埮平常基本不喝酒，参加宴会或聚餐时也只喝茶或白开水，偶尔会在朋友的劝导下饮少量的红葡萄酒。然而每次回到常熟，陆埮总要喝些家乡酿造的米酒，米酒不醉人，而且清洌甘甜、浓香馥郁、回味无穷。陆埮还曾自己制过米酒。他还喜欢饮绿茶，尤其是常熟老家的特产——虞山绿

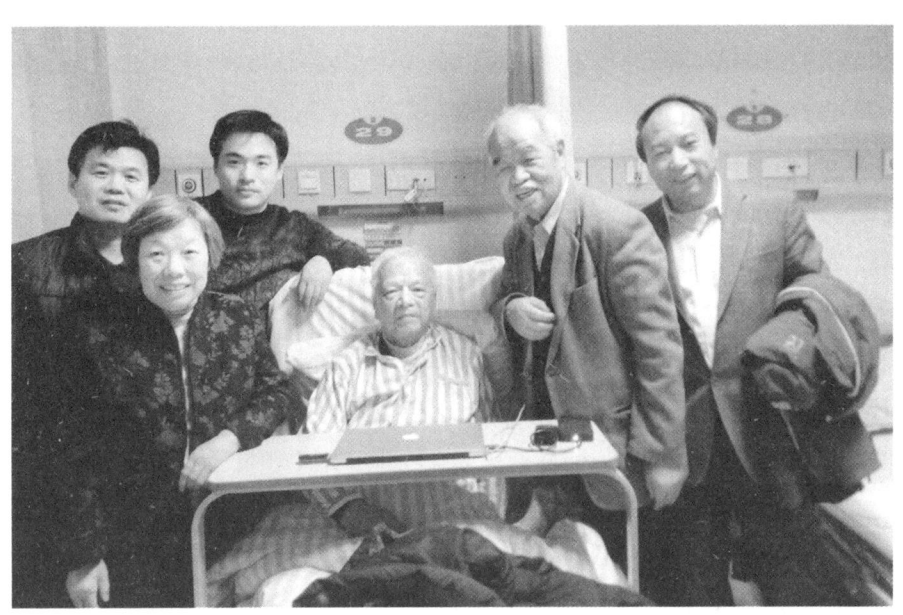

结语图-1　2014年1月陆埮住院期间仍坚持用电脑工作（左起：朱宗宏、周精玉、王善钦、陆埮、李宗伟、张新民，图片由陆埮夫人周精玉提供）

茶，轻轻吸饮一口，微苦中带着清香甘甜，沁人心脾，齿颊留香。俗话说一方水土养一方人，陆埮就是喝着这种茶叶长大的。常熟山好水好，滋养出来的人自然格外优秀。

陆埮一不抽烟，二不喝酒，对于饮食，从不挑剔，也没有任何特殊要求。平日里三餐间爱吃些零食，他最爱吃花生，还经常对妻子周精玉笑言："花生的味道有一点像腰果，与腰果差不多，但是价格比腰果便宜多了。"[1]陆埮的一日三餐时间较常人稍晚，尤其是晚餐通常都在 8 点半到 9 点，这主要与他的作息有关。陆埮吃完晚饭之后通常都要工作到凌晨 1 点左右才睡觉，晚饭吃得晚一些，睡觉时才不会感到太饿。

据妻子周精玉回忆，陆埮从小就特别喜欢吃甜食，在经济困难时期，一切食品都是凭票供应，糖票每人每月半斤，陆埮家中两个大人三个孩子，每月能领到 2 斤半糖，孩子们平常很少吃糖，主要都是给陆埮吃。由于自幼吃糖太多的缘故，陆埮的牙齿很不好，总长蛀牙，30 多岁就开始拔牙，并镶嵌假牙。2010—2012 年，陆埮多次在四川出差开会期间，抽空前去四川大学华西口腔医院看牙。

2006 年 12 月，陆埮的孙子出生，2007 年 1 月外孙女出生，陆埮非常高兴，特别喜欢这两个孩子。只可惜意外来得太突然，颐养天年、儿孙绕膝的惬意生活太短，陆埮还未好好享受便离开了人间。

似青年与时俱进

陆埮从学生时代起就一直以谦虚谨慎、积极主动来要求自己，对偶像爱因斯坦熟稔的他经常给学生讲些逸闻趣事来激励自己和学生。比如，曾有年轻人问爱因斯坦，"你已经是成果辉煌，在物理界空前绝后，为何还要孜孜不倦地学习？"听罢，爱因斯坦当即用笔在纸上画了一个大圆和一个小圆，对年轻人说："在目前情况下，在物理学这个领域里可能我比你懂得略多一些。正如你所知的是这个小圆，我所知的是这个大圆，然而整个物理学知识是无边无际的。对于小圆，它的周长小，即与未知领域的接触面

---

[1]　此处根据陆埮夫人周精玉回忆。

小，你感受到自己的未知少；而大圆与外界接触的这一周长大，所以更感到自己的未知东西多，会更加努力去探索。"

陆埮做科学研究时，首先总揽全局，瞄准前沿阵地，选择科研课题。掌握分寸一步一个脚印地审时度势，根据需要和可能细致地做出每个步骤的具体工作计划。不仅做学术研究的方法尽可能先进，而且一切工作手段也要先进。在台式计算机刚刚问世不久，整个南京大学也没有几台，分到各个系的数量更是少之又少，平常学生们都争先恐后地排队使用，教师根本无法插足，唯一的办法是自力更生。正巧 1991 年年初，陆埮收到香港城市大学一位教授的邀请，在香港城市大学访学半年（5 月至 11 月）。访问期间，陆埮与该校物理系同事进行学术交流、研究讨论学术问题，双方合作得十分愉快。城市大学教授每个月付给陆埮九千元港币，六个月总共五万四千元港币，除了吃饭住房之外，剩下三万多元港币。11 月结束访问回南京时，陆埮买回一台 386 计算机和 24 针打印机。那时计算机很昂贵，根据国家规定，在外^① 工作半年，回来时可以买一大件，陆埮就用剩下的所有工资买回了计算机。这台计算机为他日后做各种科学研究工作，尤其是研究伽马射线暴提供了极大便利，使他的研究如鱼得水、如虎添翼。陆埮每天从早到晚都在计算机前工作，甘当"小学生"，从头开始学习先进的科学研究手段，不懂的地方就虚心向别人请教，敏而好学，不耻下问。功夫不负有心人，经过一年多的仔细琢磨、努力学习之后，陆埮终于掌握了计算机，并且运用自如，配合着一起买回的打印机，他总是及时将国际上最新的伽马射线暴观测数据与科学研究论文下载、打印出来，人手一份地发给所有研究生进行分析和研究，组织全体人员仔仔细细地阅读、讨论、发表意见，结合观测实际，进行全面细致的分析、准确可靠的推理，始终与国外科学家站在同一条起跑线上进行研究。师生废寝忘食、分秒必争地倾力合作，在充分认识、了解前人科研成果的基础上进行研究讨论，各抒己见，提出自己独特的见解，最后才一致通过决议写出文章。每一篇学术论文写成之后，大家都集中在一起再三斟酌、反复研究，甚至一个标

---

① 当时香港还未回归祖国。

点符号都不放过，最后才将论文寄出发表。就这样，陆埃带领学生们在极短的时间跨度里做出了精辟、准确并且极富原创性的工作，在国际上崭露头角、成绩斐然。

和同龄人相比，陆埃是较早接触和使用电子计算机的教授。从香港买回的这台 386 计算机在帮助陆埃和他的团队做科学研究方面立下了汗马功劳，他一直用了五年才更新换代。陆埃虽然早已满头银发，但玩起时髦的数码和电子产品来，一点儿也不逊色于年轻人。自从年近六旬访问香港买回计算机，电脑就伴随着他每天的工作，而且陆埃在他的科研团队里也是最早采用"高科技"——先进的幻灯软件 PowerPoint，而不是投影机放透明胶片的土办法进行学术报告的。每一次开学术研讨会作学术报告，陆埃都利用计算机制成彩色的演示文稿，特别是那些走遍全国的科普学术报告，每次长达两个多小时，通通都是陆埃自己开夜车用计算机做出的。他善于运用各种软件，形式多样，而且灵活机动、效果显著。后来学生们看到这种效果好，便也纷纷效仿学起了这个"新式武器"，可以说年轻弟子们都是跟在陆埃后面"赶时髦"的。

如今，陆埃使用的计算机已经十分先进，打印机也更新换代成最新的激光彩色打印机。面对那些最新的软件手足无措时，陆埃总是去请教经验丰富的行家，虚心向专家学习，直到完全了解、彻底解决问题才肯罢休，他从不轻易放过任何一个有疑问的细枝末节。科学技术尤其是计算机的发展变化可谓日新月异，陆埃虽然已经满头白发，却斗志不减、风采依旧。他耳聪目明，灵活机智，同青年人一样喜欢接受新鲜事物，与时俱进。耄耋之年的他仍然坚持每天都上网查看国内外发表的最新文章，浏览重要的国际学术会议和国内外重大科技成果。每次出差，他都

结语图 -2　陆埃在工作（摄于 2012 年，图片由陆埃夫人周精玉提供）

随身携带笔记本电脑和激光笔，住宿的唯一要求就是能够上网，如果房间不能上网，他便会立即请求调换房间。只要能上网，即使房间更小、硬件条件更差，他都乐于接受。有一次陆埮在神农架的木鱼镇参加学术会议，会议刚刚开始，会场的激光笔突然坏了，陆埮立刻将自己的激光笔拿出来给大会使用，保证了整个会议的顺利进行。他还经常在网上与同事、朋友、学生交换意见、谈论学术、研究问题，逢年过节总不忘给大家发送自己制作的电子贺卡。陆埮从不以长者自居，也不属于保守派，他向来没有任何架子，总是与青年人平起平坐，像青年人一样紧跟时代潮流，对新事物很容易接受。比如，他对数码照相机很感兴趣，早些时候他都使用数码照相机完整地将他查出的那些图文并茂的内容拍摄下来，为写作科研论文提供准确的资料来源。后来外出开会的机会逐渐增多，碰上古典文物、优美的景致他都不忘拍摄下来，俨然一位专业的摄影师。

书是最大的财富

陆埮的研究领域从最小的基本粒子一直延伸到最大的宇宙，从物理学到天文学，从微观世界到宏观世界，跨度很大。因此他买的书非常多，只要是涉及这两个领域而自身又有需要的书，不管价钱有多贵，他都毫不犹豫地买回家如饥似渴地阅读。杂志也是一样，每年照订不误，平常最爱去的地方就是书店。陆埮经常对妻子说："我一不抽烟，二不喝酒，三不好穿，也就是买书和订杂志。"[1] 对于陆埮这唯一的爱好，周精玉非常支持，即便身处经济困难时期，她也会从牙缝里省下陆埮买书、订杂志的钱。

可以说陆埮家最大的财富是书和杂志。复员到南京电讯仪器厂搬家时，陆埮全部的家当总共 24 个小木箱，其中有 22 个小木箱是书。现在的家中有 10 个书橱和 3 个大书架，全都装得满满的，不少书或压在纸箱里，或堆在写字台上，数量还在与日俱增。而且他在南京大学物理学院的办公室还有 3 个书橱，在紫金山天文台的办公室另外还有 7 个书橱。其中天文台办公室原先的书橱隔板曾两次被书和各种杂志压垮，所幸当时人都不在

---

① 此处根据陆埮夫人周精玉回忆。

附近。书橱第二次被压垮时，各类书与杂志散落一地，恰巧此时台里的常进研究员有事来找陆埈看到了这一场景，他立即请人量好尺寸，决定给陆埈办公室的墙上安装五个大的、钢结构的书橱，这样既可以容纳所有的书和杂志，又十分安全。

陆埈其余的爱好全部因繁忙的工作而舍弃，唯独存留下来的爱好是读书，他一天到晚手不释卷。从幼年起认字读书，到少年、青年、壮年、老年，70多年间没有一天离开书。即使生病住在医院，他也从家中拿来很多书照看不误，有时医生为了他的身体考虑不让他看书，他却一等到医生离开便躺在床上一边输液一边看。虽然经常躺着看书，但是他的眼睛从不近视，陆埈天生一副明亮澄澈的好眼睛，年过七十仍目光敏锐、炯炯有神。对于陆埈来说，看书学习就像吃饭睡觉一样必不可少，甚至每次去卫生间他手里都要拿一本书或者报纸杂志。他酷爱读书的好习惯自然而然地影响了他的儿女，一家人都爱看书学习，相互交流心得体会。知识的积累是一个长期的过程，厚积才能薄发，所以很多别人不知道的知识，比如文学方面，陆埈都能信手拈来。

陆埈喜欢阅读名人传记，尤其喜欢阅读科学家的传记。家中有很多本传记，仅爱因斯坦的传记就有多种版本。通过阅读传记，陆埈能够了解伟大科学家的高尚品德，学习他们的思维方式，以他们为榜样勉励己身。早在北京大学物理系读书时，陆埈的课外阅读指导老师王竹溪教授就给过陆埈两本论文集——《相对性原理》和《布朗运动》，让他仔细研读学习，其中爱因斯坦的几篇论文给陆埈留下了深刻印象。陆埈从学生时代开始就特别敬仰爱因斯坦，在他的心中爱因斯坦一直是他崇拜的偶像。爱因斯坦从22岁开始发表第一篇科学论文，一直到1955年去世几个月前发表最后一篇短评，一生共撰写了600多篇科学论文、短文、评论和见解，其中重要的出版物就有300余篇。1905年，年仅26岁的爱因斯坦利用在瑞士伯尔尼专利局工作之余进行科学研究，一年内连续发表五篇不朽的论文：3月"光量子假说"、4月"一种测定分子大小的新方法"、5月"布朗运动理论"、6月"狭义相对论"、9月"公式 $E=mc^2$"。每一篇论文都在开创一个新领域，因而这一年被称为"爱因斯坦奇迹年"。2005年，为纪念爱因斯坦 1905 年发表五篇开创性论文 100 周年，联合国特地将 2005 年定为国际物理年，也称爱因斯坦年。这一年，陆埈作了很多科普报告弘扬爱因斯坦的科学精神，鼓舞着众多青年投身祖国的科学研究事业。

人的差异产生于业余时间，业余时间能成就一个人，也能毁灭一个人。

录爱因斯坦语
与青少年朋友共勉
陆　埈
2013.8.3.

结语图 -3　2013 年 8 月 8 日陆埈写下爱因斯坦原话与青少年共勉（图片由陆埈夫人周精玉提供）

　　陆埈爱读书，而且有做笔记的习惯，初中、高中、大学各科上课的笔记仍保留至今。工作后，陆埈经常记录自己教学中的心得体会、科学研究中的原始稿件、计算方法、思维演练计算过程等。1978 年调入南大后，陆埈一家便住进学校分配的住房——北京西路 2 号新村 3 栋 403 室。因为 8 月刚刚搬家，不久又忙于开学上课，而且家中只有两个书架外加一张写字台，根本没有地方存放陆埈的书籍、笔记、稿件等，只能通通装进 10 多个纸箱。家里人多书多，房间太拥挤，于是就把其中两大纸箱笔记暂时放在自家门外墙边。陆埈家住这栋 5 层楼房的 4 楼，想着来往的人少，别人拿去也没有用，照理应该是保险的。可谁知某天突然发现两大箱笔记不见了，陆埈夫妇心急如焚，多年的心血无法复制，一旦丢掉永远也不可能再拥有。他们找遍了整个小区也不见纸箱的踪影。后来才得知是附近鼓楼小学的几个男生偷偷抬走卖到废品收购站换钱买零食吃了，听此消息后陆埈立即到废品收购站询问，谁知笔记早已被送到造纸厂制成纸浆了。原有的一线希望化为泡影，陆埈虽追悔莫及但也无济于事了，只能吃一堑长一智，接受教训，怪自己考虑不周。宽容大度的陆埈没有索要孩子们卖笔记本所得的钱款，只是敦促老师批评教育了一番，告诫他们以后不要再做类似的事情。陆埈就是这样一位善良、和蔼的老人。

　　耄耋之年的陆埈满头银发，脸庞轮廓分明，眼睛炯炯有神，再加上那不经意间或浅或深的紧蹙，眉宇间的痕迹使人很自然地想到硬朗、坚毅、隐忍等词汇，一种敬仰之情油然而生。2014 年 12 月 3 日，这位中国科学

结语图-4　正在作学术报告的陆埮（摄于2014年，图片由陆埮夫人周精玉提供）

院院士、天体物理学家、教育家、全国人大代表、中国科学院紫金山天文台研究员、博士生导师，走到了他人生的尽头。陆埮的一生，是为科学奋斗的一生。他将自己的毕生精力奉献给了物理和天体物理研究和教育事业，为我国科教事业发展作出了重大贡献，为我们树立了学习的榜样。

人们常说，年轻时的经历是年老时回忆的资本。照此，陆埮绝对是一个非常富有的人，从小到大起起落落的经历，让他的人生丰富又饱满。他见过民族的危亡与贫弱，也目睹了国家的繁荣与富强；他接触过坦荡荡的君子，也遇到过常戚戚的小人；他走过荆棘丛生的羊肠小路，也踏上过光辉灿烂的康庄大道。童年病弱，战争不断，苦不堪言；青年奋进，努力学习，磨炼意志；壮年坎坷，埋头工作，鼓起勇气；老年充实，著作等身，成就丰硕。陆埮在科研成果上屡屡创历史最高水平，立足于世界领先地位；在教书育人中桃李满天下，为国家培养了一代又一代栋梁之材。他的一生并非尽如人意，但绝对是无愧于心。

附录一　陆埃年表

1932 年

2 月 23 日，出生于苏州常熟县南门外东市河，是家中长子，父亲陆增祥，江苏医学院职员，母亲谭娟，家庭妇女。陆家共七个儿女，其中一个名"桦"的女孩在 6 岁多出麻疹夭折。

1940 年

2 月，开始进学校读书上课。

6 月，由于全家得了"猩红热"病，在一家英国人办的传染病医院住院治疗，因而还未读完一学期。

1941 年

因病在家休养，起初在上海休养，由于上海公共租界和法租界都被日军占领，后来全家人回到常熟休养。

1942 年

4 月至 11 月，在江苏常熟义庄弄琴南小学二分校读三上年级。11 月至 12 月，在江苏常熟市东河 66 号家里休养。

1943 年

1 月至 8 月，在江苏常熟市东河 66 号家里休养。9 月至 12 月，在常熟大田岸琴南小学一分校读三下年级。

1944 年

1 月至 9 月，在常熟大田岸琴南小学一分校读四上年级。

1945 年

在常熟小庙场琴南小学主校读五年级。

1946 年

7 月，以米业小学整个年级（两个班）第一名的成绩毕业，获得了学校奖励的"银盾"。以优异成绩考取常熟县立初级中学（1952 年更名为常熟市中学）。师从钱孟豪先生学习"平面几何"课程，激发了对数学和科学的强烈兴趣。

1947 年

在常熟县立初级中学读书学习。

1948 年

在常熟县立初级中学读书学习。

1949 年

9 月，考入苏州的东吴大学附属中学（后来该校并入苏州中学）。将进入高三下学期时，体格检查发现左肺尖有正处活动期的浸润型肺结核，鉴于大部分课程已提前读过，并且在数学、物理学上崭露头角，学校同意其不上课只参加"三反""五反"政治运动，并允其参加毕业考试。

1950 年

在苏州东吴大学读书学习。

1951 年

在苏州东吴大学读书学习。

1952 年

参加全国高等学校统一招生考试，志愿填报如下：第一志愿物理（北京大学、复旦大学），第二志愿数学（北京大学、复旦大学），第三志愿天文（南京大学）。高考成绩全苏南第一名，数学满分，物理接近满分。因成绩优秀，被招生委员会直接编进北京俄语专修学校二部的留苏预备班。留苏预备班开学较迟，10 月 4 日开学。

10 月 2 日，乘火车从苏州奔赴北京，巧遇罗辽复，二人大学报考志愿完全相同。在北京俄语专修学校二部，与罗辽复分在同一个小班。

1953 年

学习俄语两个月后，因体检不合格回到苏州家中养病至 1953 年 8 月。

4 月底，接到教育部门通知：免考进入全国的任何一所高等学校。免试录取到北京大学物理系。

1954 年

北京大学大二在读。

1955 年

北京大学大三在读。

1956 年

9 月，四年级刚开学不久被系里抽调至物理研究室——北京大学新创建的培养原子核物理人才的基地，为保密起见，对外简称"546 信箱"，北大技术物理系前身——学习。

1957 年

8 月，被分配到中国科学院原子能研究所，因 "反右运动" 主要参加秋收和兴修水利劳动。

1958 年

4 月，重体力劳动导致肺结核复发，提前回到原子能所，协助搞运动整理材料，未做任何具体的研究工作。

8 月，被调往 "中国人民解放军哈尔滨军事工程学院" 任基础课教员，教原子核物理课程。

1959 年

编写基础课 "原子核物理" 的课程讲义。

1960 年

开始和罗辽复、杨国琛通信进行 "业余科研"。同年在哈尔滨军事工程学院被授予中尉军衔。

1961 年

8 月，随系迁至 "中国人民解放军防化学院" 即 "长春防化学院"，在此继续教原子核物理，共带领 57、58、59、60、61 五期学员。

1962 年

在《物理学报》第 18 卷上发表第一篇论文 "Mössbauer 效应问题中的一个平均值定理"。

年底被学院破格晋升为讲师。

1963 年

与罗辽复、杨国琛合作写作"论轻子的对称性"一文，发表在《内蒙古大学学报》（自然科学版）上。

暑假，参加在中国科学院长春市应用化学研究所召开的全国物质结构学术会议，与周精玉（妻子）第一次见面。

1964 年

在《物理学报》第 20 卷第 777 页上发表"Mössbauer 谱线的热致宽"，与 1962 年发表的"Mössbauer 效应问题中的一个平均值定理"一起成为我国 Mössbauer 效应领域最早发表的论文，这之后科研方向转向了粒子物理。

1965 年

根据罗辽复参加的北京层子模型讨论会的内容，"文化大革命"开始后，业余科研三人开始讨论层子模型，并写作四篇具有标志性意义的总结文章。

1966 年

元月 20 日（农历的大年三十），陆埃和周精玉在长春登记结婚。

"文化大革命"初始，被打成"资产阶级反动学术权威"，人身自由受到限制并遭受各种迫害。

10 月初到次年 3 月底，被要求为长春西大营家属宿舍区烧锅炉暖气。

1967 年

2 月，长子陆轻锂出生。

4 月至次年 1 月，被要求去木工房上班，每天与木匠任师傅一起修理教学楼、宿舍楼的门窗。

1968 年

年初，中国人民解放军防化学院领导部门在八电（第八专业教研室与电学教研室合并后统称八电）成员大会上为其平反。

与罗辽复、杨国琛通信合作研究夸克相互作用，得出重子与介子之间的几个质量关系，早于国外的物理学家完成"基本粒子的质量关系和层子相互作用"一文的写作，1974 年发表于《物理学报》复刊后的第一期。

1969 年

3 月，次子陆轻铀出生。

8 月，从长春防化学院复员到南京电讯仪器厂做技术员，在技术情报室工作 8 年多。其间以工厂名义创办《电子技术与数字化》不定期刊物共 11 期；引入阿仑方差，制定频率稳定度标准；在仪器中引入计算机技术。因工作出色被特邀参加全国频率标准会议。

其父体弱多病，未满 60 岁因肺气肿病医治无效去世。

1970 年

负责撰稿、审阅、编辑出版的杂志，被当时的"四机部（中华人民共和国第四机械工业部，主要负责电子工业）"提升为部属的"仪表电讯"方面的专业性杂志。

夏天，参加长江防洪护岸工程导致腰肌劳损。

1971 年

在南京电讯仪器厂工作。

1972 年

女儿陆轻铱出生。

1973 年

在南京电讯仪器厂工作。

1974 年

与罗辽复、杨国琛合作写作"基本粒子的质量关系和层子相互作用"一文,发表在《物理学报》上。

1975 年

与罗辽复合作"奇异粒子的非轻子衰变和层子模型"一文,发表于《物理学报》。

1976 年

与罗辽复合作写作"超窄共振粒子 J/φ 的产生和蜕变"一文,发表在《科学通报》上;与罗辽复合作写作"强子的内部对称性与超窄共振 φ"一文,发表在《物理学报》上;与曲钦岳、汪珍如、罗辽复合作写作"脉冲星的统计分析与 JP1953"一文,发表在《科学通报》上。

1977 年

罗辽复参加黄山会议,听到杨振宁提出"Party is over"(粒子物理的黄金时代过去了),得知此消息后三人讨论,准备转向天体物理方面的研究。

1978 年

2 月 26 日至 3 月 5 日,出席第五届全国人民代表大会第一次全体会议。之后连续当选为第六、七届全国人大代表,直到 1992 年,前后共出席了 15 次每年一度的全国人大全体会议。

3 月 18 日至 31 日,因业余科研得到肯定,与罗辽复出席全国科学大会,并因基本粒子理论方面的贡献获得"全国先进科技工作者"称号和"重大科技成果"奖状。

全国科学大会会议期间,接受作家柯岩的采访。至此已与罗辽复、杨国琛的学术通信达 3000 余封,发表论文 40 余篇,三人业余科研的事迹引发全国反响。

由于高能实验周期长、实验资料积累难、理论推测成分多,做粒子理论困难重重，庐山会议后决心改行到天体物理。1978 年"宇宙微波背景辐射的发现"获得诺贝尔奖，也对其转行产生重要影响。

4 月，随着知识分子归队政策的实行，被南京大学天文学系主任戴文赛教授引进南京大学天文学系工作。

调入南京大学天文学系后，收到电讯仪器厂的通知，其参与的频标制定和计算计数器等方面的工作均获得了电子工业部的嘉奖。

在给罗辽复的信件 LT1087 中，提及计划写一本关于基本粒子方面的科普书，并拟好了一个包含 9 章的详细提纲。

作为天文系导师，与物理系陈锡光、生物系袁传宓等参加了南京大学哲学系首届自然辩证法专业硕士生的教学和指导工作。

与罗辽复合作对 Schrodinger 方程（薛定谔方程）求出了类似形式的解，以"关于薛定谔方程的一个边值定理"为题发表于《自然杂志》。

在南京电讯仪器厂工作期间进行了约瑟夫效应方面的研究，并与罗辽复合作写作"约瑟夫逊效应与势阱结"，发表于《自然杂志》。

1979 年

开始担任南京大学天体物理研究室主任，直到 1995 年。

1980 年

应邀赴美国、欧洲和日本著名高等学校和研究机构进行学术交流访问，多次应诺贝尔奖提名委员会邀请，提名诺贝尔物理学奖候选人。

参加在美国巴尔的摩召开的第十届得克萨斯相对论天体物理研讨会。会议期间结识科罗拉多大学教授玛克瑞，会后邀其来南京大学访问，进行科学研究成果交流。

获内蒙古自治区科技成果一等奖。

参观位于美国普林斯顿大学的爱因斯坦故居。

80 年代初，开始密切关注伽马暴现象。

1981 年

6 月，被破格提升为南京大学天文学系教授、博士生导师。

7 月，与罗辽复往返信件达 2800 封，陆埮处发出的信件为 1290 封。

自 1981 年应美国大学教授的邀请开始出国访问，与外国科学界进行交流活动，多次访问美国。之后相继访问了德国、意大利、法国、加拿大、日本、澳大利亚、南斯拉夫、印度等国，以及中国台湾、中国香港等地大学。

担任中国物理学会《物理学进展》刊物的副主编，直到 2009 年。

1982 年

成为国际天文学联合会会员。

招收第一批硕士研究生王青德、左林、惠小惠，培养学生坚持"四快一慢（调研、立论、分析、成文快，发表论文投稿慢）"的基本原则。先后培养的研究生有王青德、左林、惠小惠、王仲翔、钱东奇、陆建隆、王阳生、杨宗明、黎卓、董义乔等。

1983 年

本年起，每年元旦设饺子宴，请学生到自己家包饺子吃。元旦饺子宴习俗一直持续到 2013 年元旦（共 30 年）。

3—4 月，《从电子到夸克》初稿完成（信件 LT1300 中提及）。

1984 年

1 月，经国务院教育部批准任博士生导师。

与学生一起首次研究奇异物质和奇异星的动力学行为，得出其具有极高的体粘滞性的重要结论。

1985 年

开始招收博士研究生，第一批博士研究生是冯珑珑、赵永恒、赵刚，之后培养的博士包括戴子高、宋黎明、韦大明、刘祥、黄永锋、王祥玉、马中强、刘学文、余波、祁石、侯臻、杨玉鹏、杨桂林、冯磊、郑伟、马清波、张强、崔明阳等；培养的博士后包括：吴雪峰、龚碧平、董云明等。

此时的研究方向包括宇宙学和高能天体物理等，之后逐渐集中到高能天体物理特别是中子星、奇异星、脉冲星和伽马暴等方面。在此期间科研发生四大变化：1. 从业余转入国家项目；2. 从自费转入国家基金支持；3. 从老同学间的个人合作转入与教学结合、与培养学生结合；4. 从粒子物理转入天体物理。

1986 年

5 月，在南京大学召开的国际天文联合会（IAU）第 125 次研讨会"中子星起源与演化"的开幕式上致辞。

1 月，与罗辽复合著的《从电子到夸克：粒子物理》出版，此书于 1992 年再版，修改后第三次出版。

写作"谈谈宇宙学"一文，发表在《科技导报》上。

访问意大利国际理论物理中心。

年底接待到访的科罗拉多（州立）大学 Richard McCray 教授。

1987 年

《超新星遗迹和中子星研究》获国家自然科学奖三等奖。

1988 年

写作"中子星的第二类磁场"一文，发表在《天文学进展》1988，（04）：265-273；与赵刚、赵永恒、黄家声、冯珑珑、黄克谅、彭秋和、钱跃民、陆建隆合作写作"超新星 1987A 中微子事件的研究"一文，发表在《天文学报》上。

1989 年

写作"一本广义相对论的优秀简明教材——《广义相对论引论》"一文，发表在《大学物理》上；与须重明合作写作"影响星系旋转曲线的几个因素"一文，发表在 *Chinese Journal of Astronomy and Astrophysics* 上。

与史天一合作写作 "GAMMA-RAY EMISSION FROM PULSARS AND SN 1987A SUB-MILLISECOND PULSARS"（"脉冲星的伽马射线发射与 SN1987A 亚毫秒脉冲星"）一文，发表在 *Science in China*（中国科学）上；与史天一合作写作 "Gamma-ray Emission from Pulsars and Hardee Mechanism of Electron-Positron Production"（"脉冲星的伽马射线发射和电子 - 正电子产生的哈迪机制"）一文，发表在 A&a 上；与尤峻汉、冯珑珑、晏明合作写作 "准周期振荡（QPO）天体 GX5-1 的双分支谱的唯象分析" 一文，发表在 *Chinese Journal of Astronomy and Astrophysics*（中国天文和天体物理学报）上；与赵永恒、陆建隆合作写作 "SN1987A 脉冲星（PSR0535-69）的一些性质" 一文，发表在《天文学报》上：336-341；与赵永恒、陆建隆合作写作 "IS THE NEWLY DISCOVERED SUB-MILLISECOND PULSAR WITHIN SN1987A AN OLD PULSAR？"（"SN1987A 内新发现的亚毫秒脉冲星是旧脉冲星吗？"）一文，发表在 *Chinese Science Bulletin*（科学通报）上；写作 "PSR0535-69——新发现的 SN1987A 亚毫秒光学脉冲星" 一文，发表在《天文学进展》上。

1991 年

年初，受郑广生教授邀请访问香港城市大学半年（5—11 月），结束访问时用剩余工资买回一台 386 计算机和 24 针打印机，将世界上最新的伽马射线暴卫星数据人手一份发给所有研究生进行科学分析和研究。

1992 年

获得国务院颁发的政府特殊津贴。

参加吴健雄的学术报告会，并与之交谈讨论。

1993 年

被江苏省教委、省学位委授予"优秀研究生教师"称号。

1994 年

与学生韦大明、宋黎明提出"代参数"概念，得到了国际天文界的公认，获得中国教育部科技进步三等奖。1995 年，"代参数"概念被 P.Goldoni 等人以及 P.A.Caraveo 用来研究脉冲星的多波段性质。2000 年，代参数被推广应用到逆康普顿散射效应上。

应邀出席常熟中学成立 70 周年校庆。

1995 年

卸任南京大学天体物理研究室主任，据陆埮夫人周精玉回忆，在任期间天文系曾无记名投票选系主任，陆埮的选票最多，但他以"自己不适合做天文系的领导工作，也不想做此工作"婉言谢绝。

11—12 月，访问香港大学并讲学。

1996 年

《奇异星及其观测效应的研究》获国家教委科技进步奖一等奖。

1997 年

与学生韦大明、宋黎明进一步建立了代参数、辐射效率和辐射能谱之间的关系。

科研触觉敏锐，国际上刚发现伽马暴的余辉不久，便开始集中研究被 *Science* 杂志评为当年世界十大科技成就之一的伽马射线暴及其余辉。

1998 年

与学生研究伽马暴余辉及其星风环境和致密介质环境，有力地支持了伽马暴起源于大质量恒星塌缩的观点。

《脉冲星辐射级联过程和代参数的研究》获教育部科技进步奖三等奖。

因其在中国天文科学研究中显著的成绩获 1998—1999 年度中国天文学会张钰哲奖。

研究指出通常以极端相对论速度膨胀的火球模型不能正确地解释晚期

余辉。

7 月，参加在呼和浩特召开的张衡天体物理研讨会，会上统计了与会人员的年龄分布，提出了我国科学家年龄结构的"两峰夹谷"现象。

1999 年

纠正了前人理论的错误，指出"标准模型不适用于伽马暴余辉的晚期演化"，并提出了既适用于早期极端相对论又适用于晚期非相对论的伽马暴余辉动力学演化的统一模型，陆埈等人在 2000 年的"天文和天体物理年评"（Ann. Rev. Astron.& Astrophys.）上撰文以 1.5 页的篇幅详细介绍了该统一模型。基于其所带领的南京伽马暴研究团队在国际上的影响力，2008年国际伽马射线暴大会得以在南京成功举办。

春节，在得知又有一个强伽马暴发生的消息后，立刻与学生投入到研究中，不久一篇关于伽马暴周围环境的论文诞生，为研究伽马暴起源开辟了一条新的研究途径。

参加中国天文学会天文学名词审定委员会，做了 15 年的名词审定工作。

2000 年

美国科罗拉多（州立）大学 Richard McCray 教授在南京大学访问时，带领学生与之见面交谈，致力于扩大学生的学术视野。

2001 年

获"全国优秀博士学位论文指导教师奖"。

11 月，访问北京防化学院（原哈军工六系）。

被提名中国科学院院士。

2002 年

获国家教育部科技一等奖。

担任中国天文学会第八、九届理事，并任第四届和第八两届高能天体物理专业委员会主任。

参加南京大学物理系举办的"物理学与交叉学科论坛"活动，此时正值 2002 年诺贝尔物理学奖揭晓之际，作了科普性质的报告"中微子失踪之谜"。

秋天，在中国科学技术大学天体物理中心二楼报告厅向全校师生作题为"宇宙学与诺贝尔奖"的学术报告。

参加"纪念吴健雄博士诞辰 90 周年暨塑像揭幕仪式"活动。

5 月 22—25 日，在南京钟山宾馆，其学生发起"当代天体物理及相关物理前沿研讨会"——贺陆埮教授七十华诞。

9 月 10 日，被授予"南京大学道德建设先进个人"称号，用以表彰其在南京大学道德建设中的突出表现。

开始担任《物理》杂志的编委。

2003 年

7 月，调入中国科学院紫金山天文台任研究员。11 月，当选中国科学院数学物理学部院士。从事天体物理教学和科研。开始做最大的宇宙学的研究，继续带领研究生研究宇宙的起源与演变、暗物质与暗能量。

"伽马射线暴余辉和能源机制的研究"项目荣获国家自然科学奖二等奖。

中秋夜，在南京大学浦口校区作"暗物质和暗能量"报告。

参加在云南西双版纳举行的恒星物理研讨会。

参与庆祝北京大学物理学科成立 90 周年。

2004 年

2004—2012 年，担任中国物理学会引力与相对论天体物理分会主任。

获"全国优秀博士学位论文指导教师奖"。

4 月，在丽江粒子天体物理与空间天文研讨会上热烈讨论。

10 月，其文章"谈谈研究生的培养"荣获由国务院学位委员会办公室、中国学位与研究生教育学会和《学位与研究生教育》杂志社联合举办的第三届《学位与研究生教育》优秀论文评选一等奖。

开始转向宇宙学研究。

2005 年

认为宇宙学是个有意义的方向，倡议南京大学和紫金山天文台联合建立一个研究中心。中心成立后，在南大物理学系（现物理学院）任兼职教授，为南大培养相关领域的研究生和科研人才。

9 月，参加在呼和浩特召开的会议——垃圾 DNA 和暗能量相关基本问题研讨会。

12 月 19 日下午，参加粒子 - 核 - 宇宙学联合研究中心成立大会预备会议，讨论拟定中心召开成立大会、第一次学术委员会会议以及学术研讨会的会议议程和各项事宜。

2006 年

1 月 6 日，南京大学与紫金山天文台共建"粒子 - 核 - 宇宙学联合研究中心"，挂靠在南京大学物理学院，陆埮任联合研究中心首任主任，物理系宗红石教授任副主任；参加粒子 - 核 - 宇宙学联合研究中心成立大会、学术委员会会议暨学术研讨会。

回哈尔滨工程大学访问，被聘为兼职教授，主要举办讲座、座谈等。

12 月，孙子出生。

2007 年

"物理改变世界"项目荣获国家科技进步奖二等奖。

2008 年

获"何梁何利基金科技进步奖天文学奖"。

5 月，被中国科学院研究生院授予"杰出贡献教师"称号。

6 月 23—27 日，南京大学的伽马射线暴团组作为东道主举办了一次"国际伽马射线暴学术研讨会"，陆埮致开幕词，接着进行学术报告。

10 月上旬，应邀出席在哈尔滨市召开的"极地会议"，给全校学生作学术报告，与夫人一起回访原哈尔滨军事工程学院三系。

2009 年

有感于某些重要发现的被湮没和历史记述的不公正，与罗辽复合写文章"科学作品的影响力和科学家的舛运"。

2009—2014 年间，四次应邀至贵州大学讲学和指导天文学科建设。

2010 年

与刘学文、吴雪峰合作写作 "Magnetic energy injection in GRB 080913（副）"（"伽马射线暴 080913 的磁能量注入"）一文，发表在 *Science in China*（科学中国）上。

2011 年

写作"蓬勃发展的宇宙学与今年的诺贝尔物理奖"一文，收录于《中国天文学会 2011 年学术年会手册》。

5 月，被中国科学院紫金山天文台聘请为中国科学院暗物质与空间天文重点实验室学术委员会委员。

10 月，被中国物理学会聘请为中国物理学会第十届理事会理事（任期至 2015 年）。

2012 年

2 月 23—25 日，中国科学院紫金山天文台、中国科学院国家天文台、江苏省天文学会、南京大学天文与空间科学学院、南京大学物理学院、中国科学院高能物理研究所、中国天文学会高能天体物理专业委员会、中国科学院理论物理研究所、中国物理学会引力与相对论天体物理分会联合在南京维景国际大酒店举办"天体物理与相关物理前沿研讨会"——贺陆埮院士八十华诞，吸引 300 多名听众参加。

2 月 23 日，为表彰其对天文学研究作出的贡献，国际天文学联合会小天体命名委员会将中国国家天文台 1998 年 2 月 23 日发现、国际永久编号为 91023 号的小行星正式命名为 "陆埮星"（2 月 23 日正是陆埮的生日）。

2013 年

3 月，赴中科大为学生们作 "宇宙中的物质产生" 的科普报告。

7 月 19 日上午，为紫金山天文台暑期夏令营的 40 名营员作首次科学报告，停电仍坚持报告直至结束。

8 月，应邀回哈尔滨工程大学参加 60 周年校庆，并作题为 "宇宙物质人类知多少" 的报告。

2014 年

与王绶琯先生一起主编《中国大百科全书·天文卷》直至病倒。

参加贵州大学天体物理前沿研讨会。

8 月，参加强作用物质性质研讨会。

5 月初，小病初愈即开始为其领导的暗能量、高能天体物理研究队伍寻找新的突破口。

9 月 10 日，应约赴家乡常熟作科普报告并指导常熟天文馆的建设，当天上午 9 时在南京南站不幸跌倒导致脑溢血，一直昏迷不醒，经抢救无效，12 月 3 日上午在南京辞世，享年 83 岁。

12 月 7 日上午，南京殡仪馆遗体告别。

附录二　陆埈主要论著目录

一、论文

中文论文

[1] 陆埈，杨国琛，罗辽复. 关于两类中微子和两类轻子的建议 [J]. 内蒙古大学学报（自然科学版），1962（02）：23-25.

[2] 陆埈. Mossbauer 效应问题中的一个平均值定理 [J]. 物理学报，1962（09）：483-485.

[3] 罗辽复，陆埈，杨国琛. 论轻子的对称性 [J]. 内蒙古大学学报（自然科学版），1963（02）：39-45.

[4] 陆埈，杨国琛，罗辽复. 中微子的质量 [J]. 物理学报，1964（01）：19-32.

[5] 陆埈. Mossbauer 谱线的热致宽 [J]. 物理学报，1964（08）：777-784.

[6] 罗辽复，陆埈，杨国琛. μ 介子寿命与 μ-e 对称性的实验限度 [J]. 物理学报，1964（11）：1101-1113.

[7] 杨国琛，陆埈，罗辽复. 中间玻色子理论Ⅱ. 超子的非轻子衰变 [J]. 物理学报，1966（09）：1032-1037.

[8] 杨国琛，罗辽复，陆埈. 中间玻色子理论——Ⅰ. 基本假设和对称性

[J]. 物理学报，1966（09）：1027-1031.

［9］陆埈，罗辽复，杨国琛. 基本粒子的质量关系和层子相互作用［J］.
物理学报，1974（01）：63-68.

［10］罗辽复，陆埈. 高能正负电子对的湮没与超窄共振粒子的作用［J］.
物理学报，1975（02）：145-150.

［11］罗辽复，陆埈. 奇异粒子的非轻子衰变和层子模型［J］. 物理学报，
1975（02）：105-114.

［12］罗辽复，陆埈. 强子碰撞中的轻子直接产生与超窄共振 Ψ 粒子［J］.
科学通报，1975（06）：282-283.

［13］罗辽复，陆埈. 超窄共振粒子 Ψ 与 μ-e 质量差［J］. 科学通报，
1975（07）：318-320.

［14］陆埈，罗辽复. 势阱结超导电流的新共振效应［J］. 物理学报，1975
（06）：419-430.

［15］曲钦岳，汪珍如，陆埈，等. 脉冲星的统计分析与 JP1953［J］. 科学
通报，1976（04）：176-177.

［16］罗辽复，陆埈. 强子的内部对称性与超窄共振 φ［J］. 物理学报，
1976（02）：168-171.

［17］陆埈，罗辽复. 超窄共振粒子 J/φ 的产生和蜕变［J］. 科学通报，
1976（12）：528-530.

［18］戴文赛，陆埈，胡佛兴. 微观、宏观、宇观［J］. 物理，1977（01）：
44-48.

［19］罗辽复，陆埈. 6 GeV 共振可能是一个传递反常作用的矢介子？［J］.
科学通报，1977（03）：125-126.

［20］曲钦岳，汪珍如，陆埈，等. 双星 X 射线源与中子星的自转减速
［J］. 天文学报，1977（01）：138-141+143.

［21］罗辽复，陆埈. μ→e+γ 和可能存在的第三种中微子［J］. 科学通报，
1977（07）：300-301.

［22］陈常愉，陆埈. 国外电子计数器发展的现状及趋向（兼谈对我国发
展电子计数器的看法）［J］. 电子测量技术，1977（02）：32-51.

[23] 罗辽复，陆埮. 由磁单极子组成的高自旋介子 [J]. 科学通报，1977 （09）：396-397.

[24] 陆埮，罗辽复，曲钦岳，等. 星系核和类星体的反物质模型 [J]. 科学通报，1977（12）：525-526+535.

[25] 陆埮，罗辽复. 关于薛定谔方程的一个边值定理 [J]. 自然杂志，1978（01）：9.

[26] 罗辽复，陆埮. 粲（Charm）粒子的质量谱 [J]. 高能物理与核物理，1978（02）：174-177.

[27] 陆埮，罗辽复，曲钦岳，等. 磁单极子与磁氢 [J]. 内蒙古大学学报（自然科学版），1978（01）：1-4.

[28] 罗辽复，陆埮. 轻子物理——μe 问题 [J]. 科学通报，1978（04）：200-208+199.

[29] 陆埮，罗辽复. 约瑟夫逊效应与势阱结 [J]. 自然杂志，1978（03）：149.

[30] 罗辽复，陆埮. 一个具有良好高能行为的弱作用理论 [J]. 科学通报，1978（08）：474-476+473.

[31] 孙鑫，陆埮，罗辽复. "磁氢原子"的光谱 [J]. 物理学报，1978（04）：430-438.

[32] 罗辽复，陆埮. 高自旋介子和宇宙线中的多光子事例 [J]. 高能物理与核物理，1978（06）：562-565.

[33] 罗辽复，陆埮. 守恒流与 e-μ-τ 不对称性 [J]. 科学通报，1979（01）：12-15.

[34] 陆埮. 高能物理与天体物理 [J]. 自然杂志，1979（01）：26-29.

[35] 罗辽复，陆埮. 弱力和电磁力的统一——纪念爱因斯坦诞辰一百周年和麦克斯韦逝世 100 周年 [J]. 内蒙古大学学报（自然科学版），1979（01）：31-47.

[36] 陆埮，罗辽复. 宇宙线中观察到的多光子事例可能意味着磁单极子的存在？[J]. 自然杂志，1979（02）：5-6.

[37] 罗辽复，陆埮. 守恒流与中性流弱作用 [J]. 南京大学学报（自然科

学版），1979（04）：23–30.

［38］杨国琛，陆埮，罗辽复. 规范场的集体激发［J］. 内蒙古大学学报
（自然科学版），1979（02）：152–153.

［39］陆埮，罗辽复，杨国琛. θ真空与 Josephson 效应［J］. 内蒙古大学
学报（自然科学版），1979（02）：152.

［40］罗辽复，陆埮，杨国琛. 左右对称的弱电统一理论与 S_4 对称破缺
［J］. 内蒙古大学学报（自然科学版），1979（02）：150–151.

［41］汪珍如，曲钦岳，陆埮，罗辽复. 脉冲星射电光度的统计分析［J］.
天文学报，1979（02）：199–203.

［42］陆埮，汪珍如. 晚期恒星与广义相对论［J］. 自然杂志，1979（07）：
47–49+63.

［43］陆埮. 名词解释［J］. 自然杂志，1980（06）：14.

［44］陆埮，罗辽复，杨国琛. 关于中微子天体的进一步讨论［J］. 内蒙古
大学学报（自然科学版），1981（01）：53–61.

［45］陆埮. 天体物理学的最新课题——第 10 届得克萨斯国际相对论天体
物理学术会议简介［J］. 自然杂志，1981（04）：280.

［46］陆埮，罗辽复，杨国琛. 中微子天体的形成及其结构［J］. 天文学
报，1981（02）：207–212.

［47］罗辽复，陆埮，杨国琛. 一个左右对称的大统一理论［J］. 自然杂
志，1981（10）：795–796.

［48］曲钦岳，汪珍如，初一，陆埮. 含有反常质子的反常中子星［J］. 自
然杂志，1981（11）：879–880.

［49］曲钦岳，汪珍如，初一，陆埮. 含有反常质子的反常中子星［J］. 科
学通报，1981（23）：1436–1438.

［50］陆埮，朱沛巨. 中微子静质量在宇宙成团过程中的作用［J］. 自然杂
志，1981（12）：952–953.

［51］陆埮. 从牛顿定律到爱因斯坦相对论［J］. 读书，1982（08）：17–18.

［52］陆埮，朱沛臣. 中微子静质量与宇宙成团现象［J］. 科学通报，1982
（08）：484–487.

［53］陆埮. 粒子与宇宙［J］. 自然杂志，1982（05）：323–330.

［54］陆埮. 中国天文学会学术会议（序号 7）：理论天体物理学术讨论会（1983 年 8 月，乌鲁木齐市）［J］. 天文学进展，1983（01）：119–120.

［55］陆埮. 中国天文学会学术会议（序号 13）：宇宙线与高能天体物理学术讨论会（1984 年 11 月，重庆）［J］. 天文学进展，1985（01）：99.

［56］王青德，陆埮. 中子星内部夸克物质的振动阻尼效应［J］. Chinese Journal of Astronomy and Astrophysics，1985（01）：59–66.

［57］陆埮. EPR 之谜与贝尔定理［J］. 科学，1985（02）：63–67+78.

［58］陆埮. 谈谈宇宙学［J］. 科技导报，1986（04）：49–52.

［59］陆埮. X 射线双星中的准周期振荡——中子星物理中一个新发现的现象［J］. 科学，1987（04）：261–264+319.

［60］赵刚，赵永恒，黄家声，冯珑珑，黄克谅，彭秋和，陆埮，等. 超新星 1987A 中微子事件的研究［J］. 天文学报，1988（02）：146–152.

［61］陆埮. 中子星的第二类磁场［J］. 天文学进展，1988（04）：265–273.

［62］须重明，陆埮. 影响星系旋转曲线的几个因素［J］. Chinese Journal of Astronomy and Astrophysics，1989（02）：118–122.

［63］陆埮. 一本广义相对论的优秀简明教材——《广义相对论引论》［J］. 大学物理，1989（10）：50.

［64］陆埮，赵永恒，陆建隆. SN 1987 A 内亚毫秒脉冲星可能是一颗老年中子星［J］. 科学通报，1990（01）：48–50.

［65］陆埮，史天一. 脉冲星的 γ 射线发射与 SN1987A 亚毫秒脉冲星［J］. 中国科学（A 辑 数学 物理学 天文学 技术科学），1990（02）：177–182.

［66］陆埮. PSR0535–69——新发现的 SN1987A 亚毫秒光学脉冲星［J］. 天文学进展，1990（02）：99–108.

［67］赵永恒，陆埮，陆建隆. SN1987A 脉冲星（PSR0535–69）的一些性质［J］. 天文学报，1990（04）：336–341.

［68］尤峻汉，陆埮，冯珑珑，等. 准周期振荡（QPO）天体 GX5–1

的双分支谱的唯象分析［J］. Chinese Journal of Astronomy and Astrophysics，1990（04）：299-305.

［69］陆埮，沙振舜. 1990年诺贝尔物理奖与夸克［J］. 物理实验，1991（01）：47-49.

［70］陆埮. 吴健雄和袁家骝的科学贡献［J］. 物理，1992（12）：752-757.

［71］戴子高，彭秋和，陆埮. 强磁场下中子星外壳的组分和状态方程［J］. Chinese Journal of Astronomy and Astrophysics，1993（01）：1-8.

［72］戴子高，陆埮，彭秋和. 强磁场对吸积中子星壳层中电子俘获反应的影响［J］. 中国科学（A辑 数学 物理学 天文学 技术科学），1993（04）：418-426.

［73］陆埮. 中子星——一个巨大的汤姆逊原子［J］. 现代物理知识，1993（02）：29-32.

［74］韦大明，陆埮，倪陈平，等. γ爆的磁流管模型［J］. Chinese Journal of Astronomy and Astrophysics，1993（02）：108-115.

［75］陆埮，王仲. 我们将有更清晰的宇宙图象［J］. 科学，1993（04）：10-11.

［76］戴子高，陆埮，宋黎明，等. PSR0656+14：X射线辐射的几何效应和冷却意义［J］. 天文学报，1993（03）：225-229.

［77］武占成，陆埮，宋黎明. γ射线脉冲星Geminga的证认和性质［J］. 天文学进展，1993（03）：188-195.

［78］陆埮. 推荐一本好书——《熵》［J］. 大学物理，1993（11）：48.

［79］陆埮. 中微子是粒子世界中的一个神秘成员——评《中微子之谜》［J］. 现代物理知识，1993（06）：40.

［80］戴子高，陆埮，彭秋和. 中子星外壳层物理：Ⅱ.强磁场情形［J］. 天文学进展，1993（04）：271-278.

［81］戴子高，陆埮，彭秋和. 中子星外壳层物理：Ⅰ.无磁场情形［J］. 天文学进展，1993（04）：261-270.

［82］陆埮，蒋家禹，龚大为，等. 单频导纳谱法测量锗硅量子阱的能带

偏移［J］. 物理学报 1994（02）：289-296.

［83］宋黎明，陆埈. 据 COS-B 数据证实 PSR1055-52 为一颗新的 γ 射线
脉冲星［J］. 科学通报，1994（07）：672.

［84］陆埈. 从 1993 年度诺贝尔物理奖说起［J］. 现代物理知识，1994
（02）：5-7.

［85］戴子高，陆埈. 奇异星物理的新进展［J］. 物理学进展，1994（03）：
327-343.

［86］宋黎明，陆埈，马宇蒨. 一颗新的 γ 射线脉冲星：PSR0740-28［J］.
天文学报，1995（02）：208-212.

［87］韦大明，陆埈. γ 射线暴的研究进展（Ⅲ）：GRO 的最新观测结果及
理论模型［J］. 天文学进展，1995（03）：234-248.

［88］韦大明，陆埈. γ 射线暴的研究进展（Ⅱ）：γ 暴的辐射机制及能谱
形成［J］. 天文学进展，1995（03）：220-233.

［89］韦大明，陆埈. γ 射线暴的研究进展（Ⅰ）：γ 暴的观测特征及能源
机制［J］. 天文学进展，1995（03）：206-219.

［90］陆建隆，潘善龙，陆埈. γ 射线暴的研究进展（Ⅳ）：特强 γ 射线暴
和软 γ 重复暴［J］. 天文学进展，1996（04）：302-314.

［91］陆埈. 中子星———一个巨大的汤姆逊原子［J］. 现代物理知识，1996
（S1）：22-25.

［92］戴子高，陆埈. 广义相对论效应对脉冲星 γ 射线辐射的影响［J］. 天
文学报，1997（01）：67-74.

［93］王仲翔，陆埈. γ 射线脉冲星脉冲位相关系的研究［J］. 天文学报，
1997（04）：441-445.

［94］陆埈. 吴健雄的主要科学贡献———为纪念吴健雄逝世一周年而作［J］.
现代物理知识，1998（02）：43-44.

［95］陆埈. γ 射线暴研究的重大进展［J］. 科学，1999（03）：13-17+2.

［96］陆埈. 奇异星物理：回顾、现状与展望［A］. Workshop on Nuclear
Astrophysics-Proceedings of CCAST（World Laboratory）Workshop［C］.
中国高等科学技术中心，1999：11.

［97］陆埈. 奇异星物理发展中的一个故事［J］. 现代物理知识，2001
（03）：8-9.

［98］陆埈. γ暴研究新进展——标准模型及后标准效应［J］. 天文学进展，
2001（02）：103-111.

［99］黄永锋，陆埈. 宇宙γ射线暴［J］. 现代物理知识，2001（06）：
8-12.

［100］陆埈，戴子高. γ射线暴的研究概况［J］. 物理，2001（12）：745-
751.

［101］陆埈. 谈谈研究生的培养［J］. 学位与研究生教育，2002（04）：
8-12.

［102］王祥玉，戴子高，陆埈. γ射线暴的最新研究进展：火球模型、余
辉及前身星［J］. 物理学进展，2002（02）：131-162.

［103］黄永锋，谭长宜，戴子高，陆埈. 伽玛射线暴：各向同性火球还是
柱形喷流?［J］. 天文学报，2002（02）：169-177.

［104］宋黎明，陆埈. 2002年诺贝尔物理奖［J］. 现代物理知识，2003
（02）：6-9.

［105］陆埈. 追忆袁家骝教授［J］. 科学，2003（02）：43-44.

［106］陆埈. 2002年度诺贝尔物理奖［J］. 大学物理，2003（04）：3-7+15.

［107］宋黎明，陆埈. 观测宇宙的新窗口——2002年度诺贝尔物理学奖介
绍［J］. 物理，2003（08）：511-514.

［108］陆埈，罗辽复，王凡，等. 怀念核物理学家虞福春教授［J］. 物理，
2003（10）：657-658.

［109］黎卓，戴子高，陆埈. γ射线暴研究概况［J］. 天文学进展，2003
（04）：334-369.

［110］范一中，戴子高，陆埈. 内激波火球中 e~± 的产生、湮灭及再辐射
［J］. 天文学报，2004（01）：25-32.

［111］陆埈. 暗物质与暗能量［A］. 中国天文学会. 中国天文学会2004年
学术年会论文集［C］. 中国天文学会，2004：75.

［112］黄永锋. 宇宙伽玛射线暴［A］. 中国科学院基础研究局、中国科学

院高能物理研究所．"基于羊八井平台的交叉学科研究"首届研讨会会议文集［C］．中国科学院基础研究局、中国科学院高能物理研究所，2004：6.

［113］陆埈．暗物质与暗能量［A］．福建省天文学会．第六届海峡两岸天文推广教育研讨会论文集［C］．福建省天文学会，2004：7.

［114］陆埈．回忆《科学》的复刊［J］．科学，2005（06）：5.

［115］陆埈．世界物理年与诺贝尔奖［J］．科技导报，2005（12）：1.

［116］吴雪峰，陆埈．伽玛射线暴与爱因斯坦相对论［J］．物理学进展，2006（01）：1-21.

［117］陆埈．爱因斯坦与诺贝尔奖［J］．物理，2006（04）：259-264.

［118］陆埈．宇宙幼年的照片——2006年度诺贝尔物理学奖［J］．物理，2007（03）：185-190.

［119］陆埈．宇宙学与暗能量［J］．科学，2007（03）：38-41+4.

［120］陆埈．由"两朵乌云"引起的回忆［J］．科学，2007（03）：2-3.

［121］陆埈．吴健雄教授的科学贡献［J］．物理，2007（09）：681-686.

［122］黄永锋，陆埈，郑广生．γ-射线暴余辉中的非相对论阶段［J］．自然科学进展，2007（10）：1321-1330.

［123］陆埈，罗辽复．宇称不守恒发现半个世纪的回顾［J］．科技导报，2007（21）：63-68.

［124］陆埈．悼念我国著名核物理学家施士元先生［J］．物理，2007（12）：927-928.

［125］陆埈．悼念我国著名核物理学家施士元先生［J］．群言，2008（02）：24-25.

［126］董云明，陆埈．Swift时代伽玛暴的观测及研究进展［J］．天文学进展，2008（01）：41-61.

［127］陆埈．吴健雄教授的科学贡献［J］．物理与工程，2008（02）：3-9.

［128］陆埈．宇宙学是物理学的一个重要前沿［J］．吉林师范大学学报（自然科学版），2008（03）：1-6.

［129］陆埈．恭贺何泽慧院士95华诞［J］．现代物理知识，2009（02）：

63−64.

［130］陆埈. 2009 年长江流域观测到的特大日全食［J］. 科技导报，2009（15）：3.

［131］孔思伟，黄永锋，郑广生，陆埈. GRB 980703 射电、光学和红外余辉的数值模拟研究［J］. 中国科学（G 辑：物理学 力学 天文学），2009（10）：1540−1546.

［132］陆埈. 蓬勃发展的宇宙学与今年的诺贝尔物理奖［A］. 中国天文学会. 中国天文学会 2011 年学术年会手册［C］. 中国天文学会，2011：1.

［133］陆埈. 纪念何泽慧院士百年华诞［J］. 现代物理知识，2014（01）：13−15.

［134］陆埈. 杨振宁获得的奖项［J］. 现代物理知识，2014（03）：68.

［135］陆埈. 成就辉煌 桃李芬芳——纪念虞福春教授 100 周年诞辰［J］. 科学，2014（04）：57−59+4.

英文论文

［1］Yang G C, Luo L F, Lu T. An Intermediate Boson Theory［J］. A Semi−monthly Journal of Science（Foreign Language Edition），1966（10）：444−446.

［2］Fang L Z, Qu Q Y, Wang Z R, Lu T, et al. The Structure and Stability of the Abnormal Neutron Star［J］. Science in China, Ser.A, 1979（02）：187−198.

［3］Lu T, Zhu P C. The Massive and the Clustering Phenomena in the Universe［J］. A Monthly Journal of Science, 1983（01）：63−68.

［4］Qu Q Y, Wang Z R, Chu Y and Lu T. The Abnormal Neutron Star with Abnormal Protons−Homogenous Models［J］. Science Bulletin, 1983（04）：493−496

［5］Lu T, Zhao Y H, Lu J L. Is the Newly Discovered Sub−Millisecond Pulsar within SN1987A an Old Pulsar?［J］. Chinese Science Bulletin, 1990（18）：1529−1532.

［6］Lu T，Shi T Y．Gamma-Ray Emission from Pulsars and SN1987A Sub-Millisecond Pulsars［J］．Science in China，1990，33（10）：1230-1237.

［7］Dai Z G，Lu T，Peng Q．The Influence of a Strong Magnetic Field on Electron Capture in the Crust of an Accreting Neutron Star［J］．Science in China, Ser.A，1993（11）：1358-1367.

［8］Rong J X，Xiao N Y，Lu T．Corrections of rotation of the Galaxy to measured P of pulsars［J］．Science in China，1999（04）：444-448.

二、著作

［1］罗辽复，陆埮. 基本粒子［M］. 北京：北京出版社，1981.

［2］陆埮，罗辽复. 从电子到夸克：粒子物理［M］. 北京：科学出版社，1986.

［3］冯端，陆埮. 半个世纪的科学生涯：吴健雄袁家骝文集［M］. 南京：南京大学出版社，1992.

［4］陆埮. 宇宙：物理学的最大研究对象［M］. 长沙：湖南教育出版社，1994.

［5］陆埮. 现代天体物理［M］. 北京：北京大学出版社，2014.

［6］陆埮. 奇异的星星：陆埮科普与随笔［M］. 北京：中国科学技术出版社，2015.

参考文献

[1] 陆埮. 奇异的星星：陆埮科普与随笔［M］. 北京：中国科学技术出版社，2015.

[2] 中国科学院紫金山天文台编. 永恒的怀念：陆埮院士纪念文集［M］. 北京：中国科学技术出版社，2015.

[3] 代安娜，张飞燕. 老当益壮宁移白首之心——记中国科学院院士、紫金山天文台研究员陆埮［J］. 院士天地，2012（02）：18-21.

[4] 王进萍. 一张寄给陆埮先生的新年卡［J］. 物理，2015，44（01）：30-35.

[5] 章彤. 陆埮：遍走"奇异星"的世界［N］. 江苏科技报，2009-06-22.

[6] 罗静. 陆埮：守望寰宇探奥秘［J］. 神州学人，2004（05）：33-35.

[7] 鲁人. 陆埮和他的研究生［N］. 南京大学学报，2004-04-10.

[8] 赵丹军. 院士访谈录·陆埮［DB/CD］. 北京：观瞳创视（北京）数字科技中心，2012.

[9] 王进萍，魏红祥. 陆埮院士访谈录——《物理》杂志创刊40周年纪录片系列访谈［DB/CD］. 北京：中国物理学会，2012.

注：陆埮院士为人低调，极少接受采访与报道，他曾写过简单的自传文章，与众多的科普文、随笔等一起收录在《奇异的星星》一书中。其夫人周精玉也曾回忆记录过她与陆埮的过往，写成重要的参考性文字。陆埮院士的亲友、同

事、学生写过不少关于他的回忆性文章，紫金山天文台曾在陆埮院士逝世一周年之际，将之汇编整理成《永恒的怀念》一书，成为一本专门纪念陆埮院士的回忆性文集。由于传主早在 2014 年底永远地离我们而去，与传主本人交流讨论获取第一手资料已无可能，主要凭借生前身后遗留下的资料还原传主生平，这些资料包括：陆埮个人档案、手稿及纸质书信，珍贵历史照片及证书，传主的采访视频、采访稿及口述史录音等。

后 记

　　本传记是老科学家学术成长资料采集工程的重要组成部分，由江苏省科协牵头，南京紫金山天文台和南京大学哲学系承办，从资料的采集、整理，到传记的撰写、修改，前后历时近两年，旨在全面、系统地采集陆埮的各类学术成长资料，还原一位科研、教学有着突出成就的老科学家，天体物理学家、战略科学家、教育家，全国人大代表，国际天文联合会会员，中国科学院院士，中国科学院紫金山天文台研究员、博士生导师陆埮先生精彩而传奇的一生。

　　2017 年 5 月，笔者首次获悉将由自己承担陆埮传记的撰写工作。无知无畏的我在进入著书的角色后，才发现陆埮院士丰富多彩、充满传奇的人生经历的整理与写作，对于一个刚刚读研未满一年的学生来说是个不小的挑战。紫金山天文台的掌静老师和南京大学哲学系的刘鹏老师看出我的畏难情绪后，不断鼓励我，同时为传记的写作做了大量的准备工作。掌老师提供了大量翔实的素材，包括陆埮的自传、陆埮夫人周精玉的回忆性文字、陆埮同事及学生的采访稿和回忆性文集以及大量珍贵的历史照片，等等。刘老师在传记的写作过程中不断提供具体思路，共同修改文章章节，还带领笔者一起采访陆埮的同事，丰富传记内容。此外，我的同学孙玉婷也为传记的写成做了大量的资料整理工作。可以说这部传记——《仰望星空：陆埮传》是众人倾力合作的结果，没有大家的共同参与，这部书稿便很难成形。

还记得在 2017 年暑假之前，笔者在掌老师、刘老师和孙同学的帮助下终于大致梳理了一遍陆埮的生平，完成了一份两万多字的年表，得到了老师们的一致好评和鼓励，这也使得笔者对完成陆埮传记逐渐有了信心。由于 2017—2018 学年笔者将出国交换一年，暑假期间便尽可能多地搜集陆埮院士的相关资料并转换成电子稿，为出国后能够顺利进行陆埮传记的写作做准备。出国交换的第一学期，除了上课之外，笔者利用所有的空闲时间写作传记。异国他乡的漫漫长夜，是陆埮院士的事迹、是先生执着探索科学的热情、是老一辈科学家极其高尚的专业品格，感动着我，陪伴着我度过每一段孤独的时光。夜以继日的资料整理和写作终于有了些许成果，2018 年春节前，《仰望星空：陆埮传》的初稿大致形成，获得了大家的肯定与称赞。

初稿的形成充满艰辛，后期的修改过程也丝毫不轻松。调整逻辑、修改结构、句斟字酌，每一步都体现着采集小组成员的共同努力。时至今日，陆埮传记的写作与修改已耗时近两年，加上前期的资料采集工作，该传记的成形历时接近三年。希望这部集众人之力写成的近二十万字的传记，能够为怀念陆埮院士的家人、亲友、师生、同事带去些许慰藉，为想要了解这位天文学界泰斗的人略略勾勒出其音容笑貌、迷人魅力。鉴于笔者的文科背景，尽管传记的写作过程不断向有专业背景的师生请教过，但仍恐有错漏之处，万望读者海涵。

另应陆埮之妻——南京大学化学化工学院周精玉老师之请，附上蕴含着她本人真挚情感的两句话：

我与陆埮生活在一起的岁月是我生活中最宝贵的年华，他一直活在我心里。他是我的精神支柱，无论过去、现在和未来。

史　晨

2018 年 10 月于南京

老科学家学术成长资料采集工程丛书

已出版（139种）

《卷舒开合任天真：何泽慧传》　　《此生情怀寄树草：张宏达传》

《从红壤到黄土：朱显谟传》　　　《梦里麦田是金黄：庄巧生传》

《山水人生：陈梦熊传》　　　　　《大音希声：应崇福传》

《做一辈子研究生：林为干传》　　《寻找地层深处的光：田在艺传》

《剑指苍穹：陈士橹传》　　　　　《举重若重：徐光宪传》

《情系山河：张光斗传》　　　　　《魂牵心系原子梦：钱三强传》

《金霉素·牛棚·生物固氮：沈善炯传》　《往事皆烟：朱尊权传》

《胸怀大气：陶诗言传》　　　　　《智者乐水：林秉南传》

《本然化成：谢毓元传》　　　　　《远望情怀：许学彦传》

《一个共产党员的数学人生：谷超豪传》　《没有盲区的天空：王越传》

《含章可贞：秦含章传》　　　　　《行有则　知无涯：罗沛霖传》

《精业济群：彭司勋传》　　　　　《为了孩子的明天：张金哲传》

《肝胆相照：吴孟超传》　　　　　《梦想成真：张树政传》

《新青胜蓝惟所盼：陆婉珍传》　　《情系梁菽：卢良恕传》

《核动力道路上的垦荒牛：彭士禄传》　《笺草释木六十年：王文采传》

《探赜索隐　止于至善：蔡启瑞传》　《妙手生花：张涤生传》

《碧空丹心：李敏华传》　　　　　《硅芯筑梦：王守武传》

《仁术宏愿：盛志勇传》　　　　　《云卷云舒：黄士松传》

《踏遍青山矿业新：裴荣富传》　　《让核技术接地气：陈子元传》

《求索军事医学之路：程天民传》　《论文写在大地上：徐锦堂传》

《一心向学：陈清如传》　　　　　《钤记：张兴钤传》

《许身为国最难忘：陈能宽传》　　《寻找沃土：赵其国传》

《钢锁苍龙　霸贯九州：方秦汉传》

《一丝一世界：郁铭芳传》

《宏才大略　科学人生：严东生传》

《虚怀若谷：黄维垣传》

《乐在图书山水间：常印佛传》

《碧水丹心：刘建康传》

《我的气象生涯：陈学溶百岁自述》

《赤子丹心　中华之光：王大珩传》

《根深方叶茂：唐有祺传》

《大爱化作田间行：余松烈传》

《格致桃李半公卿：沈克琦传》

《躬行出真知：王守觉传》

《草原之子：李博传》

《我的教育人生：申泮文百岁自述》

《阡陌舞者：曾德超传》

《妙手握奇珠：张丽珠传》

《追求卓越：郭慕孙传》

《走向奥维耶多：谢学锦传》

《绚丽多彩的光谱人生：黄本立传》

《此生只为麦穗忙：刘大钧传》

《航空报国　杏坛追梦：范绪箕传》

《聚变情怀终不改：李正武传》

《真善合美：蒋锡夔传》

《治水殆与禹同功：文伏波传》

《用生命谱写蓝色梦想：张炳炎传》

《远古生命的守望者：李星学传》

《探究河口　巡研海岸：陈吉余传》

《胰岛素探秘者：张友尚传》

《一个人与一个系科：于同隐传》

《究脑穷源探细胞：陈宜张传》

《星剑光芒射斗牛：赵伊君传》

《蓝天事业的垦荒人：屠基达传》

《善度事理的世纪师者：袁文伯传》

《"齿"生无悔：王翰章传》

《慢病毒疫苗的开拓者：沈荣显传》

《殚思求火种　深情寄木铎：黄祖洽传》

《合成之美：戴立信传》

《誓言无声铸重器：黄旭华传》

《水运人生：刘济舟传》

《在断了 A 弦的琴上奏出多复变
　　最强音：陆启铿传》

《化作春泥：吴浩青传》

《低温王国拓荒人：洪朝生传》

《苍穹大业赤子心：梁思礼传》

《仁者医心：陈灏珠传》

《神乎其经：池志强传》

《种质资源总是情：董玉琛传》

《当油气遇见光明：翟光明传》

《微纳世界中国芯：李志坚传》

《至纯至强之光：高伯龙传》

《弄潮儿向涛头立：张乾二传》

《一爆惊世建荣功：王方定传》

《轮轨丹心：沈志云传》

《继承与创新：五二三任务与青蒿素研发》

《淡泊致远　求真务实：郑维敏传》

《情系化学　返璞归真：徐晓白传》

《经纬乾坤：叶叔华传》

《山石磊落自成岩：王德滋传》

《但求深精新：陆熙炎传》

《聚焦星空：潘君骅传》

《逐梦"中国牌"心理学：周先庚传》

《情系花粉育株：胡含传》

《情系生态：孙儒泳传》

《此生惟愿济众生：韩济生传》

《谦以自牧：经福谦传》

《世事如棋　真心依旧：王世真传》

《大地情怀：刘更另传》

《一儒：石元春自传》

《玻璃丝通信终成真：赵梓森传》

《碧海青山：董海山传》

《追光：薛鸣球传》

《愿天下无甲肝：毛江森传》

《以澄净的心灵与远古对话：吴新智传》

《景行如人：徐如人传》

《材料人生：涂铭旌传》

《寻梦衣被天下：梅自强传》

《海潮逐浪　镜水周回：童秉纲
　　口述人生》

《采数学之美为吾美：周毓麟传》

《神经药理学王国的"夸父"：
　　金国章传》

《情系生物膜：杨福愉传》

《敬事而信：熊远著传》

《恬淡人生：夏培肃传》

《我的配角人生：钟世镇自述》

《大气人生：王文兴传》

《历尽磨难的闪光人生：傅依备传》

《思地虑粮六十载：朱兆良传》

《心瓣探微：康振黄传》

《寄情水际砂石间：李庆忠传》

《美玉如斯　沉积人生：刘宝珺传》

《铸核控核两相宜：宋家树传》

《驯火育英才　调土绿神州：
　　徐旭常传》

《通信科教　乐在其中：李乐民传》

《力学笃行：钱令希传》

《与肿瘤相识　与衰老同行：
　　童坦君传》

《没有勋章的功臣：杨承宗传》　　　　《科学人文总相宜：杨叔子传》